Harvard
Family Instruction
哈佛家训

夏中祥◎主编

团结出版社
UNITY PRESS

图书在版编目（CIP）数据

哈佛家训 / 夏中祥主编. -- 北京：团结出版社,
2018.1（2023.3重印）
　　ISBN 978-7-5126-5940-7

　　Ⅰ.①哈… Ⅱ.①夏… Ⅲ.①家庭教育—通俗读物
Ⅳ.①G78-49

中国版本图书馆CIP数据核字(2017)第310921号

出　　版：团结出版社
　　　　　（北京市东城区东皇城根南街84号　邮编：100006）
电　　话：（010）65228880　65244790（出版社）
　　　　　（010）65238766　85113874　65133603（发行部）
　　　　　（010）65133603（邮购）
网　　址：http://www.tjpress.com
E-mail：zb65244790@163.com（出版社）
　　　　　fx65133603@163.com（发行部邮购）
经　　销：全国新华书店
印　　刷：北京楠萍印刷有限公司

开　　本：690毫米×960毫米　16开
印　　张：20
字　　数：250千字
版　　次：2018年1月　第1版
印　　次：2023年3月　第3次印刷

书　　号：978-7-5126-5940-7
定　　价：59.00元

前　言

　　创建于 1636 年的美国哈佛大学，被誉为高等学府王冠上的宝石，无论是学校的名气、设备、教授阵容，还是学生的综合素质，都堪称世界一流。300 多年间，哈佛大学先后培养出 8 位美国总统、40 位诺贝尔奖获得者、32 位普利策奖获得者，以及数以百计的世界级财富精英，为商界、政界、学术界及科学界贡献了无数成功人士和时代巨子。正如哈佛大学第 23 任校长科南特所言："大学的荣誉，不在它的校舍和人数，而在于它一代又一代人的质量。"

　　哈佛靠什么打造了这些巨人？他们的教育中有什么深藏未露的秘密？从这些成功者身上我们不难看到，在哈佛收获的东西是他们获得如此成就的决定性因素，是哈佛精神始终鞭策他们向成功的顶峰攀登，是哈佛大学成功的教育理念缔造了他们辉煌的人生。

　　哈佛大学的巨大成就，关键不是因为它的规模宏大、学科众多，而在于它先进的办学理念、追求真理的可贵精神和 300 多年沉淀下来的闪光智慧。在人生的旅途中，大学只是一个短暂的历程，但哈佛让学生在这个短暂的历程中汲取着智慧的营养，教会了学生怎样做人、怎样做一个成功的人，并引领他们思考和感悟人生，为实现人生目标，取得成功做好积极而充分的准备。

　　当然，哈佛取得巨大的成就，并不完全是学校教育的成果，这其中也有学生家长的功劳。他们成功的教育方法和理念、他们培养孩子成才的坚定信心和严谨态度，以及他们将教育孩子作为人生重要目标的信念，都是哈佛精英教育的重要组成部分。

　　每个家长都渴望自己的孩子拥有成功的人生，要想成功，就离不开教育的作用。父母是孩子的第一任老师，家庭是孩子的第一个课堂，家庭教育在很大程度上决定着孩子的未来。但是，如何更好地教育孩子是家长们公认的一大难题。随着社会竞争的激烈发展，家长的教育职责也越来越具有挑战性，其教育理念和教育方法直接决定着孩子将会取得的成就。哈佛家训的成功案例告诉我们，正确的学习习惯和生活习惯是父母给予孩子的最大财富。

　　本书汇集了哈佛大学最顶级的教育理念和哈佛家训的精华，从人生哲理、优秀品质、杰出本领、人性弱点，以及哈佛家训等多个角度，充分诠释了哈佛大学教育理念中的精髓和哈佛家训的要旨，触及了人生中最朴素的感情和人性中最本质的东西，并挖掘出成长路上最丰富的成功内涵，为成长中的孩子提供适合其心理需求的精神养分，铸就一个哈佛学子应有的优秀品质，并树立起明确的精英意识，学会在学习和生活中自我选择，自我塑造，为成长为社会精英打下坚实的基础。

通过本书，每个家长都可以与自己的孩子一同品味哈佛教育精华，帮助他们在成功的道路上迈出坚实的一步。对于孩子来说，这里没有冗长的说教，只有无穷无尽榜样的力量。对于成人来说，这里没有累赘的语言，只有深刻的人生哲理感言。所有阅读这本书的读者——无论是涉世未深的青少年，还是经历过世事风雨的成年人，都可以与哈佛学子一起感悟人生，追求成功的真谛；听从梦想的召唤，为成功的人生树立航标；聆听成功的声音，奋勇攀登并征服生命的高峰。希望这本书中的某一个故事或者某一句话能改变你的人生，从而使你由平庸变得非凡，从失败走向成功。

目　录

第一篇　百年哈佛教给学生的人生哲学

第二篇　百年哈佛教给学生的优秀品质

第四篇　百年哈佛教学生克服的人性弱点

第五篇 哈佛家训金典

第一篇

百年哈佛教给学生的
人生哲学

哈佛大学的巨大成就，不仅在于它高超的学术水平，更重要的是它积累的一系列深刻而珍贵的人生哲学。人生的要义、做人的根本、生存的智慧……这些人生哲学不仅教会每位哈佛学生立身处世的准则，锻炼自我、成就卓越的进取精神，同时也指引广大成长中的学生思考感悟人生，合理处理生活、学习、事业之间的关系，不断超越自我、适应社会，从而获得成功，走向辉煌。

第一章　人生是什么

——思考生命的意义

人生是旅途，也许终点和起点会重合，但我们如果一开始就站在起点等待人生的完结，那人生就会是一片苍白，其中没有美丽的风景和令人难忘的过往。当我们告别人生的时候，也不知道生命的色彩和意义。

活的是过程

人生如一出戏：重要的不是长度，而是表演得是否出色。

——塞涅卡

一位澳大利亚商人到东南亚去旅游，他住在海边的一个小渔村里。他注意到那里有一位渔民，每天在大海中打捞几条鱼便回来了。

商人很奇怪，问："你为什么不多花些时间多捕一些鱼呢？"

渔民说："这些鱼已经够我吃的了，何必多操那份心呢？"

商人问："那你每天还有那么多时间都干些什么？"

渔民说："回来和孩子们玩一会儿，和老婆聊聊天，到黄昏的时候，和老哥们一起喝喝酒。"

商人很不以为然，他告诉渔民："如果你能按照我说的去做，也许你会生活得更好。"

渔民笑着点了点头。

商人又说："你在大海中多停留一会儿，抓到更多的鱼，可以卖到更多的钱。有了钱之后，你可以拥有一只大船，甚至一支船队。这样你每天有几十吨的鱼，可以自己开办加工厂，进行直销。你就会拥有大量金钱，有了钱之后你可以去洛杉矶甚至纽约。"

渔夫问："到那儿做什么呢？"

商人说："到了那里，你可以做更大的生意，变成一个大富翁，你的钱财一辈子也花不完。"

渔夫问："那么，再然后呢？"

商人哈哈大笑："然后你就可以退休啦！到时你可以搬到你家乡的小渔村去住。每天睡到自然醒，出海随便抓几条鱼，和孩子玩儿玩儿，与老婆说说话，到了黄昏再和老哥们喝喝酒，快快乐乐享受下半生。"

同样的人生结局，因为有了不同的过程，而显得意义不同。如果省略了那些曲折动人的奋斗历程，那么也就失去了辉煌而精彩的人生。我们每个人的人生始点和终点在表面看来并无差别，但有的人在即将告别人世时面对的是一张白纸，而有的人面对的是一张色彩斑斓的图画。当走到人生尽头，回首人生过往的时候，只要你能够无悔于自己的一生，你就可以欣慰地和自己的生命告别了。

懂得人生意义的人往往不喜欢平稳凡庸的生活，而是有胆量去尝试一些困难的、冒险的但却有内容、有意义的生活。当困难被克服了，险境过去了，才会尝到一些人生的真味，才会真正懂得人生的苦乐。

人生没有输赢

人生如弈棋，一步失误，全盘皆输，这是令人悲哀之事；而人生还不如弈棋，不可能再来一局，也不能悔棋。

——弗洛伊德

人生就如一盘棋，需要你朝着一个目标，踏踏实实地走好每一步。人生没有输赢之分，只要你走好每一步，就成就了无遗憾的一生。

一只屎壳郎，推着一个粪球，在并不平坦的山路上奔走着，路上有许许多多的沙砾和土块，然而，它推的速度并不慢。

在路正前方的不远处，一根植物的刺，尖尖的，斜长在路面上。植物根部粗大，顶端尖锐，格外显眼。也许是冥冥之中的安排，屎壳郎偏偏奔这个方向来了，它推的那个粪球，一下子扎在了这根"巨刺"上。

然而，屎壳郎似乎并没有发现自己已经陷入困境。它正着推了一会儿，不见动静。它又倒着往前顶，还是不见效。它还推走了周边的土块，试图从侧面使劲……能试的办法它都试到了。但粪球依旧深深地扎在那根刺上，没有任何移动的迹象。

观众不禁为它的行为感到好笑，因为对于这样一只卑小而智力低微的动物来说，怎么能解决好这么大的一个"难题"呢？就在这时，它突然绕到了粪球的另一面，只轻轻一顶，咕噜……顽固的粪球便从那根刺里"脱身"出来。

它赢了。

没有胜利之后的欢呼，也没有冲出困境后的长吁短叹。赢了之后的屎壳郎，就像刚才什么也没有发生过一样，几乎没有做任何停留，就推着粪球急匆匆地向前去了。

推得过去，是生活；推不过去，也是生活。这正如下棋，要的就是一种享受和学习的过程，而不是最后赢的结果。我们每个人在人生舞台上都担当着不同的角色，只要演绎好你的角色就可以了。

人生不是用来享乐的

一旦你知道你对别人还有些用处，这时候你才感到自己生活的意义和使命。

——茨威格

人活着不只为了享乐，人存在的最大价值在于被他人需要。当你感到这个世界都需要你的时候，你就会产生旺盛的精力。这股力量促使你不惧怕面前的困难和挫折，勇往直前。

在某一城市一家医院的同一间病房里，住着两位相同的绝症患者。不同的是，一个来自乡下农村，一个就生活在医院所在的城市。

生活在医院所在城市的病人，每天都有亲朋好友和同事前来探望。家人前来时宽慰说：家里你就放心吧，还有我们呢，你就安心养病吧。朋友探望时劝慰说：现在你什么也别想，就一门心思养病就行。公司来人时开导说：

你放心，公司上的事，我们都替你安排好了，你现在的工作就是养病……

来自乡下农村的患者，只有一位十四五岁的小女孩守护着。他的妻子半个月才能来一次。或送钱，或送些衣物。妻子每次来，总是不停地说这说那，要丈夫为家里的事情拿主意：快要春种了，今年是种"西瓜"还是"茄子"？再过两天，他大叔就要嫁女了，你说送多少贺礼啊？女儿说要跟她表姐去大城市打工，我还没答应，这事要你拿主意……

几个月后，情况发生了戏剧性的变化。

生活在医院所在城市的那位病人，在亲人、朋友、同事一声声"你放心吧""你就安心养病吧"的宽慰声里，意识中感觉他们已不需要自己，自己已失去了活着的价值意义，渐渐地失去了战胜病魔的信心和勇气，于是在孤独寂寞与病魔的吞噬中一点点地死去。

来自乡下农村的患者，在妻子大事小事都要自己定夺、拿主意中，意识中感觉家人对自己的不可缺少，自己对家人的重要，意识到自己必须活着，哪怕仅仅是给家人拿些主意，于是一种强烈的求生欲望使他奇迹般地活了下来。

英国思想家霍布斯说过：和其他所有的东西一样，一个人是否举足轻重，在于他自身的价值，也就是说，在于他能发挥多大的作用。如果只是为了自己享受生活，人就不会有太大的拼搏激情。很多父母为了孩子而奔波劳碌，甚至乐此不疲。如果有一天，他们的子女告诉父母，已经不需要他们了，他们的生活必定会失去方向，而变得无所适从。

被别人需要，是人的一种天性，也能体现出一个人的价值。在某些特定情况下，一个人如果不被别人需要，也就失去了生存的意义。

过属于你自己的生活

不要追随别人的生活，有价值的人生，并不是复制别人的生活，而是利用自己的能力和有用的环境过上"属于自己的生活"。

——安德鲁·卡内基

人生的价值不是体现在财产的多少和地位的高低。生活本质的价值并不

因外形上的事物而受到影响。判断人生价值的准则是个性。如果按照个性来
生活的话，不管你是做一个总统，还是做一个商贩，价值都是相同的。

　　所有的人生，都是宝贵而具有价值的。每一个人的人生都具有他人不可
模仿的独特价值。那些过上有意义的生活的人们，他们共同的特征就是不按
照别人的路子来走，而是按照自己的个性认认真真地过日子。他们创造了符
合自己个性的价值，受到他人的尊敬，也受到他人的羡慕。

　　从前，有一国王闲来无事，便微服走出宫门，走到一个卖烧饼的老头面
前，一时兴起，问老头："一国之中谁是最幸福的人？"

　　老头答："当然是国王最幸福了。"

　　国王问："为什么？"

　　老头说："你想，有百官差遣，平民供奉，想要什么就有什么，这还不幸
福吗？"

　　国王答："希望如你所说吧。"于是与老头共饮葡萄美酒，直到老头醉得
不省人事，国王便命人把他抬回宫中，对王妃说："这个老头说，国王是最幸
福的，我现在戏弄一下他，给他穿上国王的衣服，让他理理国政，你们大家
不要害怕。"

　　王妃答："遵命。"

　　等到那老头醒了，宫女便假装说："大王你喝醉了，现在积下很多事情要
等你处理。"于是老头被拥出临朝，众人都催促他快些处理事情，他却懵懵懂
懂，什么也不知道。这时，旁边有史官记其所言所行，大臣公卿们与之商讨
议论，一直坐了一整天，弄得这老头腰酸背痛，疲惫不堪。这样过了几天，
老头吃不好睡不香，竟瘦了下来。

　　宫女又假装说："大王你这样憔悴，是为什么啊？"

　　老头回答说："我梦见自己是一个卖烧饼的老头，辛苦求食，生活很是艰
难，因此就瘦成这样了。"

　　众人都私下里偷着笑。这老头到了晚上，翻来覆去睡不着，道："我是卖
烧饼的呢，还是国王呢？若真是国王，皮肤为什么又这样粗糙呢？若是卖烧
饼的，又为什么会在王宫里呢？唉，我的心很慌，眼睛也花了啊。"他竟真分
不清自己到底是谁了。

　　王妃假装问："大王这样不高兴，让歌妓们来取乐你吧。"于是老头喝起
葡萄美酒，又醉得不省人事了。后来，宫女们又让老头穿上旧衣服，把他送

回到简陋的床上。老头酒醒后，看见自己的破房，粗布衣服一切都是原来的样子，但却浑身酸痛，好像被棍子打过了一样。

过了几天，国王又来到他这里。老头对国王说："上次喝酒，是我糊涂无知，现在我才明白过来啊，我梦见自己当了国王，要审核百官，又有国史记对记错。大臣要来商量讨论国事，心里便总是忧心不安。弄得浑身都痛，好像被打了鞭子一样。在梦里尚且如此，若是真的当了国王，还不更痛苦啊？前几天跟你说的话，实在是不对啊。"

别把别人的生活当做你生活的蓝本，不要为达到别人的水平而努力。有意义、有价值的生活，并没有什么准则。世上并没有任何准则认为，某一种生活是有用且有价值的，从而必须要过上那样的生活。生活的准则就是你自己，对自己的生活全力以赴，就是有意义、有价值的人生。

用平和心态对待死亡

我们的生命过程就似渡过一片海洋，我们都相聚在这个狭小的舟中。死时，我们便到了岸，各注各的世界去了。

——泰戈尔

生老病死是生命进程中的必然规律，谁都无法抗拒。生命对任何一个人来讲都是宝贵的。

1970 年，乔森来到美国西部当兵。一次在零下 40℃的低温下进行一场拉练实地演习。乔森是位军医，药包、干粮、手枪、弹药，30 多千克的背包重重地压在身上。当眼前出现了一座巍峨的雪山时，很多人都有些害怕，领导派人传话："今天不过山，你们都得活活冻死！"

当时，乔森的感受就是痛苦，背包仿佛深深嵌入锁骨，连把它拽下来的力量都没有。他甚至想到了死，但双手却怎么也不听使唤，反而拽得更紧，那是来自生命本能的力量。

在危难时刻，人首先感到的是生命的宝贵，他紧紧抓住背包的手，充分表明了他对生存的渴望，哪怕有一线希望，也要翻过这座雪山，以求得生命的安全。

这是人们在危难时的一种抗争，在困境中的一种挣扎。

我们希望能够对死亡有重新的解释，死亡在我们的概念中不应再是肮脏的、悲惨的，它并不可怕，只是有时我们不能接受它而已。

死亡是生命最后一个过程，有它的存在，生命才得以完整。我们不是要挑战死亡，而是要接纳死亡，这种认识不是凭空而来的，也不是宗教上的认识，而是对生命的重新体悟。

所以，具体到我们每一个人，如果遭遇到病痛的折磨，甚至是受到死亡的威胁时，要以冷静的态度来对待它，这样，你就会减轻许多自身的痛苦。

死亡不是对生命的剥夺，而是生命的告别。人们对死亡的恐惧往往是因为对生命的留恋，但如果你把人生看做一次旅途的话，你就会以平静的心态对待与生命的离别。

死亡是必然的。我们只有以积极的心态面对人生，才能懂得生命的可贵。从容面对死亡，这样的人生才不会有遗憾。

懂得热爱生命

没有比生命更宝贵的东西，生命想象不到的短暂。

——杜伽尔

要珍惜并热爱自己的生命，因为生命只有一次。不要太在意生命中的缺憾，要珍惜自己所拥有的一切。生命是上帝对我们的眷顾，它成就了你的色彩缤纷的生活。

有一天，佛祖把弟子们叫到法堂前，问道："你们说说，你们天天托钵乞食，究竟是为了什么？"

"世尊，这是为了滋养身体，保全生命啊。"弟子们几乎不假思索。

"那么，肉体生命到底能维持多久？"佛祖接着问。

"有情众生的生命平均起来大约有几十年吧。"一个弟子毫不犹豫地回答。

"你并没有明白生命的真相到底是什么。"佛祖听后摇了摇头。

另外一个弟子想了想说："人的生命在春夏秋冬之间，春夏萌发，秋冬凋零。"

佛祖还是笑着摇了摇头："你觉察到了生命的短暂，但只是看到生命的表象而已。"

"世尊，我想起来了，人的生命在于饮食间，所以才要托钵乞食呀！"又一个弟子一脸欣喜地答道。

"不对，不对。人活着不只是为了乞食呀！"佛祖又加以否定。

弟子们面面相觑，一脸茫然，又都在思索另外的答案。这时一个烧火的小弟子怯生生地说道："依我看，人的生命恐怕是在一呼一吸之间吧！"佛祖听后连连点头微笑。

"对了！对了！人的生命在于呼吸间。你体会到了人的生命的真谛。这一呼一吸就是人的生命。所以你们大家要只争朝夕地修道，不可放松啊！"

生命是虚无而又短暂的，它在于一呼一吸之间，在于一分一秒之中，它如流水般消逝，永远不复回。应该珍惜你的时间，珍爱你的生命。

爱因斯坦曾说过："我们一来到世间，社会就在我们面前树起了一个巨大的问号，你怎样度过自己的一生？我从来不把安逸和享乐看做是生活的目的本身。"

生命短暂得就如一道流星，你稍不留神就会与它擦肩而过，浪费生命无疑是人生的最大悲剧。

人生没有往复

人生不发返程车票，一旦出发了，绝不能返回。

——罗曼·罗兰

人生只有一次，无悔的人生才是成功的人生。不要奢望"下一次"如何。

在人生的不同阶段，我们常会听到这样的话：

学生时："我这一次没考好，下次一定会考好！"

找工作时："我这次面试没通过，下次一定要通过！"

与恋人分手时："这次没找到好的对象，下次一定要找到比他（她）更好的对象！"

业绩没达成时："我这个月没有达成业绩目标，下个月我会认真达成！"

不知有多少人，总是在期盼和找寻下一个机会。下一次真的会比这一次好吗？

在学校，也许老师会给你补考的机会。但出了学校，步入社会，客户不会轻易给你第二次机会，老板也不一定给你没有把握的冒险机会，敌人更不会给你任何存活的机会。

一个人在进入社会之后，举凡工作面试，主管交付任务，每一次表现，别人都是看在眼里，评在心里的。一流人才，第一次出手就做好了赢的准备与打算。每次出手不是给自己练习机会，而是完成使命必达的任务。二流人才永远相信学校有义务教他，企业或主管有责任栽培他，因此误以为每一次都是在练习，认为成功就在下一次的机会里，他们不懂得体悟第一次出手就制胜的道理。

印度有一位知名的哲学家，天生一股特殊的文人气质。某天，一个女子来敲他的门，她说："让我做你的妻子吧，错过我，你将再也找不到比我更爱你的女人了。"

哲学家虽然也很中意她，但仍回答说："让我考虑考虑！"

事后，哲学家用他一贯研究学问的精神，将结婚和不结婚的好、坏分别列出来，结果发现好坏均等，真不知该如何抉择。于是，他陷入长期的苦恼之中，无论他又找出什么新的理由，都只是徒增选择的困难。最后，他得出一个结论：人在面临抉择而无法取舍的时候，应该选择自己尚未经验过的那一个，不结婚的处境我是清楚的，但结婚会是个怎样的情况我还不知道。对！我该答应那个女人的要求。哲学家来到女人的家中，问她的父亲："你的女儿呢？请你告诉她我考虑清楚了，我决定娶她为妻。"

女人的父亲冷漠地回答："你来晚了10年，我女儿现在已经是3个孩子的妈妈了。"

哲学家听了整个人几乎崩溃，他万万没有想到向来让他引以为傲的哲学头脑最后换来的竟然是一场悔恨，而后两年，哲学家抑郁成疾，临死前，将自己所有的著作丢入火堆，只留下一段对人生的注解：如果将人生一分为二，前半段的人生哲学是"不犹豫"，后半段的人生哲学是"不后悔"。

面对人生，既要有当机立断的决心，更要有永不后悔的气魄。不要以为机会很多，这次没了，还有下一次。即使是世界知名音乐家或是艺术表演者，每一次上台都如临深渊、如履薄冰，在事前不断地排练，务求在观众面前呈现最完美的一面。因为对他们而言，每一场演出，都是全新的第 1 次，也是最关键的一次。

人生有限，生命弥足珍贵。所以，务必把握当下的每一刻，把每一件小事都当成大事看，用心做好每一件小事。

第二章　合理规划自己的时间
——人生由时间组成

哈佛告诉你

在所有资源中，时间不同于其他资源，它没有弹性，找不到替代品，而且时间永远是短缺的。时间既不能停止，也不能保存。如何合理规划自己的时间，将是每一个人的必修课。

时间的意义

时间是无声的脚步，是不会因为我们有许多事情要处理而稍停留片刻的。

——莎士比亚

有一个故事说，所罗门王有一天晚上做了一个梦。一位先贤在梦里告诉他涵盖了人类所有智慧的一句话，让他高兴的时候不会忘乎所以，忧伤的时候能够自拔，始终保持勤勉，兢兢业业。但是，他醒来后却怎么也想不起那句话来，于是召来了最有智慧的几位老臣，拿出一颗大钻戒，向他们说了那个梦，要他们把那句话想出来，并说："如果想出那句话来，就把它镌刻在戒面上。我要把这颗戒指天天戴在手上。"

一个星期过后，几位老臣兴奋地送来钻戒，钻戒上已经刻了一句勉励人胜不骄，败不馁的至理名言："这也会过去！"

这个故事说的主题就是时间。时间就是这样在我们眼前不经意地流走，而且永不回头。在时间面前，所有的荣辱得失变得黯然失色。生活中我们无数次看到：腰缠万贯的富翁垂暮之时，宁愿撒尽所有财富，欲换得多活几分钟却已不能够。时间，对于每个人而言，是唯一最公平的东西。

莎士比亚说："时间是无声的脚步，是不会因为我们有许多事情要处理而稍停留片刻的。"

时间，给懒惰者留下空虚和懊悔，给勤奋者带来智慧和力量。

克雷默说："留心你的时间是怎样花掉的，因为你的整个未来都要生活在时间里面。"

时间对于每一个人来说，都是异常公平的，不论富人或穷人，男人或女人，聪明的或不聪明的，摆在你面前的时间，每天都是 24 小时，总统和乞丐的生命都是同一单位。

但是时间也有不公平的一面，那就是有人懂得珍惜，有人暴珍天物。对时间的挥霍和浪费是一种最大的浪费，人生没有回头路可走，我们无法回过头去找回我们曾经无意之中浪费掉的哪怕是一分钟的光阴。

浪费掉的时间就永远失去了，我们永远无法追回。但是，如果学会科学地把握时间、追求效率，就能在适当的时间内做完应该做的事情，而不是杂乱无章，只做你刚好遇到的事情。计划中的事情做得越多，效率就越高，也就能够掌握时间。

合理利用零碎时间

哪里有什么天才，我只是把别人喝咖啡的时间都用在工作上了。

——鲁迅

时间是由分秒积成的，用"分"计算时间的人，比用"时"来计算时间的人，时间要多 59 倍。

鲁迅说："哪里有什么天才，我只是把别人喝咖啡的时间都用在工作上了。"亨利·福特说："大部分人都是在别人荒废的时间里崭露头角的。"时间对于每一个人来说都是公平的，能不能在一样多的时间里取得比别人更多的成就，关键看你能不能有效地利用你的时间。

爱因斯坦在组织享有盛名的奥林比亚科学院时，每晚例会，他总是愿意和与会者手捧茶杯，开怀畅饮，边饮茶，边谈话。爱因斯坦就是利用这种闲暇时间，来与大家交流思想，把这些看似平常的时间利用起来。他后来的某些思想和很多科学创举，在很大程度上都源于这种饮茶之余的交流。如今，茶杯和茶壶早已成为英国剑桥大学的一项"独特设备"，以纪念爱因斯坦利用闲暇时间的创举。

美国近代诗人、小说家和出色的钢琴家艾里斯顿善于利用零散时间的方法和体会也颇值得借鉴。他写道：

当时我大约只有14岁，年幼疏忽，对于爱德华先生那天告诉我的一个真理，未加注意，但后来回想起来那真是至理名言，从那以后我就得到了不可限量的益处。

爱德华是我的钢琴教师。有一天，他给我教课的时候，忽然问我：你每天要花多少时间练习钢琴？我说大约每天三四个小时。

"你每次练习，时间都很长吗？是不是有个把钟头的时间？"

"我想这样才好。"

"不，不要这样！"他说，"你将来长大以后，每天不会有长时间的空闲的。你可以养成习惯，一有空闲就几分钟几分钟地练习。比如在你上学以前，或在午饭以后，或在工作的休息余暇，5分钟、5分钟地去练习。把小的练习时间分散在一天里面，如此，弹钢琴就成了你日常生活中的一部分了。"

当我在哥伦比亚大学教书的时候，我想课余时间从事创作。可是上课、看卷子、开会等事情，把我白天、晚上的时间完全占满了。差不多有两个年头我不曾动笔写下一个字，我的借口是没有时间。后来才想起了爱德华先生告诉我的话。到了下一个星期，我就实验起他的话来。只要有5分钟左右的空闲时间，我就坐下来写作100字或短短的几行。

出乎意料，在那个星期的周末，我竟积累了相当厚的稿子。

后来，我用同样积少成多的方法，创作长篇小说。我的教授工作虽一天比一天繁重，但是每天仍有许多可资利用的短短闲暇。我同时还练习钢琴。我发现每天小小的间歇时间，足够我从事创作与弹琴两项工作。

利用短时间，有一个诀窍：你要把工作进行得迅速，如果只有5分钟的时间给你写作，你切不可把4分钟消磨在咬你的铅笔尾巴上。思想上事前要有所准备，到工作时间来临的时候，立刻把心思集中在工作上。实际上，迅速集中脑力，并不像一般人想象的那样困难。

艾里斯顿的经历告诉我们，生活中有很多零散的时间是大可利用的，如果你能化零为整，那你的工作和生活将会更加轻松。

所谓零碎时间，是指不构成连续的时间或一个事务与另一事务衔接时的空余时间。这样的时间往往被人们毫不在乎地忽略过去。零碎时间虽短，但倘若1日、1月、1年地不断积累起来，其总和将是相当可观的。凡是在事业上有所成就的人，几乎都是能有效地利用零碎时间的人。

富兰克林在有效利用零碎时间方面堪称楷模："我把整段时间称为'整匹布'，把点滴时间称为'零星布'，做衣服有整料固然好，整料不够就尽量把零星的用起来，天天二三十分钟，加起来，就能由短变长，派上大用场。"这是成功者的秘诀，也是我们学习借鉴的好方法。

伟大的生物学家达尔文也曾说："我从来不认为半小时是微不足道的一段时间。"诺贝尔奖金获得者雷曼的体会更加具体，他说："每天不浪费、不虚度或不空抛剩余的那一点时间。即使只有五六分钟，如果利用起来，也一样可以有很大的成就。"把时间积零为整，精心使用，这正是古今中外很多科学家取得辉煌成就的奥妙之一，也是我们应该从他们身上学到的优点之一。

恪守时间，珍惜时间

我从来不认为半小时是微不足道的一段时间。

——达尔文

要想赢得时间，就必须做到恪守时间。

贺拉斯·格里利说："一个人如果根本不在乎别人的时间，这和偷别人的钱有什么两样呢？浪费别人的1小时和偷走别人5美元有什么不同呢？况且，很多人工作1小时的价值比5美元要多得多。"

美国国父华盛顿经常这样说："我的表从来不问客人有没有到，它只问时间有没有到。"

他每天4点钟吃饭，如果有时候应邀到白宫吃饭的国会新成员迟到了，华盛顿就会自顾自地吃饭而不理睬他们，这使他们感到很尴尬。

一次，他的秘书找借口说，自己迟到的原因是表慢了。华盛顿回答说："那么，或者你换块新表，或者我换个新秘书。"

另一位美国开国元勋富兰克林对经常迟到却总是有借口搪塞的佣人说："我发现，擅长找借口的人通常除此之外什么都不擅长。"

美国第六任总统约翰·昆西·亚当斯从不误时。议院开会时，看到亚当斯先生入座，主持人就知道该向大家宣布各就各位，开始会议了。有一次发生了这样一件事，主持人宣布就座时，有人说："时间还没到，因为亚当斯先生还没来呢。"结果发现是议会的钟快了3分钟，3分钟后，亚当斯先生准时到达了会场。

恪守时间是使人信任的前提，会给人带来好名声。它清楚地表明，我们的生活和工作是按部就班、有条不紊的，使别人可以相信我们能出色地完成手中的事情。恪守时间的人一般都不会失言或违约，都是可靠和值得信赖的。办事准时、恪守时间，往往是积累成功资本的第一步。

李悦是一家装修公司的业务员，经过他的努力，一家科技公司的高级主管终于答应面谈公司装修的项目。他们约定见面的时间是第二天上午10点半，李悦在第二天上午却迟到了半个小时。而此时这位主管恰恰不在。等到李悦打电话再次预约面谈的时间时，那位主管说："没有这个必要了，你已经失去了那笔业务。因为在你迟到的半个小时里，我们已经把项目交给了别人，你不守时，我们不敢相信你能够兑现你许下的诺言。"一个连别人的时间都不能遵守的人，又怎么能为自己赢取时间呢？

生活中，守时的重要性随处可见。比如，火车司机的表慢一点就可能发生严重的撞车事件。又比如，西安《华商报》在2002年7月12日报道了以往在古装剧中"刀下留人"一幕的真实上演。说的是陕西延安一名死囚，在执行枪决前4分钟，接到最高人民法院下达的"暂缓执行命令"，原因是此案涉嫌自卫，且对方也有错，判处死刑不当。这短短4分钟是多么地重要！

为了珍惜和利用自己或别人的时间，为了能够成为一个可靠的、值得信任的人，恪守时间是非常重要的。

一个成功者懂得珍惜自己的时间，他总是设法回避那些消耗自己时间的人，希望自己宝贵的光阴不要因为他们而多浪费一刻。一个成功的时间管理者不仅懂得如何珍惜自己的时间，而且特别珍惜别人的时间。因为他们深知这才是真正的赢取时间之道。

做时间的主人

如果想成功，就必须重视时间的价值。

——富兰克林

时间抓起来就像金子，抓不住就像流水。

有许多人，整日"两眼一睁，忙到熄灯"，可还是深感时间紧迫，不够用。他们精疲力竭，来去匆匆，却总是不能从容自如。

要想赢得比别人高的评价，要想获得比别人多的成就，必须学会有效利用时间，做时间的主人。

德国伟大的文学家、诗人歌德说：我们都拥有足够的时间，只是要善加利用。一个人如果不能有效利用有限的时间，就会被时间俘虏，成为时间的奴隶。一旦在时间面前成为弱者，他将永远是一个弱者。因为放弃时间的人，同样也会被时间放弃。

时间可以毫无顾忌地被浪费，也可以被有效地利用。有人算过这样一笔账：一个人如果每天临睡前挤出15分钟看书，他的看书速度为中等水平，即每分钟能读300字，那么，15分钟他就能读4500字，一个月读12.6万字，一年的阅读量就可以达到151.2万字。如果每本书平均约7.5万字，一年他就可以读20本书。这个数目是可观的，远远超过了世界上人均年阅读量。许多伟人之所以能流芳百世，一个重要的原因就在于他们十分珍惜时间。他们在一生有限的时间里，不但充分利用上天赐予他们的每一分每一秒，还善于把隐藏的时间找出来，一刻不停地工作、积累、进步。

在美国近代企业界里，与人接洽生意时能以最少时间产生最大效率的人，非金融大王摩根莫属。为了珍惜时间，他招致了许多怨恨。

摩根每天上午9点30分准时进入办公室，下午5点回家。有人对摩根的资本进行了计算后，说他每分钟的收入是20美元。除了与生意上有特别关系的人商谈外，他与人谈话的时间绝不超过5分钟。

通常，摩根总是在一间很大的办公室里，与许多员工一起工作，而不是一个人待在房间里工作。摩根会随时指挥他手下的员工，按照他的计划去行事。如果你走进他那间大办公室，是很容易见到他的，但如果你没有重要的事情，他是绝对不会欢迎你的。

摩根能够轻易地判断出一个人来接洽的到底是什么事。当你对他说话时，一切转弯抹角的方法都会失去效力，他能够立刻判断出你的真实意图。这种卓越的判断力使摩根节省了许多宝贵的时间。有些人本来并没有什么重要事情需要接洽，只是想找个人来聊天，却耗费了工作繁忙的人许多重要的时间。摩根对这种人简直是恨之入骨。

富兰克林说过，如果想成功，就必须重视时间的价值。

人生是由时间组成的，不珍惜时间就是不珍惜自己的生命。每一个成功者都非常珍惜自己的时间，他们能够真正主宰自己的时间，能够在有限的时间里做更多的事。

零碎时间可以成就大业

世界上真不知有多少可以建功立业的人，只因为把难得的时间轻轻放过而默默无闻。

——本杰明·富兰克林

如果你生活在大都市里，一定对每天上下班的交通问题颇有感触。通常你每天早上去上班要花一两个小时在公共汽车上，而下班回家时又要花上一两个小时。这样一天就有可能花掉四五个小时甚至更多的时间来挤车、上车、下车、换车。很明显，有两方面值得你考虑：你是否能缩短交通时间？你是否能有效地利用这些时间？

在美国造币厂处理金粉车间的地板上，有一个木制的格子，每次清扫地板时，这个格子就被拿了起来，里面细小的金粉随之被积攒起来。日积月累，每年可以因此为厂里节约上万美元。事实上，每一个成功人士都有这样一个"格子"，用于积攒那些被分割得支离破碎的时间。等着咖啡煮好的半个小时，不期而至的假日，两项工作安排之间的间隙，等候某位不守时人士的闲暇，等等，都被他们如获至宝般地加以利用，并足以取得令那些不懂得这一秘密的人瞠目结舌的业绩。

埃利胡·布里特说："所有我已经完成的、准备完成的或者是想要完成的工作，都跟蚁丘的形成一样，要经过或即将经过沉重缓慢、单调乏味、持之以恒的积累过程—材料的日积月累、思想火花的不断撞击和对真理的不断辨析。如果说我是受到了某种雄心的激励的话，那么，我最崇高也是最热切的愿望就是能够为美国的年轻人树立这样一个榜样—把那些被称之为瞬间的点点滴滴而又无比珍贵的时间充分利用起来。"

我们常常这样说："噢，只有 5 到 10 分钟就要开饭了，什么事都干不了。"但实际上，有一些身处逆境、命运多舛的人，充分利用了这些被许多人轻易浪费的时间，从而为自己建立了人生和事业的丰碑。那些被你虚度的时光，如果能够得到有效利用的话，完全有可能使你成为杰出人物。

有人这样算过一笔账：如果每天花 15 分钟看书，一个中等水平的读者读一本一般性的书，每分钟能读 300 字，15 分钟就能读 4500 字。一个月是135000 字，1 年的阅读量可以达到 1620000 字。而书籍的篇幅从 60000 字到100000 字不等，平均起来大约 80000 字。每天读 15 分钟，一年就可以读 20本书，这个数目是相当可观的，远远超过了世界上人均年阅读量，而且这并不难实现。

马莉恩·哈伦德的成功主要源于她能够精打细算地利用每一分每一秒。作为一个勤劳的母亲，她既需要照顾孩子，又需要操持家务。终其一生她都受到各种各样的干扰，这种干扰完全可能使得绝大多数妇女在处理琐碎的家庭事务之外不可能有别的作为，然而哈伦德，由于有超常的毅力和做事分秒必争，终于化平凡为伟大。

无独有偶，同样有繁重家务负担的家庭主妇哈丽特·斯托夫人，完成了那部家喻户晓的名著——《汤姆叔叔的小屋》。

朗费罗每天利用等待咖啡煮熟的 10 分钟时间翻译《地狱》，他的这个习惯一直坚持了若干年，直到这部巨著的翻译工作完成为止。比彻在每天等待开饭的短暂时间里读完了历史学家弗劳德长达 12 卷的《英国史》。

德·格里斯夫人后来成了法兰西王后的密友，她在给公主上课之前，把时间用于创作，日积月累，她竟然写出了好几部充满吸引力的著作。休·密勒是一个石匠，赚钱养家糊口是他的天职。但在做好本职工作的同时，他把一些零零碎碎的时间积累起来阅读科学书籍，最终他根据自己与石头打交道的亲身经历，写出了一本充满智慧和才气的大部头著作。苏格兰著名诗人彭斯的许多最优美的诗歌，是他在一个农场劳动时完成的。约翰·斯图亚特·密尔曾经在东印度公司当小职员，他的许多传世之作都是在这一时期完成的。

《失乐园》的作者弥尔顿是一位教师，还是联邦秘书和摄政官秘书。在繁忙的工作之余，他注意利用一些零碎的时间，坚持苦读。伽利略是一个外科医生，他以专心致志的态度和常人少有的勤勉，挤出时间从事科学研究，从而为后人留下了丰硕的成果。

所有这些事例都告诉我们一个道理：善于利用零碎时间可以成就大事业。

第三章　幸福在你心中
——把握自己的幸福

哈佛告诉你

做一个能给别人带来光明和幸福的人，才是人生最大的幸福。因为我们的幸福都是十分紧密地与他人，与自己的亲人、朋友、民族的幸福交织在一起的。

什么是最大的幸福

我们在分给他人幸福的同时，也能正比例地增加自己的幸福。

——边沁

一位成功的企业家在远离城市的地方建起了一所学校，他还为这所学校购置了一辆汽车，每天接送孩子上下学。

当一位记者采访他的时候，这位企业家说，他小的时候家境贫寒，买不起自行车，每天上学放学都要走十几里路。他的脚经常打满血泡。有时候，山洪暴发之后，路被冲毁，坑坑洼洼的更加难走，他要在上学的路上走几个小时。

有一位赶马车的老人很同情他，经常在路口等着他，每天都捎他一段路，正是因为这位老人的帮助，他才能够顺利地读完中学，考入大学。

当他的事业如日中天的时候，他经常想起当年赶着马车送他上学的老人，他很想再见一见那位老人，可是他却连老人的名字也不知道。

于是他买了一辆汽车，在当年他走过的山道上，接送像他当年一样走几十里路上学的孩子。企业家说，他所做的一切都是对那位不知姓名的老人的报答。

把有形的东西送给别人之后，自己的手中就会变少，而把幸福送给别人，我们的心中会复制出两份幸福。人类已经变成了一个大家庭，如果不能保证别人繁荣，我们也不可能保证自己的繁荣；如果我们希望自己幸福，同样我们也要希望别人幸福。

别让欲望抢走幸福

幸福的最大障碍就是期待过多的幸福。

——丰特奈尔

知足是福。在欲望的无止境追求中，幸福已被冲得无影无踪了。

老虎和猎豹一同狩猎。天快黑了，猎豹说："虎弟，我们的猎物已够多的了，现在就回家吧。"

"再等一会儿，我还想猎一只羚羊什么的，才猎几只野兔，你这就觉得满足了，真是没出息。"

突然，一只羚羊从它们身旁一闪而过。老虎立即撒开四腿，猛追过去。却不曾想，天黑路滑，脚下一松劲，滚下了山坡。

等猎豹赶到山坡下时，老虎只剩下最后一口气了。

"猎豹兄，请告诉我儿子一句话：即使拥有整个世界，一天也只能吃三餐，睡一张床。"说完这句话后，老虎便断了气。

欲望越大，人越贪婪，人生就越容易致祸！

如果你能做到"身外物，不奢恋"，你就能活得轻松，过得自在。遇事想得开，放得下，就不会像伊索寓言里所讲的那样："有些人贪婪，想得到更多的东西，却把现在所拥有的也失掉了。"

总认为自己拥有的不够多，还想要更多，你就会无视自己手中的幸福，而一心望着那些不可能属于你的东西。如果在欲望的追求中度过一生，那么人生就不会有什么幸福可言。

幸与不幸全在于自己

幸福不在万物之中，它存在于看待万物的自身态度之中。如果你接受幸福的态度不正确，即使置身于幸福的环境中，你也会离幸福越来越遥远。

——本杰明·富兰克林

幸福和不幸在于自己的心态，也就是怎样看待现在的自己。把痛苦和不幸的标准放在别人的身上，并不能使我们幸福。

如果只看到别人外在的幸福，就轻率地判断那超越了自己的幸福，那么你拥有的幸福也会毫不犹豫地离你而去。很多人感觉不到幸福的原因正是在于盲目地悲叹自己的处境。我们觉得不幸，不是因为自己住的单间房，而是不满意、看不惯租房过日子的自己。

从前，有一个人生前善良且热心助人，所以在他死后，升上天堂，做了天使。他当了天使后，仍时常到凡间帮助人，希望感受到幸福的味道。

一日，天使遇见一个农夫。农夫的表情非常苦恼，向天使诉说："我家的水牛刚死了，没它帮忙犁田，我怎能下田作业呢？"

于是天使赐他一只健壮的水牛。农夫很高兴。天使在农夫身上感受到了幸福的味道。

又一日，天使遇见一个男人。男人非常沮丧，向天使诉说："我的钱被骗光了，没盘缠回乡。"

于是天使给男人银两做路费。男人很高兴。天使在男人身上感受到了幸福的味道。

又一日，天使遇见一个诗人。诗人年轻、英俊、有才华且富有，妻子貌美而温柔，但却过得不快活。

天使问诗人："你不快乐吗？我能帮你吗？"

诗人对天使说："我什么都有，只欠一样东西，你能够给我吗？"

天使回答说："可以。你要什么我都可以给你。"

诗人直直地望着天使："我要的是幸福。"

这下子把天使难倒了，天使想了想，说："我明白了。"

然后天使把诗人所拥有的都拿走了。

天使拿走诗人的才华，毁去他的容貌，夺去他的财产和他妻子的性命。

天使做完这些事后，便离去了。

1个月后，天使再次回到诗人的身边，

他那时饿得半死，衣衫褴褛地躺在地上挣扎。

于是，天使把他的一切又还给了他。

然后，又离去了。

半个月后，天使再去看诗人。

这次，诗人搂着妻子，不住地向天使道谢。

因为，他得到幸福了。

幸福没有一个固定的标准，幸福与否，只在于你怎么看待。幸福不在别处，而是存在于你的心中。

真正的幸福不是周围的环境所给予的，而是靠自己的努力创造的。即使自己的处境不顺心，也要试着心存感激地接受；即使比别人拿得少，也要想想还有人比自己拿得还少，自己安慰自己，不断地给自己打气，只有这时幸福才会眷顾你。

拥有一个健康的身体

健康的躯体是灵魂的客厅，而病体则是监狱。有的人年轻时拼命用健康去换取金钱，年老时却又期望用金钱买回健康，这是做不到的。

——阿尔伯特·哈伯德

健康是人生第一幸福。健全的思想来自健全的身体，不论有多么出众的才能和力量，一旦失去了健康的身体，人生也就将化为乌有。

有一个年轻人，总是抱怨自己贫穷，命运不济。他常常自怨自艾地说："我要是能有一大笔钱该有多好！那时候我可以舒舒服服地生活。"

这时候，有一位老石匠从旁边走过。听了他的话，老人问道："你为什么要抱怨呢？要知道你已经很富有了！"

"我有什么财富？"年轻人困惑不解。"我的财富在哪里？"

"比如你的眼睛，你愿意拿出一只眼睛来换些什么东西吗？"老石匠问。

年轻人慌忙说："你说的什么话？我的眼睛是给什么也不换的。"

老石匠又说："那么让我来砍掉你的一双手吧！我可以给你许多黄金。"

"不，我也决不用自己的手去换黄金。"

这时候老石匠说："现在你该看到了吧，你已经十分富有了。为什么你还总抱怨命运不佳呢？记住我的话：健康——这是无价之宝，是金钱难以买得到的。"说完老石匠就走了。

注意身体健康，在用丰富而有益的食物来滋养你的智慧的时候，千万别忘记在这个世界上，身体是智慧的永恒伴侣，整个机器的状况好坏都取决于它。健康的身体是幸福之本，也是成功之本。

可是，在现实生活中，有很多人不重视自身的健康，以牺牲健康为代价去赚钱敛财，这实在是一种缺乏远见的行为。许多人年轻时不顾惜身体，拼命工作去换取金钱，年老时却又用大量金钱去买健康，其实这是做不到的。获得健康并不一定要花太多的时间和金钱，只要选择适合自己的方式坚持运动并持之以恒就行了。

从感恩中获得幸福

幸福生长在我们自己的火炉边，而不能从别人的花园中采得。

——杰罗尔德

感恩是幸福和成功的来源，人应该持之以恒地怀有这种感情。无论你获得了怎样的生活，你都要心存感激。

很多人生活不幸福，很大程度上是因为他缺少感激之情。当他获得生活的馈赠之后，他没有感激，而是认为一切都理所当然，这样他就渐渐失去了对别人的亲近和支持，失去了接近美好事物的机会。没有感激之心，人心就会充满各种怨恨和不满，这样他就会牢牢记住那些不如意的事情。久而久之，他就失去了对生活的美好展望，继而开始变得悲观失落。这样的人，怎么会与成功结缘？

允许你心藏自卑之事，你就会变得更加自卑，自卑情绪也就会更加放肆地包围着你。

一个原本英俊的雕塑家，突然发现自己的面貌、行动举止以及神情都变得丑陋可怕。他为此苦恼万分，遍访名医均无良方。一个偶然的机会，他来到一座庙宇，向寺内一大师寻求帮助。大师了解情况之后说："我可以恢复你的相貌，但你必须先为我的庙宇做一年工，为我们雕塑几尊神态各异的观音偶像。"

这位雕塑家细心琢磨观世音的面貌、表情和形态举止，那种慈祥、善良、圣洁和正义的形象深深刻印在他的心中，使他渐渐达到了忘我的境界。

当他工作完成的时候，大师带他来到镜子跟前。他惊喜地发现，自己的外貌已经变得神清气朗、端正英武。他感谢大师治好了他的相貌，大师告诉他："是你自己治好了自己，你的病根是过去一直在雕塑地狱魔鬼。"

对人生、对大自然的一切美好事物，我们都要心存感激，将它们的美深藏在我们心中，让我们自己能时时受到美好事物的熏染，如此，我们的生活也会变得美好。

第四章 学习到底是为了什么

——弄清楚学习的真正目的

哈佛告诉你

不要把你的学历作为"通行证"。学历并不能代表能力，它只是你曾经学习过的证明。学习的真正目的并不在于记忆、存储，或是学会运用某种特定技巧，而是在于学到终身学习的能力。

学历不是"通行证"

所谓教育，是忘却了在校学的全部内容之后剩下的本领。

——爱因斯坦

在最初涉世的时候，我们怀着美好的理想走入社会，却碰上了一个又一个的难题。首先就是学历问题，没有本科学历或学历太低，是通向成功路途的羁绊。播下种子，却没有开花，不必灰心失望，我们注重的不是妖艳的花朵，而是沉甸甸的果实。

努力学习了，即使最后没有如愿拿到学历，没有得到那个"证明"，你也要相信自己的能力，只要还拥有学到的知识和拼搏的精神，你就有成功的机会。

一天午后，一位老妇人走进费城一家百货公司，大多数的柜台人员都不理她，只有一位年轻人问是否能为她做些什么。当她回答说只是在避雨时，这位年轻人并没有推销给她不需要的东西，也没有转身离去，反而拿给她一把椅子。

雨停之后，老妇人向年轻人说了声谢谢，并向他要了一张名片。几个月之后这家店主收到一封信，信中要求派这位年轻人去苏格兰收取装潢一整座城堡的订单！这封信就是那位老妇人写的，她正是美国钢铁大王卡内基的母亲。

许多农村的孩子学习条件并不好，可他们通过努力考上了大学。这正是运用了补偿的方法——"勤于学业"，力争取得"好成绩"，他们成功了。

顺利拿到大学文凭的学子们，即使踏入社会也不一定能够顺利成就事业，学历只代表过去的成绩，而真正的成功还须日后努力奋斗得来。

学历只是你学习成绩的见证，并无法准确反映你的综合水平。踏入社会后，一个人的品德、修养、性格对其发挥的作用远远大于学习成绩所发挥的作用。

大学毕业不等于学习终结

人永远是要学习的。死的时候，才是毕业的时候。

——萧楚女

只有不断地学习，才能不断地适应外部环境的变化。一旦学习停滞了，适应就停滞了。适应新时代的生存方式，就是不断学习、终身学习。只有做到终身学习的人，才能不断获得新信息、新机遇，才能不断获得高能力、高素质，才能够不断地走向成功。

在人的一生中，要持续不断地学习。学习始于生命之初，终于生命之末，即从摇篮到坟墓，一辈子持续不断。它宣告了"学历社会"的终结，宣告了把人生分为两半——学习和工作（"充电"和"放电"）的传统观念的错误。终身学习，成为迎接新世纪挑战的高能武器，越来越受到全世界的高度重视。

这是美国东部一所大学期终考试的最后一天。在教学楼的台阶上，一群工程学高年级的学生挤做一团，正在讨论几分钟后就要开始的考试，他们的脸上充满了自信。这是他们参加毕业典礼和工作之前的最后一次测验了。

一些人在谈论他们现在已经找到的工作，另一些人则谈论他们将会得到的工作。带着经过4年的大学学习所获得的自信，他们感觉自己已经准备好了，并且能够在社会中游刃有余。

他们知道，这场即将到来的测验将会很快结束，因为教授说过，他们可以带想带的任何书或笔记，要求只有一个，就是不能在测验的时候交头接耳。

他们兴高采烈地冲进教室。教授把试卷分发下去。当学生们注意到只有5道评论类型的问题时，脸上的笑容更加扩大了。

3个小时过去了，教授开始收试卷。学生们看起来不再自信了，他们的脸上是一种恐惧的表情。没有一个人说话，教授手里拿着试卷，面对着整个班级。

他俯视着眼前那一张张焦急的面孔，然后问道："完成5道题目的有多少人？"

没有一只手举起来。

"完成4道题的有多少？"

仍然没有人举手。"3道题？2道题？"

学生们开始有些不安，在座位上扭来扭去。

"那1道题呢？当然有人会完成1道题的。"

但是整个教室仍然很沉默。教授放下试卷，"这正是我期望得到的结果。"他说。

"我只想要给你们留下一个深刻的印象，即使你们已经完成了4年的工程学习，但关于这项科目你们仍然有很多的东西还不知道。这些你们不能回答的问题是与每天的普通生活实践相联系的。"然后他微笑着补充道："你们都会通过这个课程，但是记住——即使你们现在已是大学毕业生了，你们的教育仍然还只是刚刚开始。"随着时间的流逝，教授的名字已经被大家遗忘了，但是他教的这堂课却从来不曾被遗忘。

1994年11月，在意大利罗马举行了"首届世界终身学习会议"，提出"终身学习是21世纪的生存概念"，强调如果没有终身学习的意识和能力，就难以在21世纪生存。

终身学习，理所当然地成为新世纪的生存方式。

比终身学习更进一步，应当是终身学习化。所谓"化"者，正所谓彻头彻尾、彻里彻外。

终身学习化与终身学习有所不同。

终身学习，只是强调走出校门，走上工作岗位，需要学什么就要及时充电，接受培训，直到老了也要学习，活到老，学到老。

终身学习化，不仅要终身学习，而且要使学习完完全全地融入生活，融入工作，做到生活学习化、工作学习化。生活学习化，就是使生活成为锻造性格的课堂、锻造素质的熔炉。工作学习化，不是工作之余的学习，而是工作本身就成为一种学习。终身学习化就是把学习融入人生的每时每地，成为"全时空学习"。终身学习化是终身学习的深化、升华和飞跃。如果说终身学习是新世纪的生存手段，那么终身学习化就是新世纪的生存目的。

终身学习化，就是人生学习化。要使我们的人生成为"学习化的人生"，就要不断地在实际生活中学习，在实际工作中学习，终生都做到"无一事而不学，无一时而不学，无一处而不学"。

假使你真有向上的志愿，假使你真想补救你没有知识的损失，你应当记住，你每天所遇见的每个人，都能增益你的知识。假使你遇见的是一个印刷匠，他也能灌输你许多印刷的技术；一个泥水匠，能告诉你建筑方面的技巧；一个普通的农夫，有他做人、做事的经验，你能从他身上得到许多人情世故。

大学毕业不等于学习终结。即使你已经大学毕业，但你的教育仍然还只是刚刚开始。这是一个终身教育的时代，谁不知道学习，谁不知道更新自己的知识结构，谁就会被社会淘汰。

真正要学习的是学习方法

真正的学者知道怎样从已知引出未知，并且逐步接近于大师。

——歌德

要具备终身学习的能力，关键就在于必须"学习如何学习"。

珍尼特·沃斯和戈登·德莱顿在《学习的革命》一书中认为："真正的革命不只在学校教育之中，它在学习如何学习，在学习你能用于解决任何问题和挑战的新方法中。"

急遽的全球性转变，资讯光速流转，机会转瞬即逝，环境的迅速变化向任何人都提出了新的挑战——因循守旧，还是创新超越。

在巨变的洪流中，无论企业或个人，凡是依赖于旧有的知识和依循以往的方式解决新问题，终将无法逃脱被淘汰的命运。

别无选择，只有"变"才能应变。佛经教义说，变，才是唯一的不变。

"变"是新的挑战下唯一不变的生存之道。

那么，如何应变甚至导变呢？那就是学习如何学习。只有具备"如何学习"的能力，才能在骤增的资讯中有所取舍，在"全时间""全环境"中因时、因地、因事、因变地进行学习创新，从而更高效地实现自己的目标。也只有如此，你的时间才是用在最有生产力的地方，而效率就是竞争力。

台湾企业战略专家石滋宜博士认为：

懂得如何学习的人，自然能掌握变化、掌握趋势。

懂得如何学习的人，自然有事业心、有应变力。

懂得如何学习的人，自然能够有创造力、有前瞻性。

过去我们说，不愿学习是愚蠢，而加拿大媒体怪杰麦克鲁汉更直言："不会学习，是一种罪恶。"

所谓"会学习""如何学习"，实质就是倡导一种创造性学习、高效学习。如何能更有效、更高效地学习，这本身就是知识和学问。

学习很重要，学习如何学习更重要。

不学习的人，不如好学习的人，好学习的人，不如会学习的人。

成绩不等于成就

教育的第一目的是做人，而不是学识。

——欧尼斯特·乔普生·萨顿

成绩和成就不一定成正比，你不能以学业的成败评估自己未来的成就。

哈佛教授亨利·B. 雷林曾讲过："为了发现与学生未来成功相关的因素，哈佛商学院做了大量的调查研究。调查结果显示：一个学生在学校里的成绩与他将来的成就之间并无关系。短期内还有点关系，而长期内根本没有什么关系。"

作为一名学生，必须能够正确认识短期学业上的成败。生活之路是很漫长的，即使是哈佛大学最顶尖和最失败的学生也必须走完剩下 2/3 的人生旅程。在学业上跑在前面的人，在长跑中往往会黯然失色，起初落后的人却往往会后来居上。

一项研究表明，在智力水平相当的天才儿童中，成就最高者和成就最低者之间的差距相当大，那些最成功的人士都有两个区别于他人的特征：高度的自信和恒心，或者说充满豪情壮志。

有句古谚说实践出真知，而真正聪明的人懂得从他人的经验中学习。

影响成功的因素有很多。

首先是处理失意的能力。非常成功的人士都能够饱受学习的失意而始终坚持不懈。在你的职业生涯中你将会遭遇一些极为扫兴甚至痛苦的事情。你可能在一个很好的公司里工作，突然公司不需要你了，而你不得不走人。

成功的人总是在生活中勇往直前，富有弹性地面对失意和挫折。有时候许多人由于早年经历了太多成功——进入了自己所选择的大学，或毕业于名牌大学，他们不知道该如何摆脱失意或失败的情绪而勇往直前。他们更像一个可爱的瓷茶杯：高雅、精致、美观——但是逆境袭来时则脆弱不堪。

第二是运气。这里的运气并不是指生于达官显贵之家，或者是中了大奖。如果你遗传了好的基因，接受了良好的教育，拥有关心你并给你提供好建议的人或导师，如果你生于这个世纪而不是中世纪，那么你的好运便已多于你应该获得的了。幸运并不意味着安逸的生活，而是你的机遇。一个人，即使再有才能，但如果没有机遇，也很难让自己的才能得以发挥。

第三是公正感。你应该对他人公正。要获得成功，你必须有最优秀的人为你工作。如果你不公正或阴险地对待他人，他们会选择离开。你不得不让二流的人接管他们的工作，而同一群二流员工一起工作是很难取得成功的。

这几种能力的高低在学业上很难体现，而这几种能力是成功的必备因素。不要被成绩左右，成绩并不等于成就。

能力比知识重要

你知道得很多，但如果你不善于把你的知识用于你的需要，那就没有什么用处。

——波得·杜拉克

学习的本质就是培养人的思考能力和创造能力，只有通过学习，掌握了这些能力，才能让我们更加卓越。

有一天，一名大学教授到一个落后乡村游山玩水。

他雇了一艘小船游江，当船开动后教授问船夫："你会数学吗？"

船夫回答："先生，我不会。"

教授又问船夫："你会物理吗？"

船夫回答："物理？我不会。"

教授又问船夫："那你会用计算机吗？"

船夫回答："对不起。我不会。"

教授听后摇摇头说道"你不会数学，人生已失去2/6；不会物理，人生又失去1/6；不会用计算机，人生又失去1/6；你的人生总共已失去4/6……"

说到这儿，天空忽然飘来大片黑云，随后吹来强风，眼看暴风雨就要来到。

船夫问教授："先生，你会游泳吗？"

教授愣一愣答道："不会。没学过。"

船夫摇摇头说道："那你的人生快要全部失去了……"

一个人拥有多少知识，并不能证明他就拥有多少能力，也就是说，知识与能力并不是成正比的。有渊博的知识固然是件好事，但人生首先最需要的并不是渊博的知识，而是生存的能力。

青少年朋友只有通过学习，掌握一种能力，并让这种能力适应千变万化的社会需求，才能更好地生存和发展。

有人说，真正的"铁饭碗"，不是在一个地方总有饭吃，而是走到哪里都有饭吃，也就是到哪里都有生存的能力。

曾经的"高工资、低付出"仅仅是一种生存状态，而技能与技术却是一种生存能力，只有掌握能力的人，才能更好地生存下去。

知其然，仅仅是一种状态，知其所以然，则是一种能力。

学习成绩只是一种状态，思考与创新却是一种能力。我们学习的目的，正是为了获取这种能力。

所以，孔子说："学而不思则罔。"卢梭说："读书不要贪多，而是要多加思索，这样的读书才能受益匪浅。"

这些伟人的良言，就是要告诫我们青少年，要学以致用，不要用书本中的知识来替代自己的思考。只有积极地思考，才能触摸到知识的灵魂，才能将知识转化为生存的精彩，所谓"六经注我"，而不是"我注六经"。

有一位伟人说过："学习是学习，学习的学习也是学习，而且是更重要的学习。"青少年朋友尤其要注重"学习的学习"，从各个方面塑造培养自己的综合能力。

尽信书不如无书，书本中的理论只有与实践相结合，才能转化为生存的能力。

做到这一点其实很简单，我们只要细心观察生活中的一些现象，并有意识地在自己的头脑中找出理论印证就可以了。比如说，老师在课堂上传授给我们作文的方法和要点，读书的时候，就可以用这样的理论衡量一篇文章的结构，从中找出为什么好、为什么不好，这些共性的经验，可以反过来促进我们的作文水平，培养我们理论与实际相结合的能力。

学习归根究底是为了应用，所以，我们要在日常的生活中，积累一些有用的经验和知识，从"无字句处"读书，这也是我们打造生存能力的一个重要途径。

数学运算阻碍物理的研究，牛顿就创造了微积分；工具的简陋影响了手艺的发挥，鲁班就发明了锯。这些都是在学习中创造、学以致用的典范。

青少年朋友更要在实践中突破各种束缚，主动应用新的技能，创造新的观点，这样我们在未来社会中的生存才能说有了保障。

古人说："授我以鱼，只供一饭之需；教我以渔，则终身受用无穷。"在学习中探索生存的技能，在生存中体会学习的真谛，人才会越来越成熟！

第五章　美德验证人生价值
——做好人生的品德功课

哈佛告诉你

如何做人应是人生的第一课。一个人首先应该是一个堂堂正正的人，并且一生都为之不懈地努力奋斗。

做人是根本

品格是一种内在的力量，它的存在能直接发挥作用，而无须借助任何手段。

——爱默生

对于一个人来说，无论他取得的成就有多大，最令他骄傲和欣慰的事就是他从来没有不良记录。

罗斯福年轻的时候就下定决心绝对不做有损自己声誉的事情。在他工作的时候，在他结交朋友的时候，在他的日常生活中，他从来不允许自己做出有损自己名声的事情，即使那样会让自己失去部分财富，失去一些朋友，他也在所不惜。在他成为美国历史上政绩显赫的总统前他就是这样要求自己的。

在他的政治生涯当中，他有很多发大财的机会，只要他不那么正直，不那么秉公执法，只要他稍微利用一下自己的政治地位和权力……但是罗斯福没有这么做，他从来不会做违背良心和有损声誉的事情。他不想让自己的政治生涯有任何的污点。如果在某一个职位就必须放弃自己做人原则的话，他宁可放弃那个职位。他不允许自己去拿一分来路不明或者不干净的钱。尽管这样他会得罪很多人，也会给自己制造很多麻烦，但是他依然恪守自己做人的原则。事实上，很多人虽然记恨他"不给情面"，但却又非常敬佩他的正直和诚实。

在日常生活中，一个人的人品常常被很多人忽略。他们看一个人往往看他是否精明能干，是否声名显赫，但是他们却很少强调这个人是否诚实，是否正直。显然他们并没有把一个人的人品放在重要的位置上。很多人非常敬佩那些诚实、正直、勇敢的人，可是他们却很少要求自己这样做。就好像很多商人其实知道做生意应该讲信誉和实力一样，可是他们却往往靠欺瞒、夸大事实和其他伎俩来赚钱。一个人的人品是非常重要的，是其他东西无法代替的。金钱财富、地位权力都无法弥补一个人人格上的缺陷。一个人不论他多富有，也不论他有多大的权力，如果在他的人品中找不到诚实与正直，那么他就永远不可能成为一个真正的成功者。当人们提到他的名字时，即使有羡慕之心，也不会有敬佩之情。

有些商人成了大富翁，可是他们却难以得到员工的爱戴和崇敬，因为这些富翁在金钱和物质财富上虽然占有优势，但是他们在人格上却处于劣势。他们唯利是图，很少真正设身处地为自己的员工考虑，而且有时候他们甚至不惜借用卑劣的手段剥削员工为自己谋取财富。人们向来尊重那些人格高尚的人。诚实正直的人即使没钱财，没权位，也同样会受到人们的爱戴。

无论你遭遇什么情况，你都应该坚持自己做人的原则。你挣的每一分钱都应该是正大光明的，而不是违背良心的。大胆告诉你的老板，你不会接受任何有问题的工作，因为你不愿违背自己的良心，不想出卖自己的真诚和正直。

当你开始踏入社会后，不论你从事什么工作，你都应该先做好一个人，你不能仅仅因自己是一个律师、医生、商人或者农民就放纵自己。你必须记住：一个人首先应该是一个堂堂正正的人，并且一生都要为之不懈地努力奋斗！

用真诚赢得信任

真诚是一种心灵的开放。

——拉罗什富科

真正的人格魅力是真诚的自我表露。当你把自己真实的一面真诚地展示给别人时，你就赢得了信任。

哈佛刚毕业的女大学生乔瑟琳到一家公司应聘财务会计工作，面试时即遭到拒绝，因为她太年轻，公司需要的是有丰富工作经验的资深会计人员。乔瑟琳却没有气馁，一再坚持。她对主考官说："请再给我一次机会，让我参加完笔试。"主考官拗不过她，答应了她的请求。

结果，她通过了笔试，由人事经理亲自复试。

人事经理对乔瑟琳颇有好感，因她的笔试成绩最好。不过，乔瑟琳的话让经理有些失望，她说自己没工作过，唯一的经验是在学校掌管过学生会财务。他们不愿找一个没有工作经验的人做财务会计。人事经理只好敷衍道："今天就到这里，如有消息我会打电话通知你。"

乔瑟琳从座位上站起来，向人事经理点点头，从口袋里掏出1美元双手递给人事经理："不管是否录取，请都给我打个电话。"

人事经理从未见过这种情况，竟一下子呆住了。不过他很快回过神来，问："你怎么知道我不给没有录用的人打电话？"

"您刚才说有消息就打，那言下之意就是没录取就不打了。"

人事经理对年轻的乔瑟琳产生了浓厚的兴趣，问："如果你没被录用，我打电话，你想知道些什么呢？"

"请告诉我，在什么地方没能达到你们的要求，我在哪方面不够好，我好改进。"

"那1美元……"

没等人事经理说完，乔瑟琳微笑着解释道："给没有被录用的人打电话不属于公司的正常开支，所以由我付电话费，请你一定打。"

人事经理马上微笑着说："请你把1美元收回。我不会打电话了，我现在就正式通知你，你被录用了。"

就这样，乔瑟琳用 1 美元敲开了机遇大门。

面对拒绝首先要有坚毅的品格，没有足够的耐心和毅力是不行的。要表现出自己的真诚，更要有直面不足和敢于承担责任的勇气；要具有灵活的思维，巧妙地展示自己的良好品德，这是从事任何工作都不可或缺的。

信用是人生的一笔财富

信用既是无形的力量，也是无形的财富。

——松下幸之助

人的一生有许多财富，其中信用就是一笔不小的财富。

麦克是一家私营公司的老板，那年他向友人借了一笔钱，没有财产担保，也没有存单抵押，有的只是一句话："相信我，年底无论如何都还你。"

到了年底，麦克的公司资金周转非常困难，外债催不回来，欠款又催得紧，为了还朋友这 30 万元，他绞尽脑汁才筹足 20 万元，余下的 10 万元怎么也筹不到。怎么办？妻子劝他给朋友求情，宽限两个月，麦克摇摇头，公司里的"高参"给他出主意说：反正你朋友也不急用钱，不如先还朋友 20 万元现金，其余的开一张空头支票，等账户上有了钱再支付。麦克勃然大怒，他认为这位高参是个没有信用的人，就毫不犹豫地辞退了他。

麦克最终横下一条心，与妻子郑重商量后，把房子 10 万元低价卖出去，终于筹齐了 30 万元。

一家人在市郊租了间房屋住。

朋友如期收回了借款，星期天准备约一群人到麦克家去玩玩，却被他委婉地拒绝了，朋友不明白平日豪爽的麦克为何变得如此"无情"，便一个人驱车前去问个究竟。当朋友费尽了周折在一间农舍里找到麦克的"家"时，只觉得热血沸腾，眼睛湿润。他紧紧地拥抱着麦克，一个劲地点头，临别时掷地有声地留下一句话："你是最讲信用的人，今后有困难尽管找我！"

不久，麦克的公司陆续收回了欠款，生意做得红红火火，他又买了新房、添了小车。然而天有不测风云，正当他在商场上大展拳脚时，却被一家跨国公司盯上了，那家公司千方百计挤占他的市场，并勾结其他公司骗取他的贷款。麦克的公司遭受了沉重的打击。公司垮了，车子卖了，房子押了，他破产了，不仅一无所有，而且负债累累。

麦克想重整旗鼓，但是巧妇难为无米之炊，他想贷款，却没有担保人和抵押物。他向亲友借，然而很少有与他在钱上打交道的亲戚，怎会轻易将大把的钱借给他呢？在他走投无路的时候，他又想起那位曾经借钱给他的朋友。他带着试一试的心理，找到了朋友。朋友没有嫌弃失意的他，不顾家人的反对，毅然借给了他 40 万元。他有些颤抖地捧着支票，咬咬牙，坚定地说："最多两年我一定还给你！"两双关节粗大的手紧紧地握在一起，朋友点头说："我信！"

曾经溺过水的麦克再到商海里搏击，自然会小心谨慎，而又遇乱不惊。他又成功了，两年后他不仅还清了债务，而且还赚了一大笔。重新跨入大款行列。每每有人问他怎样起死回生时，他便会郑重地告诉你："是信用！"

确实，信用本身就是一笔财富，生活中的任何人都不应该有意无意地丢弃它。一个不讲信用的人是很难在社会上立足的。信用是帮助你走向成功的阶梯，它是你生命中最有价值的财富之一，可以为你赢得朋友和机会。

奉献会让生命没有遗憾

我们一再坚持我们的贡献，那是因为，只有这种看法才能有权利在世界上赢得人类的同情。

——罗丹

只要我们将自己奉献给他人，爱对我们而言便是随手可得的。我们的爱给予他人，我们会因此得到更多的爱。

菲娜是一名老师，只要有时间，她便从事一些艺术创作。在她 28 岁的时候，医生发现她长了一个很大的脑瘤，他们告诉她，做手术存活概率只有 2%。因此他们决定暂时不做手术，先等半年看看。

她知道自己有天分，所以在 6 个月的时间里，她疯狂地画画及写诗。她所写的诗除了 1 首之外，其余的都被刊登在杂志上。她所有的画，除了 1 张之外，都在一些知名的画廊展出，并且以高价卖出。

6个月之后她动了手术。在手术前的那个晚上，她决定要将自己奉献出来——完全地、整个身体地奉献。她写了一份遗嘱，遗嘱中表示如果她死了，她愿意捐出她身上所有的器官。

不幸的是，菲娜的手术失败了。手术后，她的眼角膜很快地就被送去马里兰一家眼睛银行，之后被送去给在南加州的一名患者，使一名年仅28岁的年轻男性患者得以重见光明。他在感恩之余，写了一封信给眼睛银行，感谢他们的存在。进一步地，他说他要谢谢捐赠人的父母，能养育出愿意捐赠自己眼角膜的孩子，他们一定是一对难得的好父母。他得知他们的名字与地址之后，便在没有告知的情况下飞去拜访他们。菲娜的母亲了解了他的来意之后，将他抱在怀中。她说："孩子，如果你今晚没有别的地方要去，爸爸和我很乐意与你共度这个周末。"

他留下来了。他浏览着菲娜的房间，发现她曾经读过柏拉图，而他以前也读过柏拉图的点字书；他发现她读过黑格尔，而他以前也读过黑格尔的点字书。

第二天早上，菲娜的母亲看着他说："你知道吗，我觉得我好像在哪儿见过你，可是就是想不起来。"突然她想到一件事，她上楼抽出菲娜死前所画的最后一幅画，那是她心目中理想男人的画像。画上的男人和这个年轻人几乎一模一样。

然后她母亲将菲娜死前在床上写的最后一首诗读给他听：

两颗心在黑夜里穿梭，

坠入爱河，

但却永远无法抓到对方的眼神。

最彻底的、最善良的爱让菲娜无私奉献她的生命，这种奉献超越了物质实体，在精神世界中，奉献为爱赢得了永生。奉献不是减法，而是加法。你奉献了，但你并没有失去，相反，你会得到意外的收获。也许你的奉献只是举手之劳，但却会给他人带来满世界的光明。播撒奉献的种子吧，它们会让世界变得更温暖。

自私是"坟墓"

不为私利是世界上最好的一种品德。

——大仲马

自私是"坟墓",它只能使你更自闭。只有心胸宽广的无私之人才能和他人一起获得双赢。

从前,有两位很虔诚、很要好的教徒,他们决定一起到遥远的圣山朝圣。两人背上行囊,风尘仆仆地上路,发誓不到圣山绝不返家。

两位教徒走了两个多星期之后,遇见一位白发年长的圣者,圣者看到这两位教徒如此虔诚地千里迢迢要前往圣山朝圣十分感动,他告诉他们:"这里距离圣山还有10天的路程,但是很遗憾,我在这十字路口就要和你们分手了,在分手前,我要送给你们一个礼物。这个礼物就是你们当中一个人先许愿,他的愿望一定会马上实现,而第二个人,就可以得到那愿望的两倍!"

此时,其中一教徒心里想:这太棒了,我已经知道我想要许什么愿,但我不要先讲,因为如果我先许愿,我就吃亏了,他就可以有双倍的礼物。不行!而另外一教徒也自忖,我怎么可以先讲,让我的朋友获得加倍的礼物呢?于是,两位教徒就开始客气起来,"你先讲嘛!""你比较年长,你先许愿吧!""不,应该你先许愿!"两位教徒彼此推来推去,"客套地"推辞一番后,两人就开始不耐烦了,气氛也变了,"你干吗?你先讲啊!""为什么我先讲?我才不要呢!"

两人推到最后,其中一人生气了,大声说道:"喂,你真是个不识相、不知好歹的人,你再不许愿的话,我就把你的狗腿打断、把你掐死!"

另外一人一听,没有想到他的朋友竟然恐吓自己,于是想:你这么无情无意,我也不必对你太有情有义!我没办法得到的东西,你也休想得到!于是,这个教徒干脆把心一横,狠心地说道:"好,我先许。"

很快地,这位教徒的一个眼睛瞎掉了,而他的好朋友,也立刻瞎掉了两个眼睛。

原本这是一件好事情,但是狭隘、贪念与嫉妒,左右了人的情绪,所以使得"祝福"变成"诅咒"、"好友"变成"仇敌",更是让原来可以"双赢"的事,变成两人瞎眼的"双输"的结局!

自私,只会让我们步入生命的死胡同,永远得不到阳光与雨露的滋润。

人生多一点分享的心态,我们就会看到更精彩的风景。许多人的人生之路越来越狭隘,和自己自私的心态有很大的关系。

声誉永不贬值

尊重与声誉,这是全人类所珍惜和重视的一项权利,人们都高兴自由自在地运用这项权利。

——马克·吐温

声誉是世间最宝贵的珍宝,它是无形的财产,永远都不会贬值。失去了声誉,就等于失去了信任和尊重。

一天,史密森和儿子一起在农场里工作。

儿子刚刚大学毕业,前途未卜。

史密森环视着他那有溪流、树林和大片青草的几十万平方米的土地。"这地方真美。"他说。想到儿子未来的前程,以及他将要为赢得一个美好的未来所要付出的努力,史密森感慨万千。他决定把这片土地的来历告诉儿子。

他的第一个女儿出生不久,他和妻子在他长大的那个镇上当老师。他们很想有一块土地,在上面建造一座房子。

他注意到,在镇南面牛羊成群的那片很宽阔的土地,是90多岁的阿瑟斯先生的。阿瑟斯是个退休商业家,有许多的土地,但是却早就声明自己一块也不卖。尽管如此,他还是到家里拜访了阿瑟斯。

"对不起,我不能卖,"阿瑟斯说,"我已经将这块土地许诺给一个农民放牧了。"

"我知道,"他感到有点紧张,"我们是这里的老师,也许你会卖给打算在这里定居的人。"

"你说你叫什么名字?"阿瑟斯问。

"史密森。"

"那么，知道格列弗·史密森吗？"

"当然知道，先生，他是我的爷爷。"

阿瑟斯先生有些惊讶，然后他指着两把椅子，让他们坐下来。

"格列弗·史密森是我曾经雇用过的最好的农场工人，"阿瑟斯先生说，"他总是早来晚走，用不着我吩咐，就主动把所有要干的事都干了……如果有活没当天干完，他会觉得不好受。"

老人眯缝着眼，沉浸在遥远的回忆当中。良久，他和蔼地问道："再说一下看，你要什么，史密森？"

史密森又将想买地建房的意思重复了一遍。

"好吧，让我考虑考虑，过两天你们再来。"

一周后，阿瑟斯先生对史密森说，他已经考虑好了。史密森紧张地看着老人。"3500 美元怎么样？"老人开口了。

4000 平方米 3500 美元，80000 多平方米要付出将近 7 万美元，这岂不是变相拒绝吗？

"3500 美元？"他艰难地问道。

"是的，80000 多平方米卖 3500 美元。"老人微笑着点了点头。

就这样，史密森无限感激地以象征性的 3500 美元买下了那 80000 多平方米土地。

事情过去将近 30 年了，史密森这片土地越来越美丽。"孩子，"他说，"这全都因为一个你从未见到过的人的美好的声誉。"

史密森说，在他爷爷的葬礼中，人们纷纷告诉他说，爷爷博爱、诚实、宽容和正直。这使他想起了一句名言："我们要选择的，不是财富，而是美好的声誉；不是闪亮的金子，而是爱的恩泽。"美好的声誉就是爷爷留给他们的遗产，他希望儿子将来在脚下这片土地散步时，也把这个故事告诉他的下一代。

声誉的得来并不容易，它是靠一个人的优秀品质换来的。

任何刻意追求声誉的做法都是徒劳的。你只能通过提高自身修养和塑造自己的品质来获取声誉。

宽容是金

豁达的心胸能够修补专事诽谤的恶舌。

——荷马

不是做了错事得到报应才算公平。我们应该彼此宽容，每个人都有弱点与缺陷，都可能犯下这样那样的错误。我们要竭力避免伤害他人，要以博大胸怀宽容对方。

从前有一个富翁，他有 3 个儿子，在他年事已高的时候，富翁决定把自己的财产全部留给 3 个儿子中的 1 个。可是，到底要把财产留给哪一个儿子呢？富翁于是想出了一个办法：他要 3 个儿子都花一年时间去游历世界，回来之后看谁做到了最高尚的事情，谁就是财产的继承者。

1 年时间很快就过去了，3 个儿子陆续回到家中，富翁要 3 个人都讲一讲自己的经历。

大儿子得意地说："我在游历世界的时候，遇到了一个陌生人。他十分信任我，把一袋金币交给我保管，可是那个人却意外去世了，我就把那袋金币又原封不动地还给了他的家人。"二儿子自信地说："当我旅行到一个贫穷落后的村落时，看到一个可怜的小乞丐不幸掉到湖里了，我立即跳下马，从河里把他救了起来，并留给他一笔钱。"三儿子犹豫地说："我，我没有遇到两个哥哥碰到的那种事，在我旅行的时候遇到了一个人，他很想得到我的钱袋，一路上千方百计地害我。我差点死在他手上。可是有一天我经过悬崖边，看到那个人正在悬崖边的一棵树下睡觉，当时我只要抬一抬脚就可以轻松地把他踢到悬崖下，我想了想，觉得不能这么做，正打算走，又担心他一翻身下悬崖，就叫醒了他，然后继续赶路。这实在算不了什么有意义的经历。"富翁听完 3 个儿子的话，点了点头说道："诚实、见义勇为都是一个人应有的品质，称不上是高尚。有机会报仇却放弃，反而帮助自己的仇人脱离危险的宽容之心才是最高尚的。我的全部财产都是老三的了。"

恩将仇报的事情是屡见不鲜的；有机会报仇却放弃，反而帮助自己的仇人脱离危险的人和事并不多见。但只有这么宽容和豁达的人，才能享受人生的最高境界。德国伦理学家包尔生曾说过："宽容是这样一种德行：不为个人所受的伤害进行回报而且不看重这些伤害，也不去抓住报复的机会，即使在这种机会已经提供给他的时候。"

宽容是一种美德，怀有这种美德的人将会避免很多不必要的精神困扰，始终怀有愉悦的心情去生活；宽容是一种境界，能够达到这种境界的人是智力发达之人，他将看到广阔多彩的前景，会感觉到世界上所有的人都冲他微笑。

正直是快速成功的有效方法

能保有着高贵与正直，即使在财富地位上没有大收获，内心也是快乐和满足的。

——罗兰

"正直"是一个人应必备的品质，离开了正直和信任，就会失去很多，如亲情、爱情、友情……更重要的是，失去了正直也会与成功失之交臂。

一位推销员每天按照经理的吩咐向顾客介绍产品的优点，久而久之，他厌倦了这种工作方式。一天，当又有顾客光临的时候，他在介绍产品优点的同时也介绍了产品的缺点。

顾客听完后没说什么就走了，经理非常生气，决定解雇他。正当这位推销员带着行李要走时，刚才那位顾客又回来了，还带了一些人，这些人都准备买他的东西，就因为推销员是个诚实的人。

一个人能在所有时间里欺骗一个人，也能在同一时间里欺骗所有的人，但他不能在所有的时间里欺骗所有的人。这就是人们常说的：小胜靠谋，大胜靠德。

大学时，乔治曾经在一家孔清饮料公司工作，他是一名经销商，经过努力，他的业绩达到全公司最高点，并拥有一个销售站。但是由于公司部分领导人员缺乏正直及踏实的精神，最终导致整个公司瓦解。即使如此，他仍然学习到许到许多宝贵的东西，如销售商品的技巧以及如何和他人共事，更重要的是他了解到：如果一个人既无能力又缺乏正直，他便非常容易失去他已经达成的事情。

很多人工作的目的是为了赚钱，这并没有什么不对，相反的，那些不这么打算的人反而使人感到不安，因为没有任何一件事情不需要人们花钱。

在商言商，只要你进入商业圈，不管是职员、顾问、老板、合伙人或消费者，都与金钱脱离不了关系。当然，家人、友情及人际关系则是建立在那些比金钱更重要的事情上。

你一旦从商，能力与正直就会变得更加重要，因为没有一个人希望购买劣质产品，或者受到无礼的服务。当然，也没有一个人想和那些无知、没有技能以及不诚实的人交往。一个正直的人会在适当的时机做该做的事，即使没有人看到或知道。亚伯拉罕·林肯说得好："正直并不是为了做该做的事而有的态度，而是使人快速成功的有效方法。"

富有责任感是人生必备的品质

尽管责任有时使人厌烦，但不履行责任……只能是懦夫，不折不扣的废物。

——刘易斯

当你降临到这个世界上的那一刻，你就要负起责任。责任并不是一种强加的义务，而是对一个人的基本要求。无论在什么时候，都要勇敢地负担责任，对自己如此，他人更是如此。

一位名医，在当地享有盛誉。有一天，一位青年妇女来找他看病，检查后发现，她的子宫里有一个瘤，需要手术切除。

手术很快就安排好了。手术室里都是最先进的医疗器材，对这位有过上千次手术经验的名医来说，这只是个小手术。他切开病人的腹部，向子宫深处观察，准备下刀。但是，他突然全身一震，手术刀停在空中，豆大的汗珠冒出额头。他看到了一件令他难以置信的事：子宫里长的不是肿瘤，是个胎儿！

他的手颤抖了，内心陷入矛盾的挣扎中，如果硬把胎儿拿掉，然后告诉病人，摘除的是肿瘤，病人一定会感激得恩同再造；相反，如果他承认自己看走眼了，那么，他将会声名扫地。

经过几秒钟的犹豫，他终于下了决心，小心缝合刀口之后，静待病人苏醒。然后，对病人和病人家属说："对不起！我看错了，你只是怀孕，没有长瘤。所幸及时发现，孩子安好！"

病人和家属全呆住了。孩子果然安好，而且发育正常，但医生被告得差点破产。有朋友笑他，为什么不将错就错？就算说那是个畸形的死胎，又有谁能知道？"老天知道！"名医只是淡淡一笑。

心中有责任，做事就不会为得失所迷，心情就不会为得失所累。采用欺骗手段遮盖错误，逃脱责罚，虽然可能获得短暂的成功，但事情真相水落石出的时候，你就会成为人人唾弃的对象。而且，在此期间，你还要小心翼翼地掩盖，承受着心理的压力和折磨。因此，做了错事要勇于承认，敢于纠正，哪怕为此付出代价，但却能获得心灵的永久安宁。

责任心承载着一个人的人格，只有负起责任的时候，才能找回做人的根本。特别是你犯了错误之后，更应该担当起责任。马克·吐温曾说过："我们生到这个世界上来是为了一个聪明和高尚的目的，必须好好地尽我们的责任。"一个没有责任感的人，对自己都不能负责，更不要说对他人负责了。

第六章　原则是不可逾越的底线
——做一个坚守原则的人

哈佛告诉你

要捍卫自己的原则，不为权贵、势力和金钱弯腰。"捍卫原则"是一种对自我的坚持，需要极大的勇气和魄力。对于每一个人来说，原则是必须坚守的，是不能被贿赂，不能被收买的，而且在必要的时候你还要用生命去捍卫它。

哈佛之所以是哈佛

所有的真理都是一种成就，如果想得到不折不扣的真理，那就去争取吧。

——蒙格

哈佛知名，是因它的精神。300 多年以来，哈佛已经成为一种象征，一种精神的象征。

2000 年，美国哈佛大学遴选校长，有人提名新卸任总统克林顿和副总统戈尔。

但哈佛很快就把这两个人排除在外，理由很简单：克林顿和戈尔可以领导一个大国，但不一定能领导好一所大学。领导一流大学必须要有丰富的学术背景，而克林顿与戈尔都不具备。后来，原任美国财政部长、世界银行首席经济学家、副行长萨默斯被挑选为新校长，因为他在经济学研究方面做到了一流，是国际知名学者。

哈佛大学在世界上的名气与地位是毋庸置疑的，而其最重要的是向来捍卫学术自由，注重教育的独立地位和尊严。在美国历史上，有 6 位总统是哈佛大学的毕业生，并且，哈佛还曾为华盛顿总统、杰弗逊总统、艾森豪威尔总统、肯尼迪总统等好几位美国总统授予荣誉学位。哈佛学位的授予，对美国总统来说，是一种难得的荣耀，因此每届美国总统无不期望。1986 年哈佛350 周年大庆，里根总统即让人放话：自己很乐意到哈佛进行现场讲演，但条件是授予他荣誉博士学位……鲍克校长立即做出了回答："我无意奉承总统的虚荣心！"一时间舆论哗然，但大多数人支持鲍克校长：因为他坚持了大学的独立性，拒绝将神圣的学术世俗化、庸俗化。在捍卫学术自由上，哈佛更是举世闻名。

第一次世界大战期间，哈佛大学心理学教授穆斯特伯格被怀疑是德国间谍，校内外很多人向哈佛大学施加压力，要求将其解聘。昔日的一位校友甚至提出：只要解聘穆斯特伯格，他愿意为学校捐资 1000 万美元。为了平息当时的舆论和压力，穆斯特伯格教授也主动表态：只要那位校友把 500 万美元汇入学校账户，他立即辞职。但是，时任校长的洛厄尔明确表示：哈佛虽然乐于接受捐助，但不会为了钱去损害学术自由，更不会为此辞退教授或接收教授的辞呈！

哈佛大学之所以为全球瞩目，前任校长科南特道出了秘密："大学的荣誉不在于它的校舍和人数，而在于一代代教师的质量。一所真正伟大的学校，应该犹如一个核心，能聚集来自各地的自由思想者。"

哈佛大学校长鲍克说得好："只有有安全和自由保证的学者才能去探求科学真理。"这就是哈佛精神。

哈佛之所以能够成为世界知名大学，并且成为翘楚，正是因为它对真理的不懈追求。但如果追问哈佛之所以令人崇敬和向往的原因，则是因为它对自己的办学理念的恪守。这就是一种坚守原则的哈佛精神。

迁就别人也要有底线

> 一个人，即使驾着的是一只脆弱的小舟，但只要舵掌握在他的手中，他就不会任凭波涛的摆布，而有选择方向的主见。
>
> ——歌德

一味地迁就和顺从别人也是没有原则的表现。迁就别人表面看来是和善之举，但实际上是不坚定的表现。

一个人总要有自己的原则、自己的立场，不能一味迁就别人，一点主见也没有。这里的原则既包括办事的方法，也包括日常生活中为人、处事的立场、原则，少了哪个都会给你带来困难，并将影响你的生活。

工作办事没有自己的方法，只听命于他人，别人怎么说自己就怎么做，这样的人活着只是别人的影子，没有自我，走弯路、浪费时间不说，有时难免要犯错误。

罗宾斯没别的毛病，就是天生的耳根子软，别人说什么他听什么，妻子一生气就骂他是"应声虫"。中午订餐，同事问吃什么，他犹犹豫豫地想了一会儿说"吃汉堡吧！"同事一听："汉堡有什么好吃的，就要比萨吧。"罗宾斯赶紧点头："行，行，行！"不但生活中这样，工作中也是这样，他从来也提不出什么像样的意见，什么事都听人家的，所以单位里开会时，他永远是坐在角落时发呆的一个。前不久，妻子回娘家了，说是要跟他离婚，起因就是一卷墙壁纸。妻子嫌卧室里的壁纸太旧了，想换上新的，正巧身体不舒服，就让罗宾斯一个人去买。走之前一再嘱咐他按照家具的颜色搭配着买，可他却禁不住售货小姐的怂恿，买了一种深蓝色直条纹的壁纸，贴上以后，妻子总觉得自己是睡在监狱里，她觉得丈夫这人太没用了，很多同事都利用他的好说话、占便宜，领导把他当软柿子捏来捏去……售货小姐居然也把他当"冤大头"，日子再也没法过了，妻子愤怒地收拾东西离开了这个家，罗宾斯则坐在沙发上唉声叹气。

社会太复杂了，过于迁就别人的人很容易吃亏，多少人排队等着算计这种老实人呢！办事没有原则，有时就会表现为一味地迁就、顺从别人。由于自己没有立场，所以很容易被他们所诱惑或利用。迁就别人，表面看来是和善之举，但实际上是软弱的表现。软弱到一定程度，就会逐渐失去自信力，而没有自信力的人是很难成就什么大事业的。有时，性格上的自卑和懦弱，也表现为没有自己的立场和观点。自卑，就会觉得处处不如别人，怯懦则往往会导致卑微。时时看着别人的脸色行事，怎么能走自己的路呢？

做什么事情都要有个度，不能过度，否则就是没有原则：什么事情没有原则，只会带来不良后果，而不会有什么好的结局。

干什么事情都要动脑筋，不要轻易听从他人的，要有自己的一套规则。这样做，你才可能收到意想不到的效果。如果只是一味地迁就别人，那你就再也不能成为你自己了。

尊重他人的立场和原则

尊重别人所尊重的人，就是尊重他本人，因为这说明我们赞成他的判断，反之，尊重他的仇敌，则是轻视他。

——霍布斯

在人际交往中，千万不要以自我为中心而完全不顾他人的颜面、立场，如果将自己的价值标准强加在别人的头上，轻则得到的是不和谐的人际关系，重者可能使自己头破血流，一无所获。

有一个心理学家找来两个 7 岁的孩子进行一项心理测验。

其中的一个孩子汤姆来自一个贫穷的家庭，家里有 6 个兄弟姐妹；而另一个孩子安迪则是一个家境富裕的医生的独生儿子。

心理学家让两个孩子一起看一幅画，画上画的是 1 只小兔子坐在餐桌旁边哭，而兔妈妈则板着面孔，站在一旁。孩子们看完画后，心理学家让他们将画中的意思表达出来。汤姆立即说："小兔子在哭，是因为它还没有吃饱，还想要东西吃，但是家里已经没有可吃的东西了。兔妈妈也觉得很难过，但它又没有办法弄到东西吃，所以只好板着脸告诉小兔子不许哭。"

"才不是这样的，"安迪立刻反驳他，"小兔子为什么要哭？还不是因为它已经不想再吃东西了，但它妈妈却板着脸非要强迫它继续吃下去不可。"

有兄弟二人，出门做生意，他们来到一个偏远荒蛮的地方，这个地方的人都不穿衣服，称做裸人国。

哥哥见了这副样子，皱着眉头说："这儿的人如此不讲廉耻，岂非和畜生一个样，我们怎能跟这种人交往？"

弟弟则对哥哥的话不以为然："一个地方有一个地方的习俗，我们只管和他们做生意，何必在意他们的生活习惯呢？你觉得人家不穿衣服是不讲廉耻，说不定人家见你还觉得奇怪呢？"

于是弟弟仍旧和他们做生意，和他们一起吃饭，一起唱歌跳舞，结果裸人国的人上至国王，下至普通老百姓，都十分喜欢他，他的货物也被以高的价钱抢购一空。

而他哥哥以自己的立场，指责裸人国这也不好、那也不对，引起当地人的愤怒，大家把他抓住打了一顿，还把他所有的货物都抢跑了。全亏了他弟弟说情，裸人国的人才没有进一步为难他。

对同一件事，从不同的角度看往往能得出不同的结论。因此，当他人的观点跟自己的不一样时，千万不要急于指责别人，而要多从他人的角度想，许多争执和问题自然会迎刃而解。

只以自己的一贯立场去衡量或要求别人，是对他人的不尊重，这对于一个领导者尤其重要。不尊重他人立场的领导，只会将自己封闭起来，并不会得到众人的尊重。

做人要有底线

我的最高原则：不论遇到什么困难，都决不屈服。

——居里夫人

所谓底线，就是做人应遵循的基本原则，包括思想、道德、法律等方面。思想的底线，是积极向上；道德的底线，是诚实善良；法律的底线，是公正守法。

守住底线，就是确保自己的言行在道德与法律的约束范围之内，即不越矩。超出底线，就是道德的沦丧，甚至触犯法律。

底线是做人的根本，是行走社会的行为准则，同时也是人们安身立命、维护个人尊严的法宝。

"勿以恶小而为之，勿以善小而不为。"现实生活当中，每一个人应该坚守自己心里的那道底线。如果连你自己都抵挡不住诱惑，忽视这道底线，那你心灵的防线就一定会不攻自破，使你失去自我。

只有坚持自己的底线，才能坚持自我。

麦克斯在印尼巴厘岛的时候，有一次逛摊子，看上了一个木雕。

"多少钱?"他问。

"20000 卢比。"

"8000!"麦克斯说。

"天呐!"小贩用手拍着前额，作出一副要晕倒的样子，然后看着麦克斯，"15000。"

"8000。"麦克斯没有表情。

"天哪!"商贩在原地打了一个转，转向旁边的摊子，对着那摊子举起手里的木雕喊，"他出 8000! 天呐!"又对着麦克斯，"最低了，我卖你 13000，结个缘，明天你带朋友来，好不好?"

麦克斯笑着耸耸肩，转身走了，因为他口袋里只有 9000，就算他出到 9000，距离 13000，还是差太远。

他才走出去四五步，小贩就在后面大声喊：

"12000，12000 啦!"

麦克斯继续走，走到别的摊子上看东西，小贩还在招手："你来! 你来! 我们是朋友，对不对? 我算你 10000，半卖半送!"

麦克斯继续走，走出了那个摊贩聚集的地方。

突然一个小孩从后面跑来，并声称要带麦克斯去一个地方。麦克斯好奇地跟着小男孩，打算一探究竟。原来，小男孩是那摊贩派来的，目的是把他重新拉回自己的摊位。

"好啦! 好啦! 我要休息了，就 8000 啦!"摊贩最后以麦克斯出的价格卖掉了那个木雕。

现在，每当麦克斯看到桌子上摆的这个木雕，就会想起那个小贩。他常想："我为什么能出 8000 就买到?"

因为他坚持了自己的底线。

麦克斯也想，小贩为什么会卖?

因为小贩觉得他心中有个最低的底线，并且很难冲破。

做人也是如此。很多时候，在原则面前根本没有回旋的余地。

双向的沟通，有时候就像讨价还价。你不可能让他全部得逞，他也不可能对你完全让步。两方面一定要先在心里有个最低的底线，再在这个底线上沟通。也只有经过反复磋商，双方都有"让步"，也都有"收获"的情况才能叫做"双赢的沟通"。

守住你做人的底线

为原则斗争容易，为原则而活着难。

——史蒂文森

守住做人的底线，才能守住立身为人的根本。所谓的做人的底线，其实就是自己内心中的道德准则。

有一个名气很响的跨国公司，招聘一名总经理助理，年薪至少 20 万美元。在众多应聘者中，丽莎气质端庄，业务精干，很快脱颖而出。最后一关是由总经理亲自面试。

总经理对她进行了长达两个小时的面试，丽莎从经营方略到内部管理、新品开发等多方面阐述了自己极具建设性的想法。总经理认真地听着，不时赞许地点点头。显然，他对丽莎的表现很满意。

"好了。"总经理说，"讲了半天，口一定渴了。我也有些口渴，请你去买两瓶可乐来。"说着递给丽莎一张百元大钞。

丽莎来到街前商店，买了两瓶可乐。回来递给总经理时，把剩下的钱也一分不差地交给了总经理。她知道，这很可能也是考试内容的一部分。

果然，总经理打开一瓶可乐，说，"这是今天测试你的最后一道题目了。你已经给我留下了很好的印象，如果这道题你能回答得让我满意，你将通过今天的测试。"

"这道题是这样的。假如这两瓶水中有一瓶被人掺了毒药，当然目标是针对我。现在，我命令你先尝一尝。"

丽莎说："我明白你是在测试我对公司和你的忠诚度。虽然我知道也许我尝了你就会录用我，虽然我很想得到总经理助理这个位子，但我不能尝。我认为你这样是对我人格的侮辱。"

总经理怒道："这次应试者上千人之多，别说让他们喝这没毒的可乐，就是真让他们喝毒可乐，他们也会喝！"

丽莎正色道："我认为你刚才说的话与你的身份地位很不相称。对不起，我觉得今天的测试该结束了！"说着要起身离去。

总经理立刻和颜悦色地说："请原谅，刚才只是测试。我很欣赏你的反应和你的品格。请坐，今天的测试你通过了。祝贺你！你被录用了。"

丽莎说："招聘是人才与企业之间的双向选择，你的测试我已经通过了，但我对你们的测试你却没有通过，你不是我想象中的总经理。再见！"说完，拂袖而去。

做人做事的原则，并不是人为主观设置的条条框框，它是人们对自己身份的一种默认。有原则的人，首先是懂得自己的角色和位置的人，说到底是知道自己什么事情该做，什么事情不该做和该做的怎么去做。

原则在某些情况下可以做适当的变通，但是触及到根本性的问题时，必须坚持你的原则，半点含糊不得。

既要坚守原则又要懂得变通

在纯粹光明中就像在纯粹黑暗中一样，看不清什么东西。

——黑格尔

只知道坚守而不知道变通的人就走向了另一个极端——固执。根本的原则和正确的原则要坚守，但不合理的就要懂得变通。

一个固执的人在烈日下急匆匆地赶路。

他热得大汗淋漓，然而却不肯扇扇子。一只鸟儿飞过来，对他说："你为什么不肯扇扇子呢？"

"哼，我靠我自己活在这个世界上，不需要任何外力的帮助！"

"我用翅膀为你扇风吧？"

"走开！我宁可热死，也不要任何外力帮助！"固执的人继续走他的路。

他来到一条很宽很深的河边，他过不去了，站在岸边。

"去找渔家借条船吧，你会很快渡过河去的。"那只鸟儿又追来了。

"哼！借？我长这么大，从来没向别人借过东西！我要靠我自己过河去。"固执的人说。

固执的人说完，径直朝河里跳去，一会儿，他就沉了底。

"唉！这个人真是太固执了。"鸟儿叹了一声，飞走了。

蒲公英借助风力把它的种子撒向四方，鸟儿借助树木把它的家安置妥当。世界上哪里有不借助外物而孤立存在的人呢？这个固执的人坚持了自己的错误的原则，不知因时因事而变，最终受害的只能是自己。过于固守原则，就会到处碰壁。

第二篇

百年哈佛教给学生的
优秀品质

品质是人的立身之本，是通向成功的第一阶梯。哈佛大学给学生上的第一课便是如何做人——只有具备了良好的人格品质，才有资格取得人生的成功。自信、自立、乐观、坚韧、勇敢……这些凝聚着哈佛精神的人性品质，帮助广大青少年认识品质对整个人生的重要性，自觉锻炼自我，启迪智慧，激发个人潜能，从而实现自己的人生价值，创造出卓越和精彩的人生。

第一章　自信

——成功的人生始于自信

哈佛告诉你

　　自信是成功的第一秘诀，是一个人取得成功的内在驱动力。只有自信的人才能够在成功的路上步履如飞，而缺乏自信的人则一定是步履蹒跚。对于青少年来说，在内心树立起自信，用信念激发出自己内在的勇气和雄心，是迈向成功人生的第一步。

每个人心头都隐伏着一头雄狮

　　信心使一个人得以征服他相信可以征服的东西。

——萧伯纳

　　土耳其谚语说：每个人的心中都隐伏着一头雄狮。中国古语说：人皆可以为舜尧。这些鼓舞人心的话道出了这样一个真理：每个人都可以成功。只要我们相信自己的力量，充分发挥自身的潜能，每个人都可以大有作为。

　　自信心是一个人取得成功的内在驱动力。它能够使弱者变强，强者更健。只有自信的人才有可能在成功的路上健步如飞，而缺乏自信的人则一定是步履蹒跚者。美国作家爱默生说得好："自信是成功的第一秘诀，自信是英雄主义的本质。"对于青少年来讲，在内心树立起自信，用自信激发出自己内在的勇气和雄心，是他们迈向成功人生的第一步。

　　20世纪30年代，在英国一座普通的小城里，有一个叫玛格丽特的姑娘，从小就在父亲严格的管教下成长。父亲经常向她灌输这样的观点：无论做什么事情都要力争一流，永远走在别人前头，而不能落后于人。"即使是坐公共汽车，你也要永远坐在前排。"父亲从来不允许她说"我不能"或者"太难

· 54 ·

了"之类的话。

父亲这种近乎残酷的教育理念，培养出了玛格丽特积极向上的决心和信心。在以后的学习、生活或工作中，她时时牢记父亲的教导，总是抱着一往无前的精神和必胜的信念，尽自己最大的努力克服一切困难，做好每一件事情，事事必争一流，以自己的行动实践着"永远坐在前排"的誓言。

玛格丽特上大学时，学校要求学 5 年的拉丁文课程，她凭着自己顽强的毅力和拼搏精神，仅在一年之内便修完了。令人难以置信的是，她的考试成绩竟然名列前茅。玛格丽特不光学业优秀，她在体育、音乐、演讲等方面也都出类拔萃。当年她所在学校的校长评价她说："她无疑是我们建校以来最优秀的学生，她总是雄心勃勃，每件事情都做得很出色。"

正是在这种"永远都要坐在前排"精神的激发下，40 多年以后，玛格丽特成为英国乃至整个欧洲政坛上一颗耀眼的明星。她连续 4 年当选保守党领袖，并于 1979 年成为英国第一位女首相，她雄踞政坛长达 11 年之久，被世界政坛誉为"铁娘子"。

"永远都要坐在前排"是一种积极、自信的人生态度，它可以激发你积极进取的精神，促使你努力把梦想变成现实。

林肯总统说过，喷泉的高度不会超过它的源头，一个人的事业也是一样，他的成就不会超过自己的信念。如果你想像玛格丽特那样取得骄人的成就，就不能轻视自己的信心，要在内心树立起自信，抛弃无所作为、甘居下游的想法，充满信心地去施展自己的才华。

俄国著名的文学家高尔基说过："人最凶恶的敌人，就是意志的薄弱和信心的缺乏。"信心的缺乏会限制一个人的潜能，束缚一个人的发展。而树立自信的关键就在于我们内在的信心。

有一个懦夫想摆脱自己软弱的个性，让自己变得勇敢起来，就报名参加了"杀兽"学校。这所学校专门培养人的能力和胆量，使人敢于拿起剑去杀死吞食少女的怪兽。校长是有名的魔术师莫里。莫里对懦夫说："你不必担心，我给你一支魔剑，此剑魔力无边，可以对付各种凶恶的怪兽。"培训中这位懦夫使用魔剑杀死了很多头模拟的怪兽。结业考试时，他将面对真的吞食少女的怪兽了。不料冲到山洞口，怪兽伸出头露出狰狞面目时，他抽出剑，却发现拿错了剑，魔剑丢在了学校，手中的剑只是平日玩时用的。这时后退已不可能，那样只会被怪兽吞食。他挥动那把普通的剑，居然杀死了怪兽。莫里校长会心地笑了，他说："我想你现在已经知道了没有一支剑是魔剑，唯一的魔术在于相信自己。"

这则寓言说明了这样一个道理：每个人都有创造奇迹的魔力，只要你相信自己，真正的魔剑就在你的内心。生活中，我们难免会有畏难和退缩的时候，在巨大的困难和压力之下，我们常常会背上沉重的心理包袱，甚至会因此而丧失自信，这个时候你就要勇敢地站出来，直面困难，相信自己的能力，这样，困难就不会成为你成功的障碍。

著名的成功学大师拿破仑·希尔说过："成功并不是少数人的专利，每个人的出生都是为了成为一个成功者。"只要你能够在自己的内心树立起自信，你就能和所有的伟人和成功者一样，拥有卓越的人生。

信念是所有奇迹的萌发点

要有自信，然后全力以赴——假如有这种信念，任何事情十有八九都能成功。

——威尔逊

美国纽约州第一位黑人州长罗尔斯从小并不怎么受老师欢迎，他跟那里很多孩子一样，有着诸多不良习惯：总是口出秽语，还喜欢逃课打架……刚上任的教师奥里森煞费苦心地劝说这些孩子，却像对牛弹琴一样，一点儿效果也没有。

奥里森实在不甘心看到这些孩子再这样发展下去，便想出了一个绝妙的方法。他知道这里的人们非常迷信，于是就在课堂上给孩子们看起了手相。起初，孩子们都不太愿意接受，后来看到奥里森对大家手相的推测，将来他们一个个不是地位显赫就是财大气粗，因此孩子们也都愉快地接受了。

罗尔斯看到同伴们的命运都如此之好，便也按捺不住，最终走上台去，让老师帮自己也看一看。奥里森煞有介事地把这只黑糊糊的小手看了又看，"研究"了好半天，然后认真地说道："你以后一定会是纽约州的州长。"

"这是真的吗？我会是一名州长？"罗尔斯有点不敢相信自己的耳朵。他疑惑地望着老师，但从此却在心里暗暗确立了当州长的信念。

从那以后，罗尔斯改掉了自己身上的种种恶习，在他看来一个真正的州长就应该是这样的。一直以来，他心中当州长的念头丝毫没有动摇，他始终朝着自己的目标奋斗着。51 岁那年，罗尔斯登上了纽约州第 53 任州长的宝座。他是有史以来，纽约当选的第一位黑人州长。

在罗尔斯的就职演说中，有这么一句话。他说："信念值多少钱？信念是不值钱的，它有时甚至是一个善意的欺骗，然而你一旦坚持下去，它就会迅速升值。"

因此我们可以说：在这个世界上，信念这种东西任何人都可以免费获得。成功的人，最初都是从一个小小的信念开始的——信念就是所有奇迹的萌发点。

信念是一个人成功的动力，是造就人生奇迹的伟大力量。

一名小男孩的父母希望他们的儿子能成为一位体面的医生。可是，男孩读到高中便被计算机迷住了，整天鼓捣着一台十分落后的计算机，他把计算机的主机拆下又装上。

男孩的父母很伤心，告诉他，应该用功念书，否则根本无法立足社会。男孩说："有朝一日我会开一家公司的。"父母根本不相信，还是千方百计按自己的意愿培养男孩，希望他能成为一位医生。

不久，男孩终于按照父母的意愿考入了一所医科大学，可是他只对电脑感兴趣。在第一学期，他从当地零售商处买来降价处理的 IBM 个人电脑，在宿舍里改装升级后卖给同学。他组装的电脑性能十分优良，而且价格便宜。不久他的电脑不但在学校里走俏，而且连附近的律师事务所和许多小企业也纷纷来购买。

第一个学期快要结束的时候，他告诉他的父母，他要退学，父母坚决不同意，只允许他利用假期推销电脑，并且承诺，如果一个夏季销售不好，那么，必须放弃电脑。可是，男孩电脑生意就在这个夏季突飞猛进，仅用了 1个月的时间，他就完成了 18 万美元的销售额。

他的计划成功了，父母只好同意他退学。

他组建了自己的公司，打出了自己的品牌。在很短的时间内，他良好的商业成绩引起投资家的关注。第二年，公司顺利地发行了股票，他拥有了

1800万美元的资金，那年他才23岁。10年后，他创下了类似于比尔·盖茨般的神话，拥有资产43亿美元。他就是美国戴尔公司总裁迈克尔·戴尔。比尔·盖茨曾经亲自飞赴他的住所美国奥斯汀向他祝贺。比尔·盖茨对他说："我们都坚信自己的信念，并且对这一行业富有激情。"两位商业巨人的手紧紧地握在一起。

戴尔的成功告诉我们，每项奇迹都是始于一种伟大的想法。或许没有人知道今天的一个想法将会走多远，但是，我们不要怀疑，只要静下心来，努力去做，那么心中的梦想就会触手可及。

信念好比航标灯射出的明亮的光芒，在朦胧浩瀚的人生海洋中，牵引着人们走向辉煌。高高举起信念之旗的人，对一切艰难困苦都无所畏惧。相反，信念之旗倒下了，人的精神也就垮了下来。而从来就不曾拥有过信念的人对一切都会畏首畏尾，在漫长的人生旅途中抬不起头，挺不起胸，迈不开步，整天浑浑噩噩，看不到光明，因而也感觉不到人生的幸福和快乐。

一天晚上，一位名叫杰克的青年站在一条河边，一脸忧郁。

这天是他30岁生日，可他不知道自己是否还有活下去的必要。因为杰克从小在福利院里长大，身材矮小，长相也不漂亮，讲话还带着浓重的法国乡下口音。他一直很瞧不起自己，认为自己是一个既丑又笨的乡巴佬，连最普通的工作都不敢去应聘，所以他没有工作，也没有家。

就在杰克徘徊于生死之间的时候，与他一起在福利院长大的好朋友汤姆兴冲冲地跑过来对他说："杰克，告诉你一个好消息！"

"好消息从来就不属于我。"杰克一脸悲戚。

"不，我刚刚从收音机里听到一则消息。拿破仑曾经丢失了一个孙子。播音员描述的相貌特征，与你丝毫不差！"

"真的吗，我竟然是拿破仑的孙子？"杰克一下子精神大振，联想到爷爷曾经以矮小的身材指挥着千军万马，用带着泥土芳香的法语发出威严的命令，他顿感自己矮小的身材同样充满力量，讲话时的法国口音也带着几分高贵和威严。

第二天一大早，杰克满怀信心地来到一家大公司应聘。

20年后，已成为一家大公司总裁的杰克，查证出自己并非拿破仑的孙子，但这早已不重要了。

杰克的故事告诉我们，信念可以创造奇迹，信念能够唤起一个人的自信。无论是谁，只要把自己的信念牢牢地根植于心，就能够克服重重困难，实现自己的理想。

自信多一分，成功多十分

信心和能力通常是齐头并进的。

——约翰逊

自信是我们战胜困难，取得成功的重要动力。自信是成功的助燃剂，自信多一分，我们的成功就可以多十分。

拿破仑·希尔说："有方向感的自信心，令我们每一个意念都充满力量。当你有强大的自信心去推动你的致富巨轮时，你就可以平步青云。"

美国前总统里根在接受《SUCCESS》杂志采访时说："创业者若抱有无比的信心，就可以缔造一个美好的未来。"

自信是成功不可少的条件。而当机会来临的时候，我们是否能把握住，往往取决于我们是否有足够的自信，这儿有两个很好的例子：

麦克是《纽约时报》的一位著名记者。他总是津津乐道他是怎样找到第一份工作的。

当时，他紧张兮兮地等在办公室门外，申请材料已经送进去了。一会儿门开了，一个小职员出来："主任要看您的名片。"

麦克从来就没有准备过什么名片，他灵机一动，拿出一副扑克抽出一张黑桃A说："给他这个。"

半个小时后，麦克被录取了。黑桃A真是一张好牌。麦克若是没有足够的自信，怎敢用它当名片？

拳王阿里有一个绰号叫"牛皮诗大王"。他每次比赛前都喜欢做诗，以表达自己必胜的信心。他经常念这样的诗句：

最伟大的拳王，

20年前便已露锋芒。

我美丽得像一幅图画，

能把任何人打垮。

……

我预告哪个回合取胜，

就像这是必然的事情。

我把敌人玩弄于掌中，

迅如雷，疾如风。

也许正是因为心中充满了自信，才使得阿里一次次击败对手。

人生的成败得失和幸福与否，关键在于是否树立了坚强的自信心。一个人心中充满了自信，他的前程必然是一片坦途。这一点美国旅馆业大王、世界级巨富威尔逊的经历可给我们以启示。

威尔逊在创业之初，全部家当只有一台分期付款赊来的爆米花机，价值50美元。第二次世界大战结束后，威尔逊做生意赚了点钱，便决定从事地皮生意。如果说这是威尔逊的成功目标，那么，这一目标的确定，就是基于他对自己的市场需求预测充满信心。

当时，在美国从事地皮生意的人并不多，因为战后人们一般都比较穷，买地皮修房子、建商店、盖厂房的人很少，地皮的价格也很低。当亲朋好友听说威尔逊要做地皮生意时，异口同声地反对。

而威尔逊却坚持己见，他认为反对他的人目光短浅。他认为虽然连年的战争使美国的经济很不景气，但美国是战胜国，它的经济会很快进入大发展时期。到那时买地皮的人一定会增多，地皮的价格会暴涨。

于是，威尔逊用手头的全部资金再加上一部分贷款在市郊买下很大的一片荒地。这片土地由于地势低洼，不适宜耕种，所以很少有人问津。可是威尔逊亲自观察了以后，还是决定买下这片土地。他的预测是：美国经济会很快繁荣，城市人口会日益增多，市区将会不断扩大，必然向郊区延伸。在不远的将来，这片土地一定会变成黄金地段。

后来的事实正如威尔逊所料。不出3年，城市人口剧增，市区迅速发展，大马路一直修到威尔逊买的土地的边上。这时，人们才发现，这片土地周围风景宜人，是夏日避暑的好地方。于是，这片土地价格倍增，许多商人竞相出高价购买，但威尔逊不为眼前的利益所惑，他还有更长远的打算。后来，威尔逊在自己这片土地上盖起了一座汽车旅馆，命名为"假日旅馆"。由于它的地理位置好，舒适方便，开业后，顾客盈门，生意非常兴隆。从此以后，威尔逊的生意越做越大，他的假日旅馆逐步遍及世界各地。

威尔逊的经历告诉我们，一个人的成败和他的自信心息息相关。如果一个人时刻对自己充满自信，能够坚定不移地去做自己心中认定的事情，那么即使他才能平平，也可以取得卓越的成就。

勇于挑战自己的缺憾

对于凌驾命运之上的人来说，信心是命运的主宰。

——海伦·凯勒

汤姆·邓普生出生的时候，只有半只脚和一只畸形的右手。但是，小邓普生的父母却并不因此而沮丧，也从来不让他因为自己的残疾而感到不安。

结果是，在他们的鼓励和帮助下，邓普生竟然能够把同龄人能做的事情都做得非常好。比如说，如果别的孩子能走完 16 千米，那么小邓普生也同样能走完 16 千米。后来，他要踢橄榄球了。经过一段时间，当他和别的孩子在一起玩的时候，他十分吃惊地发现，自己能够和他们一样把球踢得很远。

于是，他不禁对自己更加充满信心。他让人为他专门设计一只鞋子，参加了踢球测验，最终他竟然获得了冲锋队的一个球员资格。

但是冲锋队的教练却尽量委婉地说他"不具有做职业橄榄球员的条件"，让他去试试其他的事情。

最后，他申请加入新奥尔良圣徒队，并且请求教练能给他一次机会。圣徒队的教练虽然心存疑虑，但是看到这孩子这么自信，便对他有了好感，因此就收下了他。

两个星期后，圣徒队的教练对他的印象更深了，因为他在一次友谊赛中一脚将球踢出了 50 米远并得分。

这是一个伟大而又激动人心的时刻，球场上坐满了 66000 名球迷。球是在约 26 米线上，比赛只剩下几秒钟，球队把球推进到 41 米线，但是到这个时候可以说已没有时间了。

"邓普生，进场踢球。"教练大声说。

邓普生进场的时候，他知道他的队距离分线有 50 米远，这一距离只有巴第摩尔雄马队的英雄毕特·瑞奇踢出来过。

球传接得很好，邓普生一脚全力踢在球身上，球笔直地前进。但是球踢得够远吗？全场的球迷屏住了自己的呼吸。

接着终端得分线上的裁判举起了双手，得了 3 分，球从球门横杆上几厘米的地方越过。

最终，邓普生所在的队取得了胜利。

球迷们狂呼乱叫，他们为踢得最远的一球而兴奋，要知道，这是只有半只脚和一只畸形的手的球员踢出来的！

"真是让人难以相信。"有人大声叫。

但是邓普生却只是笑了笑。他想起了自己的父母，他们告诉他的是他能做什么，而不是他不能做什么。

邓普生这一表现使他成为了圣徒队的正式球员。

在以后的赛季中，他为自己的球队赢得了 99 分。

他之所以创造了这么了不起的记录，正如他自己所说的："他们从来没有告诉我，我有什么不能做的。"

汤姆·邓普生的成功是一个勇于挑战自己缺憾的感人事例。

不要受他人评价的左右

一个人除非自己有信心，否则不能带给别人信心，已经信服自己的人，方可使人信服。

——阿诺德

社会心理学家指出，大多数人都很容易接受外来意见。人类天生对父母、爱人、家人、朋友、领袖的影响开放心胸，他们的评价对孩子的成长有很大的影响。对大部分孩子来说，他们的一生，往往早已被父母设计定型，如此一来，便可能隐匿了他们内心真正的驱动力。譬如，由于贺罗德天生残疾，他的父母希望他做文书方面的工作，但他抗拒他们的建议，而做了他所希望的木匠。另一位会计肯恩也有类似的经验，他说："我父母强调安全，他们希望我做会计工作。我赞同了他们的决定，便做了会计，但我的天性实在比较喜欢表现，比较浪漫化一点。"现在，他计划 2 年后等孩子开始工作后，便进艺术学校当个老学生。

大多数人都被证明，轻易接受建议是危险的，旁人的建议，无法使自己变成个人真正的样子，反而容易被操纵成别人理想的样子。

"做任何事情，开始时，最为重要的是不要让那些总爱唱反调的人破坏了你的理想。"芭芭拉·格罗根指出，"这世界上爱唱反调的人真是太多了，他们随时随地都可能会列举出若干个理由，说你的理想不可能实现，在这种情况下你一定要坚定自己的立场，相信自己的力量，不要因为他人的评价而放弃自己内心的想法。

哈代是一个发明家，但他周围的朋友和同事都认为他是一个满脑子怪念头的"傻瓜"。当他弄明白电影发明的原理之后，便从电影胶卷的转盘中产生了灵感：他让胶卷上的画面一次只向前移动一格，以便老师能够有充足的时间详细阐述画面里的内容。

这个想法让哈代受到不少嘲笑，但是他没有因此退缩，经过反复试验之后，哈代终于成功地实现了让画面与声音同步进行的目标，创造了"视听训练法"。

另外，作为一名游泳运动员，哈代曾经两度入选美国奥运会游泳代表队，也曾经连续 3 届获得"密西西比河 16 千米马拉松赛"的冠军。哈代在游泳的时候，觉得大家在比赛时使用的游泳姿势不好，决心加以改变。

但是，当他把想法告诉教练时，教练认为他的想法太过荒唐，立刻加以拒绝。一位游戏冠军也告诫他不要冒险尝试，以免不小心在水里淹死。

当然，哈代还是没有理会他们的告诫，仍然不断地挑战传统的游泳姿势，最后终于发明了自由式游泳。自由式游泳现在已经成为国际游泳比赛的标准姿势之一。

不要怕被称为傻瓜，有时候，真理只站在少数人这边。要相信自己内心的想法，努力去实现它，这样，你才能取得人生的胜利。巴尔扎克说过："发明家全靠一股了不起的信心支持，才有勇气在不可知的天地中前进。"同样，在人生成长的道路上你也要靠自己内心强大的自信支持自己的行动，而不是让别人的言行左右你的成长。

杰克是一位年轻的画家。有一次他在完成一幅杰作后，拿到展厅去展出。

为了能听取更多的意见，他特意在他的画作旁放上一支笔。这样一来，每一位观赏者，如果认为此画有败笔之处，都可以直接用笔在上面圈点。

当天晚上，杰克兴冲冲地去取画，却发现整个画面都被涂满了记号，没有一笔一画不被指责的。他十分懊丧，对这次的尝试深感失望。

他把他的遭遇告诉了一位朋友，朋友告诉他不妨换一种方式试试，于是，他临摹了同样一张画拿去展出。但是这一次，他要求每位观赏者将其最为欣赏的妙笔之处标上记号。

等到他再取回画时，结果发现画面也被涂满了记号。一切曾被指责的地方，如今却都换上了赞美的标记。

"哦！"他不无感慨地说，"现在我终于发现了一个奥秘：无论做什么事情，不可能让所有的人都满意，因为，在一些人看来是丑恶的东西，在另一些人眼里或许是美好的。"

画展里的这种情况，我们常常会在现实生活里碰到。同样的事，同样的人，常常会得到不同的评价。仔细想想，这也并不奇怪，因为人世间每一个人的眼光各不相同，理解事物的角度也不一样。所以遇事要用正确的思维方式，不要完全相信你听到的看到的一切，也不要因为他人一时的批评而迷失自己。

我们无论做什么，一定要对自己有一个清楚的认识，要有自己的主见，不能因为别人一时的批评和议论而迷失自己，改变自己，失去了自己的主见。

心理学家认为，外部因素虽然可以影响一个人的决定，然而真正起决定性作用的还在于一个人的内心。也就是说，不经你的同意，没有人能够影响你。一个人的自信心越强，就越不容易受到外界的影响。心理学家讲过这样一个例子：如果你在船上走近一位看起来很可怜的人，对他说："你看起来好像很不舒服，你的脸色好苍白，我想你一定是晕船了。我扶你到你的船舱去。"你晕船的提示和他自己的恐惧感联结在一起，该乘客的脸色会变得更苍白了。他接受了你的扶助，到船舱里躺了下来。你的消极、不好的提示经他接受之后，就成真了。

对于同一提示，不同的人会有不同的反应。这是因为他们潜意识所接受的状况和思想不同的关系。如果你不是走近一名乘客，而是走到一名水手面前，同情地说："老弟，你看起来好像很不舒服。你感到难过吗？我看，你要晕船了。"

根据他特有的身份，他不是笑说你在"开玩笑"，就是会显得有点生气。在这种情形之下，你的提示他是听不进去的。因为你提出晕船的提示，在他的心中引不起恐惧或忧虑，反而会激起他的自信心。

一项提示或者评价是把某种事物状况，灌输到一个人心中的行为或步骤。也就是一个人的心智对所提示的想法和观念加以考虑、接受，或付诸实施的处理过程。你必须记住：一项提示如果和你的意念方向不一，就无法把某种事物状况灌输到潜意识中。换句话说，你的意识具有排斥提示的力量。譬如，对于水手来说，他根本不怕晕船。他早已使自己深信自己不会晕船，因此你消极、否定的提示，对他根本就不起作用。

我们每个人，内心都有着自己的信念和见解。我们心里的这些认定，会统治、支配我们的生活。别人的提示本身并没有力量，除非你在心理上已经接受了它。一旦你接受了它，就会促使你思想上的改变，对你的成长轨迹造成影响。

找到属于自己的音符

> 不要失去信心，只要坚持不懈，就会有成果。
>
> ——钱学森

富兰克林说过，宝物放错了地方便是废物。一个人找到自己的特长，学会经营自己的长处，就能够化自卑为自信。事实上，每个人都有自己的长处，教育家 R. H. 里夫斯博士写过一个常被人引用的寓言，题为"动物学校"，该寓言说明了尊重差异的重要性。故事是这样讲的：

很久很久以前，动物们决定必须干一番勇敢的事业，以应付"新世界"的问题。于是，它们建立了一所学校，选定了活动课程，其中包括跑步、爬树、游泳和飞翔。为了方便管理，所有动物要参加所有科目。

鸭子擅长游泳，实际上比教练游得都好，飞翔的成绩也很优异，但却很不擅长跑步，由于它跑步成绩很差，放学后只得留在学校，还不得不中断游泳来练习跑步。它练呀，练呀，直到最后把双脚磨得不成样子，游泳也落了个一般水平。然而，在学校里，一般水平是可以接受的，所以，除了鸭子本身外，没有谁为此而担忧。

兔子开始在全班跑得最快，但由于需要一次次地补考游泳，搞得神经衰弱了。

松鼠爬树成绩优异，可后来被飞翔课搞得灰心丧气，因为老师让它从地面向上飞，而不是从树上向下飞。它由于练得太用劲，把肌肉扭伤了，结果爬树得了C，跑步得了D。

鹰最不听话，不得不被严加约束。在爬树课上，它击败所有对手，首先到达树顶，但却坚持使用自己的方式。

这年结束时，一条游泳技术超群，在跑步、爬树和飞翔方面也略具本领的畸形鳝鱼平均成绩最好，并成为致告别词的毕业生代表。

草原犬鼠没有入学并反对征税，因为行政当局不愿将挖洞列入课程。它们让孩子跟着地鼠学徒，后来与土拨鼠和地鼠合伙建立了一所成功的私立学校。

R.H. 里夫斯博士的这则寓言说明了每个人的才能都是有差异的，我们不必因为羡慕别人的长处而丧失自己的自信，而应当找到自己的长处，努力将自己的长处发掘出来，这样，有助于我们在内心树立起自信。

李扬是一位著名的配音演员，广受大家喜爱的卡通形象唐老鸭就是他配的音。李扬在初中毕业后参了军，在部队当一名工程兵，他的工作内容是挖土、打坑道、运灰浆、建房屋。可是李扬明白，自己身上潜在的宝藏还没有被开发出来：那就是自己一直喜爱的影视艺术和文学艺术。

在一般人看来，这两种工作简直是风马牛不相及的。但李扬却坚信自己在这方面有潜力，应该努力把它们发掘出来。于是他抓紧时间工作，认真读书看报，博览众多的名著剧本，并且尝试着自己搞些创作。退伍后李扬成了一名普通工人，但是他仍然坚持不懈地追求自己的理想。没过多久，大学恢复招生考试，李扬考上了北京工业大学机械系，变成了一名大学生。从此，他用来发掘自己身上宝藏的机会一下子多了起来。经几个朋友的介绍，李扬在短短的5年中参加了数部外国影片的译制录音工作。这个业余爱好者凭借着生动的、富有想象力的声音，参加了《西游记》中美猴王的配音工作。1986年初，李扬迎来了自己事业中的辉煌时刻，风靡世界的动画片《米老鼠和唐老鸭》招聘汉语配音演员，风格独特的李扬一下子被迪斯尼公司相中，为可爱滑稽的唐老鸭配音，从此一举成名。李扬说，自己之所以成功，是因为一直没有停止过挖掘自己的长处。

很多人之所以自卑就是因为没有找到自己的长处，没有挖掘出自身的潜力。每个人身上都有独特的特长和天分，只要能找出自己的特长，发挥自己的天分，你就能够为自己赢得自信。

每个人都有自己的特长，并适合于不同的工作岗位。不同的工作岗位对人才的素质与才能的要求也不同。比如，做一个杰出的临床医生，必须具有很好的记忆力；研究理论物理学，抽象思维能力不可少；一个数学家没有必要一定具备实际操作、设计和做实验的能力，虽然这种能力对于一个化学研究者来说是必不可少的；而天文学是一门观察科学，需要很好的观察能力、浓厚的兴趣和长久的毅力。

人的兴趣、才能、素质也是不同的。如果你不了解这一点，没能把自己的所长利用起来，你所从事的行业需要的素质和才能正是你所缺乏的，那么，你将在平凡的工作中失掉信心和热情，而你的才能也将会被埋没。反之，如果你有自知之明，善于自我设计，从事你最擅长的工作，你就会获得成功。

树立自信，走出自卑的泥潭

我的力量是真正源泉，是一种暗中的、永不变更的对未来的信心。甚至不只是信心，而是一种确信。

——杜·伽尔

心理学认为，每个人对自己都或多或少带有一些不恰当的认识，自卑就是一种过多的自我否定而产生的自我贬低的情绪体验，是一种认为自己在某些方面不如他人的自我意识和自己瞧不起自己的消极心理，是由主观和客观原因造成的。

人的自卑心理来源于心理上一种消极的自我暗示，即"我不行""不可能"等，对自己的能力、学识、品质等自身因素、自我评价过低，在日常生活中表现出行为畏缩、瞻前顾后、心理的承受能力较弱、经不起较强的刺激、谨小慎微、多愁善感等。长期被自卑情绪笼罩的人，一方面感到自己处处不如别人，一方面又害怕别人瞧不起自己，逐渐形成了敏感多疑、胆小孤僻等不良的个性特征。自卑使他们不敢主动与人交往，不敢在公共场合发言，消极应付工作和学习，不思进取。因为自认是弱者，所以无意争取成功，只是被动服从并尽力逃避责任。自卑不仅会使心理活动失去平衡，而且也会引起人的生理变化，最敏感的是对心血管系统和消化系统产生不良影响。生理上的变化反过来又影响心理变化，加重人的自卑心理。在自卑心理的作用下，遇到困难、挫折时往往会出现焦虑、泄气、失望、颓丧的情感反应。一个人如果做了自卑的俘虏，不仅会影响身心健康，还会使聪明才智和创造能力得不到发挥，使人觉得自己难有作为，生活没有意义。

自卑是一种常见的心理现象，自卑与生俱来，人人都有，无论圣人贤士、帝王富豪还是布衣寒士、贩夫走卒，在潜意识里都是充满自卑感的，真所谓"天下无人不自卑"，几乎所有的人都存在自卑感，只是表现的方式和程度不同而已。

自卑是每个人都会有的心理现象，然而作为一个成功者，他能够克服自卑、超越自卑，合理地调节心理承受力，从而成功地做好事情。他们都用什么方法来调控自己呢？

认识法

运用全面的、辩证的、发展的观点看待自己和周围的事物，认识到人不会是十全十美的，人是追求完美、不断完善的；而对于自己的缺点也不能悲观，正视缺点并设法弥补它，这样你便会消除自卑。

转移法

通过把兴趣转向自己爱好的业余活动或事业上，淡化心理上的自卑阴影，缓解紧张。

分析法

这种方法也叫心理分析法，即通过对心理医生的咨询，了解到自卑的原因，对症下药，解决自卑问题。

行动法

行动法也就是找一些较容易的工作，然后用自己的实力完成，这样便会收获一份喜悦。接着再找一个新的目标，完成后再找。这样你的自信心就会逐渐恢复，从而战胜自卑。

补偿法

补偿法也就是通过努力奋斗，突出自己某一方面的特长，从而弥补自己心理上或生理上的缺陷。这就是心理学上的"代偿作用"，即扬长避短，把自卑转化为自强的动力。

古人说"有长必有短，有明必有暗"，所以每个人都是一样的，人人都有自卑的一面。而在通往成功的路上，只有战胜"自卑"，才能成为一个自信的成功者。

在搏击中，最好的防卫方式是进攻。同样，在战胜自卑的过程中，最好的方式就是在内心中树立起自信，用自信去驱逐内心的自卑。下面是我们提出的一些方法，有助于提升你的自信心。

学会正视别人

不正视别人通常意味着：在你面前我感到很自卑，我感到不如你，我怕你……而正视等于告诉别人：我很诚实，光明磊落，毫不心虚。请练习正视别人吧！这不但能带给你自信，也能为你赢得别人的信任。

练习当众发言

在会议中沉默的人都认为："我的意见可能没有价值，如果说出来，别人会觉得我很蠢，我最好什么也别说。"越是这样想，人就越来越会失去自信。但如果积极发言，就会增加信心，下次也就更容易发言。要当破冰船，第一个打破沉默，不要担心你会显得很愚蠢，因为总会有人同意你的意见。

经常开怀大笑

这是医治信心不足的良药。开怀大笑，你会觉得美好的日子又来了。但是要笑得大，不要要笑不笑，要露齿大笑才能见效。

注意仪表

从理论上说，我们应当看重一个人的内在而不是外表。但请你不要太天真，大多数人都是以你的外貌打量你，因为你的外表是给人的第一印象，而且这种印象会持续下去，在许多方面影响别人对你的看法。穿着得体是必要的，因为这样不但会使别人看你时觉得你很重要，你也会因此而觉得自己真的很重要。当你去面试，当你去与人谈判，当你去赴约，请你为这些活动打扮一下。

经常鼓励自己

你要经常自己鼓励自己。在做一项工作前，先要鼓足自己的勇气，要找出自己能做好这项工作的有利条件、长处、优点，并且勉励自己。你也不要忘了在做成这项工作后，自我庆祝一下，自己给自己一份嘉奖：去喝杯酒，或给自己放个假休息一下。

自信心对于一个人是非常重要的。没有自信心，会束缚自己发展的手脚，也不会得到别人的敬重和信任。但自信必须有知识做后盾，这是我们应该牢记的。

第二章　自立

——自立自主方可驾驭人生

哈佛告诉你 ··········

自立是生存的开始，是成功的保证。青少年应当学会在社会中自立，不能太依赖别人的帮助。依靠别人的帮助只能满足一时之需，要想在社会中生存下去，就得依靠自己的力量。青少年要想在未来的社会竞争中取胜，就应当及早培养自立自主的意识，做到自立自强。扔掉依赖的拐杖，发现自己的那一天，就是你人生成功的开始。

自立是生存的开始

人，谁都想依赖强者，但真正可以依赖的只有自己。

——德田虎雄

自立是生存的开始。如果一个人总是依靠别人的搀扶才能够行走，总是要靠别人的指点才能够行动，那么这个人一旦失去了别人的帮助，就没有独立生存下去的能力。

一群小狐狸稍稍长大后，狐狸妈妈便"逼"它们离开家。曾经很护崽的狐狸妈妈忽然像发了疯似的，就是不让小狐狸们进家，又咬又赶，非要把它们都从家里撵走。最后小狐狸们只好依依不舍地去开始自己的独立生活。多么冷酷的心理断奶！但这又是多么理智的生存教育啊！我们也应该像狐狸妈妈对待小狐狸那样来对待自己。

比尔·克林顿 7 岁的时候，家里在温泉城外买了一个小农场，并且还雇佣了一名女佣。比尔的家庭并不富裕，但是雇女佣是霍普人的传统。每当克林顿的母亲到医院去上班，女佣便负责照料克林顿和弟弟罗杰的起居和生活。但克林顿却几乎不用女佣照料，一切都试着自己去做。不仅如此，他还常常主动去照顾弟弟罗杰，陪他玩耍，哄他入睡。母亲回忆说，不是谁要克林顿那样去做，而是克林顿常常抢着去做女佣该做的事情，"完全负起了责任"。这有时令女佣感到非常为难。

女佣玛丽是一名笃信宗教的白人妇女，她对克林顿的优良品行和高度责任心十分赞叹，断定克林顿将来必成大器。她说自己很早就发现克林顿跟别的孩子不同。他对人友善、礼貌，而且有很强的责任心和领导力。学校中的一些小伙伴常常围着他转，他俨然是他们当中的"头"。回到家里，他不用别人督促，便会井井有条地把该干的事情干好。

克林顿之所以能够成为美国总统，有很大一部分原因得益于他在很小的时候就树立了独立自主的精神，凡事都试着自己去做。在西方世界中，青年人较强的自立意识十分值得我们学习。尊重个人价值、个人尊严是自立、自强观念的核心。美国人的自立意识是生活方式中的最根本观念，是信奉个人主义。其含义是相信每个人都具有价值，都应按其本人的意愿和表现来对待和衡量。这种个人主义同自私自利不同，它表现在社会实践中，对个人独立性、创造性、负责精神和个人尊严的尊重。在家庭中，孩子应受到作为个人所应受到的尊重。成年后，他们对自己的生活和前途有选择的权利和自由，从而对自己的遭遇，不论好坏都由自己负责。父母只能起"咨询作用"，不能为儿女代为安排个人的事宜。成年儿女一般都自立门户，独立生活。

在美国的一些大学生中，尽管父母有钱，也不愿仰仗他们。毕业后找不到合适的工作，用不上专业特长，宁可降格以求，大材小用。目的是要有工作，自己挣钱独立生活。

这些大学生中，自力更生、勤工俭学的占较大比例，"花花公子"式的是少数。学生在学校里"打工"，维护环境卫生等，收取一定报酬。他们并不以干各种杂工为耻，都能尽职做好。因而美国的大学生当临时工的不少，他们养成了劳动的习惯，增长了社会知识，还学会了某些技能，也解决了部分学习费用。

曾经有一本名为《20岁的年轻人必须尝试的50件事》的畅销书，书中阐述的一个观点是要求青年"在生活目标上做一个'不孝者'——你的一生不属于你的父母"。鼓吹的就是这种自立于世的意识。

"独立自主"已经成为美国等西方国家青少年教育的"传统"，在这种传统的教育下，这些国家的青年们都有较强的自立意识。美国有一位有名的富豪，为自己大学毕业的孩子举办了毕业酒会。他举着一杯100美金的酒，对众人说："我今天真高兴，因为从现在起，他应该落到地面，自己走路了。"

这个富豪之子，只身到了纽约，租了一间小公寓，自己闯荡江湖。23岁的他，再不要父母的呵护，不要父母的供给，而义无反顾地走自己的路，向着成功的阶梯攀登。

自立是青少年准备面向未来的重要素质，也是他们迈向成熟的第一步。在生存的道路上，自立是最开始的准备工作。

俗话说，"总在窝里的鹰永远也不会飞"，要做到自立自强，有时候就要对自己有一股"狠"劲儿，要逼着自己经历风吹雨打，哪怕冻得牙关紧咬；要扛起最重的担子，哪怕压得气喘吁吁。

王明是一位博士，他对"穷人的孩子早当家"这句话有着深刻的体会。王明幼时的家境不太好，因此，从小父母就教他洗衣、做饭，当时他很不开心。上初中时，母亲生病住院，父亲忙得不可开交，他就自己照顾自己，有时还能给父母做饭。从那以后，他知道了生活自理对一个青少年的重要。直到最终事业有成，他一直坚持自己的事自己做。

自立是生存的开始。如果我们要在生活中自立，就要养成自理的好习惯，自己能做好的事一定要靠自己的力量做好。因为我们迟早要独自面对这个社会。如果说长辈的呵护是一篓鲜嫩的鱼，那么自理就是一根鱼竿。鱼总有吃完的时候，你只有得到钓鱼的鱼竿，才能保证你未来的生活衣食无忧。

然而，在现在的青少年朋友中，具有自理能力的实在太少了。

根据中国青少年研究中心"中国城市独生子女人格发展状况调查"显示，20.4%的青少年明确表示"缺少生活自理能力"；18.3%的青少年"做事依赖别人"；28%的青少年"很少帮助家长干活"。

　　国内有一位著名的青少年教育专家曾忧心忡忡地说，青少年在父母如此"周到"的服务、如此"严密"的保护中，自理行为大大减少，对成年人依赖性越来越强。很多青少年都将父母的呵护当做"拐杖"，可是却没有想过，一旦离开了"拐杖"，自己就寸步难行。

　　青少年朋友将来面对的竞争，绝不仅仅是知识和智能的较量，而是综合能力的较量。没有自理能力，你在起跑线上就输了。因此，从小培养自理能力，是每个杰出青少年必须具备的素质要求。

　　青少年可以通过以下几种途径培养自己的自理能力。

　　首先，要养成生活自理的意识。

　　我们缺乏培养自理能力的意识主要有两方面的原因：一方面是娇惯自己，不愿意让自己"受苦"，怕自己不小心磕着或碰着。另一方面是父母怕麻烦，有些父母说：有教孩子做事情的那些时间，自己也就替他做好了。其余的事情包括力所能及的事都不用做，从而剥夺了他们生活自理的机会。当今独生子女缺乏自理能力普遍是由于上述原因所造成的。

　　事实上，这种完全忽略自理能力培养的心态，既害了孩子，也害了父母。因此，强化培养自理能力的意识是很有必要的。

　　其次，要养成自己动手的习惯。

　　在训练自理能力的时候，除了训练自己管理自己的日常生活以外，还要特别强调训练自己学做家务。如自己做早点、洗袜子、拿牛奶、买东西等。同时，可以要求父母对你提出切合实际的要求并做出具体的技术性指导，即使是洗手帕、洗碗碟或收拾房屋也要注意这一点。

　　最后，要正确地对待自己的错误。

　　有时候，由于年龄小，认知水平不高，考虑问题不周全，力气小，在做事的过程中，难免会出现一些失误。不要指责自己，更不能惩罚自己，对于有失误的地方，要分析原因，找到问题所在，以提高操作的技能和水平。这样，既能保护自己自理生活的自觉性、积极性，培养良好的心理品质；又能逐步走向成熟，不断提高自己的认知水平和生活自理能力。

　　如果你总是做得不好，也切不可性急，更不能灰心沮丧，自我否定。要以激励为主，肯定自己做得好的方面，在此基础上找出不足之处，从而为下一次避免失误找到方法。这样做，不仅可以锻炼自理能力，而且极大地增强了自信心，将对促进身心发展产生积极作用。

自助者天助

智者一切求自己，愚者一切求他人。

——卡莱

从前，有一个农夫驾着一辆满载干草的车子走在乡间的路上，没想到却陷进了泥坑里。在乡下的田野上，会有谁来帮这个可怜人的忙呢？这完全是命运之神有意惹人发怒而安排的。

车子陷入泥坑让农夫大为恼火，他骂泥坑，骂马，又骂车子和自己。无奈之中，他只得向举世无双的大力神求救。

"尊敬的大力神，"车夫恳求道，"请你帮帮忙，你的背能扛起天，把我的车从泥坑中推出来对你来说应该是举手之劳。"

刚祈祷完，车夫就听到大力神在云端发话了："神要人们自己先动脑筋、想办法，然后才会给予帮助。你先看看，你的车困在泥坑里究竟是什么原因？为什么会陷入泥坑？拿起锄头铲除车轮周围的泥浆和烂泥，把碍事的石子都砸碎，把车辙填平，你不自己尝试一下怎么行呢？"

过了一会儿，大力神问车夫："你干完了吗？"

"是的，干完了。"车夫说。

"那很好，我来帮助你。"大力神说，"拿起你的鞭子。"

"我拿起来了……这是怎么回事？我的车走得很轻松！大力神赫拉克勒斯，你真行！"

这时神发话说："你瞧，你的马车很顺利就离开了泥坑，遇到困难，要先自己动脑筋想办法解决，老天才会帮你一把。"

自助者，天助之。遇到问题，不要抱怨，不要依赖于别人，自己积极地动脑筋，想办法，一切都会迎刃而解的。

自力更生和自己战胜自己能够教会一个人从自身力量中汲取动力。在这种动力的激发下，挫折不仅不会变成不幸和痛苦，相反，通过吃苦耐劳，坚忍不拔的自助实干，挫折和不幸会转化成为一种幸福，它能够唤起人们奋发向上的激情，并为之勇敢地战斗。

约翰·内斯出生于 1932 年。他在出生的时候发过一次高烧，结果导致他患上了大脑神经系统瘫痪，这种神经系统紊乱严重影响了他的说话、行走和对肢体的控制。他长大后，人们都认为他肯定在神智上还存在着严重的缺陷和障碍，州福利院将他定为"不适于被雇用的人"。专家们说他永远都不能工作。

约翰能取得日后的成就应当感谢他的母亲，她一直鼓励约翰做一些力所能及的事情。她一次又一次地对约翰说："你能行，你能够工作、能够独立。"

约翰受到母亲的鼓励后，开始从事推销员的工作。他从来没有将自己看做是"残疾人"。开始时，他向福勒刷子公司提交了一份工作申请，但该公司拒绝了他，并说，他根本无法完成该公司的业务。几家公司都做出了同样的判断。但约翰坚持了下来，他发誓一定要找到工作，最后怀特金斯公司很不情愿地接受了他，同时也提出了一个条件：约翰必须接受没有人愿意承担的波特兰、奥根地区的业务。虽然条件非常苛刻，但毕竟是个机会，约翰欣然接受了，约翰终于坚定地在自我的道路上迈开了第一步。

1959 年，约翰第一次上门推销，反复犹豫了 4 次，才最终鼓起勇气按响了门铃，开门的人对约翰推销的产品并不感兴趣。接着是第二家，第三家。约翰的生活习惯让他始终把注意力放在寻求更强大的生存技巧上，所以即使顾客对产品不感兴趣，他也不会灰心丧气，而是一遍一遍地去敲开其他人的家门，直到找到对产品感兴趣的顾客。

38 年来，他的生活几乎重复着同样的路线，他一直坚定地走着自己的道路。

每天早上，在他工作的路上，约翰会在一个擦鞋摊前停下来，让别人帮他系一下鞋带，因为他的手非常不灵巧，要花很长时间才能系好；然后在一家宾馆门前停下来，宾馆的接待员给他扣上衬衫的扣子，帮他整理好领带，使约翰看上去更好一些。不论刮风，还是下雨，约翰每天都要走 16 千米，背着沉重的样品包，四处奔波，那只没用的右胳膊蜷缩在身体后面。这样过了 3个月，约翰敲遍了这个地区的所有人家的家门。当他做成交易时，顾客会帮助他填写好订单，因为约翰的手几乎拿不住笔。

出门 14 个小时后，约翰会筋疲力尽地回到家中，此时他关节疼痛，而且偏头痛还时常折磨着他。

一年年过去了，约翰负责的地区的家门越来越多地被他打开，他的销售额也渐渐地增加了。24 年过去了，他上百万次地敲开了一扇又一扇的门，最终他成了怀特金斯公司在西部地区销售额最高的推销员，成为了销售技巧最好的推销员。

在顽强地自我奋斗的路上，约翰获得了巨大的成就。

1996年夏天，怀特金斯公司在全国建立了连锁机构，现在约翰没有必要上门进行推销，说服人们来购买他的产品了。此时，约翰成了怀特金斯公司的产品形象代表，他是公司历史上最出色的推销员，公司以约翰的形象和事迹向人们展示公司的实力。怀特金斯公司对约翰的勇气和杰出的业绩进行了表彰，他第一个得到了公司主席颁发的杰出贡献奖，后来这个奖项只颁发给那些拥有像约翰·内斯那样杰出成就的人。

在颁奖仪式上，约翰的同事们站起来为他欢呼鼓掌，欢呼和泪水持续了5分钟。怀特金斯公司的总经理告诉他的雇员们："约翰告诉我们，一个有目标的人，只要全身心地投入到追求目标的努力中，那么生活中就没有事情是不可能做到的。"那天晚上约翰·内斯的眼中没有痛苦，只有骄傲和自豪。

约翰·内斯的故事说明这样一个道理，一个人只要相信并充分依靠自己的力量，自立自强，便没有克服不了的困难。世界上真正能拯救自己和帮助自己的人只有自己。

有一次，美孚石油公司董事长洛奇到一家分公司去视察工作，在卫生间里，看到一位小伙子正跪在地上擦洗黑污的水渍，并且每擦一下，就虔诚地叩一下头。洛奇感到很奇怪，问他为何如此？这位小伙子答道："我在感谢一位圣人。"

洛奇问他为何要感谢那位圣人？小伙子说："是他帮助我找到了这份工作，让我终于有了饭吃。"

洛奇笑了，说："我曾经也遇到一位圣人，他使我成了美孚石油公司的董事长，你愿意见他一下吗？"小伙子说："我是个孤儿，从小靠别人养大，我一直都想报答养育过我的人。这位圣人若能使我吃饱之后，还有余钱，我很愿意去拜访他。"

洛奇说："你一定知道，南非有一座高山，叫胡克山。据我所知，那上面住着一位圣人，能为人指点迷津，凡是遇到他的人都会前程似锦。10年前，我到南非登上过那座山，正巧遇上他，并得到他的指点。假如你愿意去拜访，我可以向你的经理说情，准你一个月的假。"

这位年轻的小伙子是个虔诚的教徒，很相信神的帮助，他谢过洛奇后就真的上路了。他风餐露宿，日夜兼程，最后终于到达了自己心中的圣地。然而，他在山顶徘徊了一天，除了自己，什么都没有遇到。

小伙子很失望地回来了。他见到洛奇后说的第一句话是："董事长先生，一路我处处留意，但直至山顶，我发现，除我之外，根本没有什么圣人。"

洛奇说："你说得很对，除你之外，根本没有什么圣人。因为，你自己就是圣人。"

后来，这位小伙子成了美孚石油公司一家分公司的经理，有一次，在接受记者采访时，他向记者讲述了上面的故事，并补充了这么一句话："发现自己的那一天，就是人生成功的开始。任何人只要相信自己，就能够创造奇迹。"

一个人唯一可靠的是自己，除了你自己，没有另外一个人可以带给你成功。你发现自己的那一天，就是你人生成功的开始。

自食其力才能赢得尊严

手懒的要受贫穷，手勤的得到富足。

——《圣经》

从前，老虎并不像现在这样威风，相反他是所有动物中最弱小的一个。因为捕捉不到动物，常常是饥一顿，饱一顿。

于是，狮王把所有的小动物都召集起来说："老虎是我们中的一员，我们不能眼睁睁地看着他饿肚子而不管不问。我建议，大家都伸出友谊之手，拉他一把，帮他渡过难关。"

于是，动物们都给老虎送去了好吃的东西，唯有猫什么东西也没有送。

狮王不高兴地对猫说："大家都为老虎送了东西，你怎么什么都不送呢?"

猫说："你们送给他的东西虽然很多，但总有一天会吃完的，我要送给他一件永远吃不完的礼物。"

狮王不屑地说："算了吧，你除了能送几只老鼠外，还能送什么呢?"

猫回答说："以后你会看到的。"

几个月以后，狮王又来到老虎家。好家伙！老虎家里里外外到处都挂着好吃的东西。

狮王问："这些东西都是猫送的？"

"不，"老虎说，"他送的礼物要比这些东西贵重千万倍！"

狮王好奇地问："那究竟是什么东西？"

老虎说："他教我练壮了身体，又教我学会了捕食的本领。"

"噢！"狮王从头到尾把老虎打量了一番说，"难怪你那么崇拜他呢，连衣服也和他穿得一模一样！"

再多的好东西都比不上一身本领。要想在社会上立足，就要摆脱依赖他人的想法，不断提高自身的能力，练就一身谋生的好本领。这样才能为自己赢得尊严。

一年冬天，美国加州的一个小镇上来了一群逃难的流亡者。长途的奔波使他们一个个满脸风尘，疲惫不堪。善良好客的当地人家家生火做饭，款待这群逃难者。镇长约翰给一批又一批的流亡者送去粥食，这些流亡者，显然已好多天没有吃到这么好的食物了，他们接到东西，个个狼吞虎咽，连一句感谢的话也来不及说。

只有一个年轻人例外，当约翰镇长把食物送到他面前时，这个骨瘦如柴、饥肠辘辘的年轻人问："先生，吃您这么多东西，你有什么活儿需要我干吗？"约翰镇长想，给一个流亡者一顿果腹的饭食，每一个善良的人都会这么做。于是，他说："不，我没有什么活儿需要您来做。"

这个年轻人听了约翰镇长的话之后显得很失望，他说："先生，那我便不能随便吃您的东西，我不能没有经过劳动，便平白得到这些东西。"约翰镇长想了想又说："我想起来了，我家确实有一些活儿需要你帮忙。不过，等你吃过饭后，我就给你派活儿。"

"不，我现在就做活儿，等做完您的活儿，我再吃这些东西。"那个青年站起来。约翰镇长十分赞赏地望着这个年轻人，但他知道这个年轻人已经两天没有吃东西了，又走了这么远的路，可是不给他做些活儿，他是不会吃下这些东西的。约翰镇长思忖片刻说："小伙子，你愿意为我捶背吗？"那个年轻人便十分认真地给他捶背。捶了几分钟后，约翰镇长便站起来说："好了，小伙子，你捶得棒极了。"说完就将食物递给年轻人，他这才狼吞虎咽地吃起来。约翰镇长微笑地注视着那个青年说："小伙子，我的庄园太需要人手了，如果你愿意留下来的话，那我就太高兴了。"

那个年轻人留了下来，并很快成为约翰镇长庄园的一把好手。两年后，约翰镇长把自己的女儿詹妮许配给了他，并且对女儿说："别看他现在一无所有，可他将来百分之百是个富翁，因为他有尊严！"

果然不出所料，20多年后，那个年轻人真的成为亿万富翁了，他就是赫赫有名的美国石油大王哈默。哈默穷困潦倒之际仍然有自尊、自立的精神，赢得了别人的尊敬和欣赏，也为自己带来了好运。

一个人只有自立才能为自己赢得尊严。一个在穷困中仍然能够保持自立精神，不依靠别人的施舍生活的人，最终必将获得人生的成功。

杰克7岁那年，他的父亲去世了，他还有一个2岁大的妹妹，母亲为了这个家整日操劳，但是赚的钱仍难以让这个家的每个人都填饱肚子。看着母亲日渐憔悴的样子，杰克决定帮着赚钱养家，因为他已经长大了，应该为这个家贡献一份自己的力量了。

一天，他帮助一位先生找到了丢失的笔记本，那位先生为了答谢他，给了他1美元。

杰克用这1美元买了3把鞋刷和1盒鞋油，还自己动手做了个木头箱子。带着这些工具，他来到了街上，每当他看见路人的皮鞋上全是灰尘的时候，就对他们说："先生，我想您的鞋需要擦油了，让我来为您效劳吧！"

他对所有的人都是那样有礼貌，语气是那么真诚，以至于每一个听他说话的人都愿意让这样一个懂礼貌的孩子为自己的鞋擦油。他们实在不愿意让一个可怜的孩子感到失望，他们知道这个孩子肯定是一个懂事的孩子，面对这么懂事的孩子，怎么忍心拒绝他呢！

第一天他就带回家50美分，他用这些钱买了一些食品。他知道，从此以后每个人都不需要再挨饿了，母亲也不用像以前那样操劳了，这是他能办到的。

当母亲看到他背着擦鞋箱，带回来食品的时候，流下了高兴的泪水，"你真的长大了，杰克。我不能赚足够的钱让你们过得更好，但是我现在相信我们将来可以过得更好。"母亲说。

就这样，杰克白天工作，晚上去学校上课。他赚的钱不仅为自己交了学费，还足够维持母亲和小妹妹的生活。他知道，工作不分贵贱，只要是靠自己的劳动赚来的钱就是光荣的。

靠别人的施舍或者资助而生活的人，无法赢得别人的尊重，而他本人也体会不到劳动的价值和快乐。一个人只有自食其力才能够为自己赢得尊严，因此，青少年要摆脱依赖他人的想法，尝试着用自己的双手来养活自己。

学会自己拿主意

我们的忠告是每个人都应该坚持他为自己开辟的道路，不被权威所吓倒，不受别人的观点所牵制，也不被时尚所迷惑。

——歌德

青少年要培养独立自主的人格，就要学会遇事自己拿主意，而不是处处依赖父母，让他们替自己出主意，做主张。

独立就意味着要青少年遇事能够学会自己拿主意，要敢于坚持自己的想法，而不是总让别人替自己出主意或者是受别人言论的影响。明朝人吕坤特别反对这种做事没主心骨，没主见，只是"依违观望，看人言为行止"的做人毛病。他说，如果做事先怕人议论，做到中间一有人提出反对意见，就不敢再做下去了，这不仅说明这个人没有"定力"，也说明其没有"定见"。没有定见和定力，就不是一个独立自主的人。吕坤说，做人做事，首先要能独立思考，辨明是非，选择正确的立场观点。吕坤进一步说，每个人的想法都不会完全一致，我们不能要求人人的看法都与自己相同。因此我们做事要看我们想达到的目标效果，而不要过于顾虑事前一些人的议论；等你事情做好了，那些议论自然也止息了。即使事情没做成，但只要是正确的，也就是应当做的，论不得成败。

意大利著名女影星索菲娅·罗兰就是一个能够坚持自己的想法的人。她16岁时来到罗马，要圆她的演员梦。但她从一开始就听到了许多不利的意见。用她自己的话说，就是她个子太高，臀部太宽，鼻子太长，嘴太大，下巴太小，根本不像一般的电影演员，更不像一个意大利式的演员。制片商卡洛看中了她，带她去试了许多次镜头，但摄影师们都抱怨无法把她拍得美艳动人，因为她的鼻子太长、臀部太"发达"。卡洛于是对索菲娅说，如果你真想干这一行，就得把鼻子和臀部"动一动"。索菲娅可不是个没主见的人，她断然拒绝了卡洛的要求。她说："我为什么非要长得和别人一样呢？我知道，鼻子是脸庞的中心，它赋予脸庞以性格，我就喜欢我的鼻子和脸保持它的原状。至于我的臀部，那是我的一部分，我只想保持我现在的样子。"她觉得不是靠外貌而是应该靠自己内在的气质和精湛的演技来取胜。她没有因为别人的议论而停下自己奋斗的脚步。最终，她成功了，那些有关她"鼻子长，嘴巴大，臀部宽"等议论都消失了，这些特征反倒成了美女的标准。索菲娅在 20 世纪即将结束时，被评为这个世纪的"最美丽的女性"之一。

索菲娅·罗兰在她的自传《爱情与生活》中这样写道："自我开始从影起，我就出于自然的本能，知道什么样的化妆、发型、衣服和保健最适合我。我谁也不模仿。我从不去奴隶似的跟着时尚走。我只要求看上去就像我自己，非我莫属……衣服的原理亦然，我不认为你选这个式样，只是因为伊夫·圣罗郎或第奥尔告诉你，该选这个式样。如果它合身，那很好。但如果还有疑问，那还是尊重你自己的鉴别力，拒绝它为好……衣服方面的高级趣味反映了一个人的健全的自我洞察力，以及从新式样选出最符合个人特点的式样的能力……你唯一能依靠的真正实在的东西……就是你和你周围环境之间的关系，你对自己的估计，以及你愿意成为哪一类人的估计。"

心理学家认为，一个具有健康人格的人是自由的人，而自由主要体现在这个人能够自主地、有选择地支配自己的行为上。这种自主感不是凭空产生的，其中很大一部分来自少年期对自由支配时间的体验。创造自己的自主空间，可以从下面几方面做起：

1. 遇事先自己拿主意。遇事先想该怎么办，自己做主，然后再听取父母的意见，从中学到解决问题的经验和技巧，这样才能使智力有所增长，培养自主的能力。

2. 尝试着培养独立思考的能力。允许自己独自在一定的限度内犯错误，甚至允许做错。但要学会从小独立思考和自我服务。

3. 当你充满信心去实践自己的主张时，不要太依赖外部的帮助。当你遇到困难时，不要轻易向父母求援或接受他们的帮助，随着你的长大和成熟，既要培养自己的责任心，又要有越来越多的独立性，你可以逐渐减少对父母的依赖和对他们的服从，有更多的自由去管理自己的事情。

第三章　乐观

——积极的心态改变你的世界

积极的心态可让你获得成功的人生。决定一个人成功的因素不仅仅是能力，更重要的是能否始终乐观地看待自己周围的事物，身处逆境时能否依然积极乐观地寻找改变逆境的方法。每个人都是自己心灵的主宰，也是自己人生的主宰，面对人生的磨难和挫折，应当时刻保持积极进取的精神，在乐观中汲取继续走向成功的力量。

变更心境就能够变更生活

上天给人一分困难时，同时也给人一分智慧。

——雨果

心理学家认为，一个人具有什么样的心态，他就可以成为一个什么样的人，他就能够拥有一个什么样的人生。

事情往往是这样，你相信会有什么结果，就可能会有什么结果。这说明一个人可以通过变更自己的心境来变更自己的生活。

伟大的心理学家阿德勒究其一生都在研究人类及其潜能，他曾经宣称他发现人类最不可思议的一种特性——"人具有一种反败为胜的力量"。

戴尔·卡耐基讲述了一位叫汤姆森太太的经历，正好印证了这一点。

第二次世界大战时，汤姆森太太的丈夫到一个位于沙漠中心的陆军基地去驻防。

为了能经常与丈夫相聚，她搬到那附近去住，那实在是个可憎的地方，她简直没见过比那更糟糕的地方。她丈夫出外参加演习时，她就只好一个人待在那间小房子里。

热得要命——仙人掌树阴下的温度高达 125 华氏度（45 摄氏度），没有一个可以谈话的人。风沙很大，到处都有沙子。

汤姆森太太觉得自己倒霉到了极点，觉得自己好可怜，于是她写信给她父母，告诉他们她放弃了，准备回家，她一分钟也不能再忍受了，她宁愿去坐牢也不想待在这个鬼地方。她父亲的回信只有 3 行，这 3 句话常常萦绕在她的心中，并改变了汤姆森太太的一生：

有两个人从铁窗朝外望去，

一人看到的是满地的泥泞，

另一个人却看到满天的繁星。

她把父亲的这几句话反复念了多遍，忽然间觉得自己很笨，于是她决定找出自己目前处境的有利之处。她开始和当地的居民交朋友。他们都非常热心。当汤姆森太太对他们的编织和陶艺表现出极大的兴趣时，他们会把拒绝卖给游客的心爱之物送给她。她开始研究各式各样的仙人掌及当地植物，试着认识土拨鼠，观赏沙漠的黄昏，寻找 300 万年以前的贝壳化石。

是什么给汤姆森太太带来了如此惊人的变化呢？沙漠没有改变，改变的只是她自己。因为她的态度改变了，正是这种改变使她有了一段精彩的人生经历，她发现的新天地令她既兴奋又刺激。于是她开始着手写一本书，讲述她是怎样逃出了自筑的牢狱，找到了美丽的星辰。

汤姆森太太的故事说明了这样一个朴素的道理：人可以通过改变自己的心境来改变自己的人生。对于身处逆境中的人来说更是如此。

著名的思想家爱默生说过："真正的快乐不见得是愉悦的，它多半是一种胜利。"是的，快乐来自一种成就感，一种超越的胜利，一次用积极心态战胜消极情绪的经历。

身处逆境，积极乐观的人，看什么都是明媚的，而悲观的人看什么都是暗淡的。即使是悲观的人，如果肯动手去创造，也会发现太阳并不总是被乌云遮住的。

企业家卡尔森原是一个身无分文的穷光蛋，但是他从没对自己有一天能成为富翁产生过怀疑。即使在一种十分被动和不利的条件下，他依然能够顽强进取，积极寻找成功的机会。

有一次，卡尔森发现了一个商机。于是他借来钱办了一个制造玩具的小沙漏厂。沙漏是一种古董玩具，它在时钟未发明前用来测每日的时辰；时钟问世后，沙漏已完成它的历史使命，而卡尔森却把它作为一种古董来生产销售。

本来，沙漏作为玩具，趣味性不多，孩子们自然不大喜欢它，因此销量很小。但卡尔森一时找不到其他比较适合的工作，只能继续干他的老本行。

沙漏的需求越来越少，卡尔森最后只得停产。但他并不气馁，他完全相信自己能够战胜眼前的困难，于是他决定先好好休息，轻松一下，他便每天都找些娱乐，看看棒球赛，读读书，听听音乐，或者领着妻子、孩子外出旅游。但他的头脑一刻也没有停止开拓的思考。

机会终于来了，一天，卡尔森翻看一本讲赛马的书，书上写道："马匹在现代社会里失去了它运输的功能，但是又以高娱乐价值的面目出现。"

在这不引人注目的两行字里，卡尔森好像听到了上帝的声音，高兴地跳了起来。他想："赛马骑师用的马匹比运货的马匹值钱。是啊！我应该找出沙漏的新用途！"

就这样，从书中偶得的灵感，使卡尔森精神重新振奋起来，把心思又全都放到他的沙漏上。

经过几天苦苦的思索，一个构思浮现在他的脑海：做个限时3分钟的沙漏，在3分钟内，沙漏里的沙子就会完全落到下面来，把它装在电话机旁，这样打长途电话时就不会超过3分钟，电话费就可以有效地控制了。

想好了后，他就开始动手制作。

这个东西设计上非常简单，把沙漏的两端嵌上一个精致的小木板，再接上一条铜链，然后用螺丝钉钉在电话机旁就行了。不打电话时还可以作为装饰品，看它点点滴滴落下来，虽是微不足道的小玩意，却能调剂一下现代人紧张的生活。

担心电话费支出的人很多，卡尔森的新沙漏可以有效地控制通话时间，售价又非常便宜。因此一上市，销路就很不错，平均每个月能售出3万个。

这项创新使原本没有前途的沙漏转瞬间成为对生活有益的用品，销量成倍地增加，面临倒闭的小作坊很快变成一个大企业。卡尔森也从一个即将破产的小业主摇身一变，成了腰缠亿贯的富豪。

卡尔森成功了，赚了大钱，而且是轻轻松松，没费多大力气。可是如果他不是一个心态积极的人，如果他在暂时的困难面前一蹶不振，那么他就不可能东山再起，成为富豪。

可见，决定一个人成功的因素不只是他的能力，还要看他是否能够始终乐观地看待自己周围的事物，看他在身处逆境时是否依然能够积极乐观地寻找改变逆境的办法。

一位成功学专家说过，你不可以改变一件已经变糟的事情，但你可以选择快乐地对待它，这样，无论你遭遇什么，你都能够在其中发现乐趣。

彼得拿着刚买的一支牛奶冰激凌，一边走一边吃，感到十分快乐。忽然一不小心，整支冰激凌掉在了地上，和泥沙混在了一起。

彼得愣愣地待在那里，一句话也说不出来，只是睁大了眼睛看着地上的冰激凌。

这时，有个老太太走过来，对彼得说："好吧，既然你碰到这样坏的遭遇，脱下鞋子，我给你看一件有意思的事情！"

老太太说："用脚踩冰激凌，重重地踩，看冰激凌从你脚趾缝隙中冒出来。"彼得照着她的话去做。

老太太高兴地笑："我敢打赌，这里没有一个孩子尝过脚踩冰激凌的滋味！现在跑回家去，把这有趣的经验告诉你妈妈。"

接着，老太太说："要记住！不管遭遇什么，你总可以在其中找到乐趣！"

这件事，使彼得很受启发，他很快学会了这种处世原则。

不久后的一天午后，一场大雨在地面上形成了大大小小的小水坑。彼得的母亲带着他，小心翼翼地避开人行道上的积水。不料，一辆计程车从身边疾驶而过，将两人的身上溅满了水。

彼得的母亲很生气，旁边的彼得却兴奋地对她说："遇水则发，我们要发了。"

正在生气的母亲听到这样可爱的童言稚语，也不禁莞尔一笑，两人快快乐乐地踩着积水回家了。

这个小故事的意义十分深刻：如果你不满意自己的现状，想力求改变它，那么首先应该改变的是你自己，如果你有了积极的心态，能够积极乐观地改善自己的环境和命运，那么你周围所有的问题都会迎刃而解。

在心灵播下快乐的种子

当生活像一首歌那样轻快流畅时，笑逐颜开乃易事；而在一切事都不妙时，仍微笑的人，是真正的乐观。

——威尔科克斯

布雷丝说过，真正的快乐是内在的，它只有在人类的心灵里才能被发现。人是自己心灵的主宰，把负面的情绪从心中扫去，把快乐的阳光迎进来，这样的人生才会有美好的色彩。

有一天，天堂里的上帝和天使们召开了一个会议。上帝说："我要人类在付出一番努力之后才能找到快乐，我们把人生快乐的秘密藏在什么地方比较好呢？"

有一位天使说："把它藏在高山上，这样人类肯定很难发现，非得付出很多努力不可。"

上帝听了摇摇头。

另一位天使说："把它藏在大海深处，人们一定发现不了。"

上帝听了还是摇摇头。

又有一位天使说："我看哪，还是把快乐的秘密藏在人类的心中比较好，因为人们总是向外去寻找自己的快乐，而从来没有人会想到在自己身上去挖掘这快乐的秘密。"

上帝对这个答案非常满意。从此，这快乐的秘密就藏在了每个人的心中。

心理学家指出，每个人都具备使自己快乐的资源，像谦虚、合作精神、积极的态度，还有爱心，这些特质几乎都可以在每个人的身上找到，只是许多人没有把这些"快乐的资源"运用好而已。

快乐之根就在我们身上，快乐的秘密就在我们心中，每个人都可以通过改变自己的思想来改变自己的生活。

玛丽的生活一直非常忙乱，在亚利桑那大学学风琴，在城里开了一间语言学校，还在她所住的沙漠柳牧场上教音乐欣赏的课程。她参加了许多大宴小酌、舞会，还在星光下骑马。有一天早上她整个垮了，心脏病发作。"你得躺在床上静养一年。"医生对她说。医生居然没有鼓励她，让她相信她还能够健壮起来。

在床上躺一年，做一个废人，也许还会死掉。她简直吓坏了。不知道为什么她会碰到这样的事情。可是她还是遵照医生的话躺在床上。她的邻居鲁道夫先生是个艺术家。他对玛丽说："你现在觉得要在床上躺一年是一大悲剧，可是事实上不会的。你在思想上的成长，会比你这大半辈子以来多得多。"她平静了下来，开始想充实新的价值观念。她看过很多能启发人思想的书。有一天她听到一个无线电新闻评论员说："你只能谈你知道的事情。"这一类的话她以前不知道听过多少次，可是现在才真正深入到她的心里。她决心只想那些她能赖以生活的事情——快乐而健康的事情。每天早上一起来，她就强迫自己想一些美好的事情：她没有痛苦，有一个很可爱的小女儿。她的眼睛看得见，耳朵听得到收音机里播着的优美音乐，有时间看书，吃得很好，有很好的朋友。她非常高兴，每天来看她的人多到医生不得不挂上一个牌子，规定每次只许有一个探病的客人，而且只许在半个小时里。

从那时候开始，到现在已经有9年了，玛丽过着丰富又很幸福的生活。她非常感激能在床上度过那一年，那是她在亚利桑那州所度过的最有价值、也是最快乐的一年。她现在还保持着当年养成的那种每天早上算算自己有多少得意事的习惯，这是她最珍贵的财产。她觉得很惭愧，因为一直到她担心自己会死去之前，才真正学会怎样生活。

玛丽所学到的这一课正是撒姆耳·约翰博士在200多年前所学到的。"养成快乐的习惯，比每年赚10万英镑更值钱。"

除了要养成乐观的习惯之外，我们还应当学会用积极的情绪来代替消极的情绪。心灵上的"杂草"要以"庄稼"来覆盖，那什么是这种庄稼呢？那就是快乐。著名音乐家鲁宾斯坦也曾经遭遇过失败的打击，甚至他还曾经自杀过，幸好没有成功。事后，他反问自己："为什么我要结束生命？"本来人出生时就是一无所有，没有金钱，没有朋友，也没有亲人，什么都没有，就是赤裸裸地来，而再次失去这些，那又有什么好可惜的，得失本无常，何不给自己一片快乐的天空呢？

要不要快乐是自己决定的：生病时可以快乐，穷的时候可以快乐，甚至死的时候也可以快乐，自己为什么要被外在环境所主导呢？从自我追问那一刻开始，要让自己活得快乐，就算没有钱或是永远被人瞧不起，还是要保持快乐。

快乐绝对不是有钱人、聪明人、权势人的权利，也许我们很穷、也不聪明、地位更不高，但这并不妨碍我们体验"自己能拥有的快乐"。生命是乐、生活是乐、生气是乐，贫穷也是乐，一切随缘而乐，但看自己能否体验、享受任何时刻所面对的乐趣。只要你愿意，快乐唾手可得；只要你愿意，生活中任何地方、任何时间都有快乐。

人生之路不会是一路平坦，一定会有坎坷。人生低潮、不如意、有变化的时候，你也可以把它看成另一种快乐的埋藏处，有变化生活才有美丽，只要你愿意，快乐就会永远伴随你。

把消极的情绪从心中消除出去，为心灵播下快乐的种子，这样你的人生才会充满快乐。

每天送给自己一个希望

假如生活欺骗了你，不要悲伤，也不要气愤，在愁苦的日子里要心平气和，相信吧，快乐的日子总会来临。

——普希金

成功学大师拿破仑·希尔说："没有任何东西能够换取希望对于人的价值。当我们面对失败的时候，当我们面对重大灾难的时候，我们都应该将人生寄托于希望，希望能够使我们淡忘自己的痛苦，为我们汲取继续走向成功的力量。"

在一个偏僻的村落里，有一位历尽沧桑的老人。由于命运的安排，她几乎经历了一个女人所能遭遇的一切不幸。然而她却用一颗满盛着希望的心灵演绎了一个幸福美丽的人生。18岁时，她嫁给了邻村的一个生意人，可刚结婚不久，丈夫外出做生意，便一去不返。有人说他死在了响马的枪下，有人说他是病死他乡了，还有传说他入赘到一家有钱人家。当时，她已经怀上了孩子。

丈夫不见踪影几年以后，村里人都劝她改嫁。没有了男人，孩子又小，这寡居生活到什么时候是个头？她没有走。她说丈夫生死不明，也许在很远的地方做了大生意，没准哪一天发了大财就回来了。她被这个念头支撑着，带着儿子顽强地生活着。她甚至把家里整理得更加井井有条。她想，假如丈夫发了大财回来，不能让他觉得家里这么窝囊寒酸。

这样过去了十几年，在她儿子 17 岁的那一年，一支部队从村里经过，她的儿子跟部队走了。儿子说，他到外面去寻找父亲。

不料儿子走后又是音信全无。有人告诉她说儿子在一次战役中战死了，她不信，一个大活人怎么能说死就死呢？她甚至想，儿子不仅没有死，而是做了军官，等打完仗，天下太平了，就会衣锦还乡。她还想，也许儿子已经娶了媳妇，给她生了孙子，回来的时候是一家子人了。

尽管儿子依然杳无音信，但这个想象给了她无穷的希望。她是一个小脚女人，不能下田种地，她就做绣花线的小生意，勤奋地奔走四乡，积累钱财。她告诉人们，她要挣些钱把房子翻盖了，等丈夫和儿子回来的时候住。

有一年她得了大病，医生已经判了她死刑，但她最后竟奇迹般地活了过来，她说，她不能死，她死了，儿子回来到哪里找家呢？

这位老人一直在村里健康地生活着，过了百岁的年龄，她依然还做着她的绣花线生意，她天天算着，她的儿子生了孙子，她的孙子也该生孩子了。这样想着的时候，她那布满皱纹与沧桑的脸上，即刻会变成绚烂多彩的花朵。

希望在任何时候都是一种支撑生命的力量。如果我们不放弃心中的希望，那么苦难都会被我们克服。第二次世界大战时期，在纳粹集中营里，一个叫安的犹太女孩写过这样一首诗：

这些天我一定要节省，虽然我没有钱可节省

我一定要节省健康和力量，足够支持我很长时间

我一定要节省我的神经我的思想我的心灵和我精神的火

我一定要节省流下的泪水

我需要它们安慰我

我一定要节省忍耐，在这些风暴肆虐的日子

在我的生命里我有那么多需要

情感的温暖和一颗善良的心

这些东西我都缺少

这些我一定要节省

这一切，上帝的礼物，我希望保存

我将多么悲伤

倘若我很快就失去了它们

即使在随时都可能死去的时候，安仍然热爱着生命。她节省泪水，节省精神之火，用稚嫩的文字给自己弱小的灵魂取暖，用坚韧的希望照亮黑暗的角落。

很多人在绝望中死去，而这个当时只有 12 岁的小女孩安，终于等到了第二次世界大战结束，看见了新生的曙光。

希望是什么？是引爆生命潜能的导火索，是激发生命激情的催化剂。每天给自己一个希望，我们将活得生机勃勃、激昂澎湃，哪里还有时间去叹息、悲哀，将生命浪费在一些无聊的小事上呢？

每天给自己一个希望，我们就能够充满士气地面对自己的生活，而不是将时间花费在无尽的悲哀和苦闷上，生命有限但希望无限，每天给自己一个希望，我们就能够拥有一个丰富多彩的人生。

有一位医生医术精湛，生活幸福美满，但不幸的是，在某一天，身体一向很健康的他却被诊断患有癌症。这对他可谓当头一棒。他一度情绪低落。最终他不但接受了这个事实，而且他的心态也为之一变，变得更宽容、更谦和、更懂得珍惜所拥有的一切。在勤奋工作之余，他从没有放弃与病魔搏斗。就这样，他平安度过了好几个年头。有人惊讶于他的事迹，就问他是什么神奇的力量在支撑着他。这位医生笑盈盈地答道："是希望，几乎每天早晨，我都给自己一个希望，希望我能多救治一个病人，希望我的笑容能温暖每个人。"这位医生不但医术高明，做人的境界也很崇高。

在美国有一所小学，据统计，该校毕业生在当地警察局的犯罪记录最低，这是为什么？一位研究者通过对该校毕业生的问卷调查，得到了一个奇怪的答案——因为该校的学生都知道铅笔有多种用途。

在这所学校，新生入学后接受的第一堂课就是：一支铅笔有多少种用途。在课堂上，孩子们明白了铅笔不仅有写字这种最普通的用途，必要时还能用来做尺子画线；作为礼品送人表示友爱；当做商品出售获得利润；笔芯磨成粉后可做润滑粉；演出时也可临时用于化妆；削下的木屑可以做成装饰画；一支铅笔按相等的比例锯成若干份，可以做成一副象棋，可以当做玩具车的轮子；在野外探险时，铅笔抽掉芯还能被当成吸管喝石缝中的泉水；在遇到坏人时，削尖的铅笔还能当做自卫的武器……

　　通过这一课，学生们懂得了：拥有眼睛、鼻子、耳朵、大脑和手脚的人更是有无数种用途，并且任何一种用途都足以使一个人生存下去。这种教育的结果是，从这所学校毕业的学生，无论他们的处境如何，都生活得非常快乐，因为他们永远对未来充满希望。

　　一支小小的铅笔有无数种用途，它可以用来画线，做礼品，做润滑粉，甚至还可以用来自卫。同样，我们身体的每一个部分比如眼睛和耳朵也有许多用途，任何一种用途都可让我们生存下去。明白了这个道理，无论处境如何，我们都可以保持积极乐观的心态。

对自己说"不要紧"

失败是变相的胜利，最低潮就是高潮的开始。

——朗费罗

　　一天，一位老教授在王丽所在的班上说："我有句三字箴言要奉送各位，它对你们的学习和生活都会大有帮助，而且可使人心境平和，这3个字就是'不要紧'。"

　　王丽领会到了那句三字箴言所蕴含的智慧，于是便在笔记簿上端端正正地写下了"不要紧"3个大字。她决定不让挫折感和失望破坏自己平和的心境。

　　后来，她的心态遭到了考验。她爱上了英俊潇洒的李刚，他对她很重要，王丽确信他是自己的白马王子。

　　可是有一天晚上，李刚却温柔婉转地对王丽说，他只把她当做普通朋友。王丽以他为中心构想的世界当时就土崩瓦解了。那天夜里王丽在卧室里哭泣时，觉得记事簿上的"不要紧"那几个字看起来很荒唐。"要紧得很，"她喃喃地说，"我爱他，没有他我就不能活。"

　　但第二日早上王丽醒来再看到这3个字之后，就开始分析自己的情况：到底有多要紧？李刚很要紧，自己很要紧，我们的快乐也很要紧。但自己会希望和一个不爱自己的人结婚吗？

　　日子一天天过去了，王丽发现没有李刚，自己也可以生活。王丽觉得自己仍然能快乐，将来肯定会有另一个人进入自己的生活，即使没有，自己也仍然能快乐。

几年后，一个更适合王丽的人真的来了。在兴奋地筹备婚礼的时候，她把"不要紧"这3个字抛到九霄云外。她不再需要这3个字了，她觉得以后将永远快乐，她的生命中不会再有挫折和失望了。

然而，有一天，丈夫和王丽却得到了一个坏消息：他们曾经投资做生意的所有积蓄，全部赔掉了。

丈夫把信念给王丽听了之后，她看到他双手捧着额头。她感到一阵凄酸，胃像扭作一团似的难受。王丽又想起那句三字箴言："不要紧。"她心里想："真的，这一次可真的是要紧！"

可是就在这时候，小儿子用力敲打他的积木的声音转移了王丽的注意力。儿子看见妈妈看着他，就停止了敲击，对她笑着，那副笑容真是无价之宝。王丽把视线越过儿子的头往窗外望去，她看到了生机盎然的花园和晴朗的天空。她觉得自己的胃顿时舒展，心情也恢复了。于是她对丈夫说："一切都会好起来的，损失的只是金钱。实在'不要紧'。"

生活中有很多突发的变故，会给我们的心灵带来巨大的压力，很多人会因为这些压力而变得一蹶不振，甚至会因此而失去生活的勇气。事实上，很多问题并不像我们想象的那么严重，面对这些人生的狂风暴雨，如果我们能够尝试着对自己说"不要紧"，时刻保持积极的心态，那么这些人生困难最终都将过去。

有一天，唐娜接到国防部的电报，说她的侄儿——她最爱的一个人，在战场上失踪了。

唐娜的心一下子就悬了起来，原本开朗达观的她变得焦虑不安，茶饭不思。过了不久，她又接到了阵亡通知书。接到通知书的那一刻，她觉得自己的整个世界都蹋陷了。

在此之前，唐娜一直觉得命运对自己很好。她说："伟大的上帝赐给我一份喜欢的工作，又让我顺利地抚养大了相依为命的侄儿。在我看来，我侄儿代表着年轻人美好的一切。我觉得我以前的努力，现在都应该有很好的收获……"

然而，现在却来了这样一份电报，她的整个世界都被粉碎了，她觉得再也没有什么值得让自己活下去的了，她找不到继续生存下去的借口。她开始忽视她的工作，忽视她的朋友，她抛开了生活的一切，对这个世界既冷淡又怨恨。"为什么我最爱的侄儿会死？为什么这么个好孩子——还没有开始他的生活就离开了这个世界？为什么他会死在战场上？"她觉得自己没有办法接受这个事实。她悲伤过度，决定放弃工作，离开家乡，把自己藏在眼泪和悔恨之中。就在她清理桌子准备辞职的时候，突然看到一封她已经忘了的信——一封她的侄儿生前寄来的信，当时，他的母亲刚刚去世。侄儿在信上说："当然我们都会想念她的，尤其是你。不过我知道你会平静度过的，以你个人对人生的看法，就能让你坚强起来。我永远不会忘记那些你教给我的美丽的真理。不论我在哪里生活，不论我们分离得多么遥远，我永远都会记得你的教导。你教我要微笑面对生活，要像一个男子汉，要承受一切发生的事情。"

唐娜把那封信读了一遍又一遍，觉得侄儿就在自己的身边，正在对自己说话。他好像在对自己说："你为什么不照你教给我的办法去做呢？坚持下去，不论发生什么事情，把你个人的悲伤藏在微笑下面，继续生活下去。"

侄儿的信为唐娜带来了很大的安慰和鼓舞，她不再对周围的一切充满敌视，不再对别人的冷淡无礼，她又像以前那样充满希望地投入到工作中去了。她一再对自己说："事情到了这个地步，我没有能力改变它，不过我能够像他所希望的那样继续活下去。"

唐娜把所有的思想和精力都用在工作上，她写信给前方的士兵——给别人的儿子们；晚上，她参加成人教育班——要找出新的兴趣，结交新的朋友。她几乎不敢相信发生在自己身上的种种变化。她说："我不再为已经过去的那些事悲伤，现在我每天的生活都充满了快乐——就像我的侄儿要我做到的那样。"

问题的关键不在于发生了什么事情，而在于我们怎样看待发生在自己身上的事情。无论发生了什么事情，你都必须接受既定的事实，把个人的悲伤掩藏在微笑下面，平静地继续生活，因为无论发生多么难以承受的事情，随着时间的推移都会变得微不足道，无论多么深的痛苦和挫折，这一切都会成为过去。

第四章　坚韧

——在充满荆棘的道路上奋进

挫败是成长的阶梯，困境是人生的另一所大学。一个生前没有经历过困难的人，其生命是不完整的。一个人的成长，就是经历一连串的磨难和考验的过程，迎接并克服磨难，才能拥有足够的力量和智慧。青少年要成为未来社会的强者，就应当在生活中磨炼自己坚韧的意志，把不幸和困难当成自己人生最好的教材。

挫折是大自然的计划

古之立大事者，不唯有超世之才，亦必有坚忍不拔之志。

——苏轼

我们深信，挫折是大自然的计划，大自然就是通过这种方法，来考验人类，促使人们在磨难中不断成长。大自然偏爱那些努力奋斗的孩子，把高尚的品格、瞩目的成就和优越的地位作为他们战胜挫折的回报。

困境是人生的另一所大学。我们常常羡慕那些含着金汤匙出生的人，他们的老爸不是某某某，就是认识某某某。他们有钱有势，连上学都坐宝马车。

这些当然值得人们称羡，其实你自己也有令人羡慕的地方，如果你能把生活中的困境和挫折当成一个磨炼自身意志和成长自我的机会的话。

从前有一对夫妻，结婚多年一直没有孩子。或许是他们的诚心感动了老天，婚后的第十年，太太竟怀孕了，生了个儿子。

夫妻俩整日开心得合不拢嘴，为孩子取名叫阿龙，希望他将来功成名就，成为人中之龙。

小阿龙长得白白胖胖，一副讨人喜欢的模样，他是父母眼中的宝贝，父母把他无微不至地捧在手心里，舍不得让他遭受到任何一点伤害。

"孩子，走路时记得要看着脚下，当心别跌倒了。尤其是在瓷砖地板上走路，那上面又湿又滑，特别容易滑倒。还有，走山路时也要看脚下，一不小心踩滑了，说不定你会从山顶上摔下去的。"父母预想了各种状况，总是对阿龙谆谆教诲，不希望孩子发生意外。

这对慈祥的父母在阿龙25岁那年先后去世了。言犹在耳，阿龙没有忘记父母亲千交代、万叮咛的嘱咐，时时刻刻都遵循着父母的指示：当他在街上走路，在山上踏青，在春天的草原里漫游，在神秘的森林里踌躇时，他都小心翼翼地注意不让自己被任何东西绊倒。

从小到大，他几乎从来没有跌倒过，也从来没有扭伤过，更没有碰伤过头，就连踏到水坑的机会也没有。

只是，这样的步步小心并没有使他步步高升，他一直专注于自己的脚下，无论是蓝色的天空、明亮的彩霞，或是闪烁的星星、城市的灯火、人们的笑容，对他而言都只是惊鸿一瞥的影像，他从来不曾凝神留心地细看过。

终其一生，阿龙并没有功成名就，成为人中之龙。他最大的成就，充其量只是从未摔倒而已。

大自然让人们在奋斗的过程中不断成长、壮大与进步。未经磨难，一个人是不可能成功的。

一个人从生到死，就是经历一连串的成长与考验的过程，并从每一次面对挑战的经验中累积智慧。

爱默生说过："放手去做，你就会有力量。"

迎接磨难并予以克服，你就会拥有所需的足够力量与智慧。如果一个人总是生活在一帆风顺的环境中，没有经历过挫折的磨炼和洗礼，就好像温室里的花朵，一旦脱离了优越的成长环境，就会面临自下而上的困境。

森林中最强壮的树木，并未受到严密的保护，它们必须和环境搏斗，和周围的树木争夺养分才得以生存。

汤姆的祖父以制作马车为生。每回整地播种时，他总会留下几棵橡树，任凭它们在空旷的田地里承受风吹雨打。他这样告诫汤姆：

"那些大自然里努力求生存的橡树，比森林里受到保护的同伴更坚实，更具韧性。祖父用那些饱经风霜的橡木制作车轮，弯成弧形的零件，却不担心橡木会断裂。因为它们受过磨难，有足够的力量承受最沉重的负担。

"磨难同样可以强化人们的意志。大多数的人希望一生平坦顺利，然而，未经磨难与考验，往往会庸庸碌碌过一生。

"我们勇于面对逆境，努力奋斗，才会有更多机会。

"磨难迫使我们前进，否则我们将停滞不前；它引导我们通过考验，获得成功。未经磨难，无法得到任何有价值的东西，简单的事情每个人都可以做到。每一个成功的人，在生活中都经过一番奋斗。人生是不断奋斗的过程，勇于面对困难，克服困难，继续迎接下一个挑战的人，就是最后的赢家。"

汤姆祖父的话指出了挫折在我们人生成长过程中的意义。苦难是人生的大学，挫败是成长的阶梯。伟大人物无一不是由苦难而造就的，一个人如果好逸恶劳，就无法战胜困难，也绝不会有什么前途。一个成功人士说："生前没有经历困难的人，他的生命是不完整的。"

困境好像运动器械，可以锻炼人，使人体格强健，所以，困境是我们成就事业最有利的基础。安德鲁·卡内基说："一个年轻人最大的财富莫过于出生于贫穷之家。"困境本是困厄人生的东西，但经过奋斗而脱离困境，便是无比的快乐。

在困难面前你需要重新站起来

如果我们被打败了，我们就只有从头干起。

——恩格斯

青少年在成长过程中难免会遇到挫折和困难，在困难面前跌倒是很正常的。关键是你能否重新从挫折中站起来，不被困难所击跨。能够承受一次次困难和挫折的人才能够坚持到底，取得胜利。

有一群登山爱好者准备征服一座海拔 6000 米的高山。于是，他们组成一个小分队扎营在海拔 2000 米的山脚等待天气好转。他们当中有些是专业性的登山运动员，体魄健壮，经验丰富。

天终于晴了，微风轻吹，队员们开始行动起来，由经验丰富的队员带领出发了。

在攀登者脚下，高山有种被驯服般的宁静，只有峰顶的冰川在阳光下闪着迷人的光辉。每个登山者都沉浸在攀登的乐趣中。他们用手提电台与基地保持着联系，不时地向遥远的家中通话，向亲人叙述他们在高山上所见的美景。

正当他们慢慢接近主峰的时候，灾难悄悄降临了。突然间，乌云翻滚，狂风肆虐，气温骤降。几个经验丰富的登山运动员知道情况不妙，要求大家全力返回。可是，由于在路上逗留时间过长，夜已慢慢逼近，按经验他们已无法下山，只能等营救人员前来。狂风怒吼而来，许多队员的衣服被风撕破，手套也脱落了……

祸不单行的是，有位队员的腿部被飞石击中，出了大量的血，伤员痛苦地呻吟着。

风越吹越大，严寒也随之降临。伤员极其痛苦地喊："我冷，我冷……"血流出后很快便结成冰。有一个登山者说："现在天色尚未全黑，让我来背他下山，或许他会有救。"

"你这是去找死，营救人员马上会来的。"众人劝他。可是，他还是背起伤员努力向山下走去。

夜幕降临了，山上起了暴风雪，营救人员根本无法上山。第二天，营救人员发现在原处等待救援的人们紧紧挤在一起，已经僵硬了。救援人员在海拔4000米的地方发现伤员和背着他的人，竟然还活着。

营救人员说在这种天气下能存活下来简直是奇迹。他们分析原因后断定，他们之所以能活着，是因为他们一个晚上都没有停止过高强度的运动。

在困难面前摔倒是难免的，最关键的是你能否重新站起来，并且承受一次又一次的摔倒。即使遭受挫折、失败或迷惘，只要坚持到底，就能取得胜利。

作为电影制片人，鲍勃可谓是一帆风顺。

鲍勃若是满足于做制片人，也许他真会一帆风顺。然而，他认为，做制片人还不能充分发挥他的才能和创造性。在好莱坞，真正的荣耀属于导演。

他执导了一部片子，评论界众说纷纭，票房很低。导演鲍勃可不像制片人鲍勃那样受人欢迎了。失败接二连三地向他袭来。

1年之内，电影砸锅，朋友抛弃他，婚姻破裂。他从加利福尼亚逃到纽约，过起了隐姓埋名的生活。他疯狂地寻找新的根基，倾家荡产买下了一个套房。"我完全垮了。"他说。

他坐在纽约的套房里，陷入了冥思苦想。面对生活与事业的双重打击，他决定偃旗息鼓，他获得了安宁。

对于鲍勃和那些有成就的人来说，关键是要控制局面。但是，失败使他完全失控了。也许他没有必要控制，也许他可以改变，也许改变了会更幸福。

最后，鲍勃重新回到了洛杉矶，回到他失败的地方。他怀揣着从未有过的谦卑感回去了。一切都得重新开始，一种完全不同的自我意识支持着他。

他放下面子，从低级的活开始干。"我得倒退3步，才能前进4步。倒退虽然痛苦，却必不可少。"

鲍勃最终还是重登好莱坞的顶峰，这一次，他既非制片人，亦非导演，而是电影公司的董事。

鲍勃知道自己是幸存者。

鲍勃现在是轻装上阵。他的价值观非常明确。也许，他会遇到更多的挫折，但他绝不低头。在他看来，成功并不在于重新当上电影公司的总裁，而在于审视自己生活的这一过程。他将这一精神旅程视为最大的成就。

看着鲍勃的精神之旅，你会明白"我完全垮了"对鲍勃来说是错误的，而对你来说，也是——错误的。

"失败了再爬起来"，看起来是一句鼓舞克服危机者最好的话，但是要真正实现起来，需要的是自我鼓励的品质和勇气。有无这种品质和勇气，直接决定了谁是一个危机者，谁是一个优势者。更为主要的是能在挫败之时看到站起来的希望！

梅西14岁的时候来到美国，因为他从7岁起就跟着裁缝师学缝纫，所以到了美国之后，很顺利地就在一家裁缝店中找到了工作。

到了18岁时，梅西决定要成立一家属于自己的店。

于是，他和弟弟及其他合伙人共同买下了一间礼服店，他信心十足地把所有的积蓄都投资在这里。但是，接下来发生的许多事情，却不断地考验着梅西开店的决心。

先是在即将开业的前一天晚上，小偷偷走了将近8万美元的存货；接下来他再度进的货，又在一场意外的大火中付之一炬。

后来，他才发现保险经纪人欺骗了他，根本没有把他支付的保险费支票交给保险公司，所以这场火灾等于没有保险。

更惨的是，可以证明公司存货内容和价值的一位重要证人，却正好在这个时候去世了。

接二连三的打击实在让梅西受够了，他决定到别的裁缝店工作。但是，过了没多久，他渴望拥有自己事业的欲望又开始蠢蠢欲动了起来。

于是，他再度鼓起勇气，开了一家裁缝兼礼服出租店。这一次，他决定多采纳别人的意见，但在大方向上他依然坚持自己作决定。因为，他始终相信：如果因此跌倒了，是自己的选择；如果站了起来，那也是靠自己站起来的。

因为梅西坚持着这个信念，所以不久之后，他的"法兰克礼服出租店"终于成为底特律的知名店铺。

梅西的经历告诉我们，当人生出现挫折和困难时，只要我们坚定成功的信念，不被失败击垮，那么最后等待我们的必将是成功。

昭和四年，日本经济遭遇前所未有的大恐慌。工厂接二连三裁员倒闭，劳资纠纷不断发生。

松下电器自然也受到经济衰退的波及。原本因为国际牌电灯的快速畅销，不断扩展事务导致员工人数激增，但在不景气的狂风吹袭下，销售量急速锐减，库存已到了满山满谷的地步。这时松下又因病住院，公司交由义弟井植看管。井植等决策阶层在董事会议中都认为，要想渡过这个难关，除了大量裁员之外别无他策，既然销售量减少到以往的 $1/2$，那么只有裁去现有员工的 $1/2$ 才可以维持公司生存。

但是松下对此提议大加反对，在不服输的精神的感召下，他毅然决定采取缩短工时数的策略。"如果每位员工的工作时数减半，则生产量自然只剩下以往生产额的 $1/2$，但是每个人都还可以保有工作。希望每一位员工把剩下的半天时间用在推广产品销售的工作中，以解决存货的过度积压。"由于每个人都可以继续放心工作，并且收入还受到保证，因此全体员工都团结一致，奋发向上，开始为了公司的前景而努力。结果在极短的时间内，库存商品销售一空，大家又重回岗位上致力生产，终使松下企业转危为安。之后还向合成树脂业进军，并开发生产收音机，奠定了后来松下企业发展的基础。

所以，不管遭遇什么危险，切勿心生怯意，意图逃脱。鼓起勇气面对现实，就会扭转乾坤，转危为安。

用行动反击失败

生活好比橄榄球比赛，原则就是奋力冲向底线。

——富兰克林·罗斯福

在拿破仑的传记作品里，曾经记载过这样一个故事：

那是在马林果战役的前夕，拿破仑坐在营帐里，凝视着面前摊开的一张意大利地图。他把4枚钉子按在地图上，一边挪动钉子，一边思考着。

过了一会儿，他自言自语道："现在一切部署好了，我要在这里抓住他！"

"抓住谁？"身旁的一个军官问道。

"墨拉期，奥地利的老狐狸，他要从热那亚回来，路过都灵，进攻亚历山大里亚。我要渡过波河，在塞尔维亚平原迎着他，就在这儿打败他。"拿破仑的手指向马林果。

但是，马林果战役打响后，法军受到敌军强有力的抵抗，只剩招架之力，拿破仑精心筹措的胜利眼看就要成为泡影。

正在法军败退之际，拿破仑手下的将领德撒带着大队骑兵驰过田野，停在拿破仑站着的山坡附近。队伍中有一个小鼓手，他是德撒在巴黎街头收留的流浪儿，在同埃及和奥地利的战役中一直跟随法军作战。

当军队站住时，拿破仑朝小鼓手喊道："击退兵鼓。"

这个孩子却没有动。

"小流浪汉，击退兵鼓！"

"小流浪汉，击退兵鼓！"

孩子拿着鼓槌向前走了几步，朗声说道："啊，大人，我不知道怎么击退兵鼓，德撒从来没有教过我。但是我会击进军鼓，是的，我可以敲进军鼓，敲得让死人都排起队来。我在金字塔敲过它，在台伯河敲过它，在罗地桥又敲过它。啊，大人，在这里我也敲进军鼓么？"

拿破仑无可奈何地转向德撒："我们吃败仗了，现在可怎么办呢？"

"怎么办？打败他们！要赢得胜利还来得及。来，小鼓手，敲进军鼓，像在台伯河和罗地桥一样敲吧！"

不一会儿，队伍随着德撒的剑光，跟着小鼓手猛烈的鼓声，向奥地利军队横扫而去，他们不惜流血牺牲，把敌人打得一退再退。德撒在敌人的第一排子弹中就倒下了，但是队伍并没有动摇。当炮火消散时，人们看到那小流浪儿走在队伍最前面，笔直地前进，仍旧敲着激昂的进军鼓。他越过死人和伤员，越过营垒和战壕，他的脚步从容不迫，鼓声激昂有力，他以自己勇敢无畏的精神开辟了胜利的道路。

这个故事告诉我们，不管失败的打击有多大，都不应该畏缩不前，而是应该显出高傲的姿态，以一种胜利者的态度去迎战，然后，做棒球史上最伟大的投手弗兰克在他经受臂伤时所做的事——反击。

"我是 1974 年为洛杉矶道奇队打一场夜间比赛时受伤的，那个赛季我拥有一个棒球选手所能梦想的最佳状况——我是那年全国联赛的头号投手，即将赢得参赛以来的第 20 场胜利，球队也将打进世界系列赛。男孩子所有的梦想，都将在我身上实现。突然间，我站上投手板，砰的一声，什么都完了。

"我韧带断了，所有投手最怕肘部受伤，因为手术常常意味着投手生涯的终结。我需要进行的手术，是任何主要大联盟的投手都没有做过的，但我知道要想继续打球，就别无选择。

"1974 年 9 月 25 日，布兰克·乔布医生给我做了手术，复原的过程极为缓慢。我问医生：'我有没有机会再投球？'他们回答说：'有 1％的机会。'但他们对我太太玛丽更坦白，说：'你的工作就是要鼓励弗兰克，想想他将来要做什么，因为他的投球生涯恐怕已经结束了。'

"一个星期天，我手裹着石膏，带着在我手术后两天才出生的漂亮女儿，坐在教堂里听牧师布道。牧师讲道的内容是有关亚伯拉罕和他的妻子莎拉的，莎拉在七十几岁时才受上帝祝福，怀了第一胎。

"牧师读着圣经的故事，抬起头说：'你知道，与上帝同在，没有不可能的事。'他说话的时候就看着我，我抬头看他，他微笑着，我在圣经的这句话上做了记号，这正是我需要听的。

"16 个星期之后，我拆掉石膏，手指萎缩得很厉害，我太太说看起来很像鸡爪。手臂瘦弱无力，好像是 90 岁的老人。要抓东西，还得把手指头扳过去。连切切肉、开开门都办不到。玛丽用婴儿油帮我擦肌肤时，我的皮肤会一块块剥落在她手上。

"在康复阶段，我把大量的时间花在体育场里。在球场上，教练为我实施一系列严格的训练，帮助我强健肌肉。

"复原进展极为缓慢。有一天，我记得从球场回家，把手放在背后，告诉玛丽，要给她一个惊喜。她以为我在开玩笑，想可能是死蜥蜴之类的东西，但当我慢慢把左手从背后伸出来弯着小指去碰拇指时，我们互相拥抱，跳来跳去，高声欢叫。这是我第一次能移动手指，感觉就好像得到10万元奖金似的，因为这表明那些肌肉终于康复了。

"当我不和教练一起练习的时候，就和球队一起出去，坐在本垒板后面比划投球动作，尽量为球队做我可以做的事。我告诉道奇队的老板彼得·欧麦里说：'我在康复，不能投球，但我愿帮忙做任何事情。'

"其他球队的球员、教练、领队都问我：'你真的以为你可以让那只手臂复原，让它再度看起来像是投球的手吗？'我回答他们：'我坚信。'

"复原是一段漫长、艰辛的过程，在一年半的时间里，除了周日，我每天都坚持练习。然而我真的恢复了，手术后主投的球赛，比以前还要多，并且代表扬基队在世界锦标赛中出场。

"许多人看到我，会摇头感叹我是那么坚定果敢，尽最大的努力。这或许是我家乡威尔斯的传统，或许是其他什么因素，但我喜欢证明别人的谬误。"

弗兰克的成功说明了这样一个道理：行动是扭转不利局面的唯一途径。人生就好比是一个大的赛场，你像弗兰克一样也会面临很多意想不到的挫折和困难，但是如果你能像弗兰克那样用坚忍的毅力和不懈的行动去反击失败，改善困境，那么就会和弗兰克一样，克服困难，获得最后的胜利。

用笑脸迎接挫折

让我不要祈求免遭危难，而是让我能大胆地面对它们。

——泰戈尔

困难和挫折是人生中不可避免的。有的人成功了，是因为他们能够坚强地面对，而有的人失败了，是因为他们面对困难一蹶不振，失去了继续拼搏的勇气。伟大的发明家爱迪生说过，厄运对乐观的人无可奈何，面对厄运和打击，乐观的人总会选择笑脸迎接挫折。

琼妮小姐是新西兰一位建筑商的女儿，移居美国后，曾在休斯敦一家电视台工作，1990 年起任 CNN 摄影记者。1992 年 6 月，她被派往萨拉热窝进行战地采访。在那里，曾有多名记者丧生。

琼妮在萨拉热窝逗留 6 个星期后，已经习惯周围的流弹。一天清早，一颗子弹击穿车玻璃，正好击中她的脸部，几乎掀掉了她的半边脸，她的颧骨被打得粉碎，牙齿没有了，舌头被打断。送到诊所时，大夫们直摇头，认为她不行了。但经过 20 多次手术后，她又奇迹般地回到了工作岗位。这时的她，下腭仍无感觉，脸部还留着弹片，体重减轻了 8 千克。令大家吃惊的是，她要求重返萨拉热窝。

她幽默地说："说不定我还能在那里找回我的牙齿。"她甚至想认识一下当初袭击她的枪手。

有人问她，见到那个枪手后怎么办。她说："我会请他喝一杯，问他几个问题，比方说当时距离有多远。"

琼妮面对厄运的乐观态度证明她是一个具有坚韧毅力的女孩，正是这种乐观的性格，使她能够迅速摆脱挫折的阴影，积极地投入到新的工作中去。

和琼妮一样，杰克也是一个具有超强乐观精神的人。他的心情总是特别好，而且对任何事情总是有正面的看法。当有人问他近况如何时，他总是回答："我快乐无比。"每当有不愉快的事情发生时，杰克都会对自己说："杰克，你可以选择成为一个受害者，也可以选择从中学些东西。"每一次他都会选择从中学习。

有一天，杰克出事了。他清晨出去锻炼时，忘记了关门。他回来时发现有 3 个人正在他家偷窃，其中一个歹徒因为紧张而对他开了枪。幸运的是，歹徒匆忙离开了，好心的邻居迅速把杰克送进了急救室。经过 18 个小时的抢救和几个星期的精心照料，杰克出院了。

事情发生后 6 个月，一个朋友去看杰克，问他近况如何，他答道："我快乐无比。想不想看看我的伤疤？"朋友弯下腰看了看他的伤疤，问道："当歹徒来时，你想些什么？"

"第一件在我脑海中浮现的事是，我应该关好门。"杰克答道，"当我躺在地上时，我对自己说：有两个选择，一是死，一是活。我选择了活。"

"你不害怕吗？你有没有失去知觉？"朋友又问道。

杰克回答说："医护人员都很好。他们不断告诉我，我会好的。但当他们把我推进急诊室后，我看到他们脸上的表情，从他们的眼中，我读到了'他是个死人'。我知道我需要采取一些行动了。"

"你采取了什么行动？"朋友紧追不舍地问。

"有个很可爱的护士大声问我问题，她问我有没有对什么东西过敏。我马上答：'有的。'这时，所有的医生、护士都停下来等着我说下去。我深深地吸了一口气，然后大声说道：'子弹！我对子弹过敏！'在一片大笑声中，我又说道：'我选择活下去，请把我当活人来医治，而不是死人。'"

杰克活了下来，一方面要感谢医术高明的医生，另一方面得感谢他那惊人的乐观态度。

我们也许不会遇到像杰克和琼妮那样的厄运，但是我们在成长和生活过程中也会遇到各种障碍、困难，遭遇很多失败、痛苦。在挫折面前，有的人会出现暴怒、恐慌、悲哀、沮丧、退缩等情绪，影响了学习和工作，损害了身心健康。而有的人却能够像杰克、琼妮那些乐观的人一样笑对挫折，对环境的变化作出灵敏的反应，善于把不利条件化为有利条件，摆脱失败，走向成功。

安德鲁是一个年过60岁的老人，他自认为他是一个遭受失败最多的人。他是一个热衷于石油的开采者，他说他一生中每打4口井，就有3口是枯井。可是他依然从逆境中走了出来，成了一个身价超过2亿美元的富翁。安德鲁自己回忆说："当年我被学校开除后，就跑到得克萨斯的油田找了一份工作。随着经验的逐渐丰富，我便想当一名独立的石油勘探者。那时候，每当我手里有钱了，我就自己租赁设备，进行石油勘探。在连续的两年里，我一共开采了将近30口井，但全部都是枯井。当时，我真的失望极了。"安德鲁的确陷入了困境，都要接近40岁了，他依然一无所获。但是，他不但没有被逆境难倒，反而更加勤奋努力。他开始研读各种与石油开采有关的书籍，吸取了丰富的理论知识。等理论知识掌握得非常充分的时候，他便卷土重来，租好设备，找好地皮，又一次进行石油开采。这一次他没有遇到枯井，而是汩汩直冒的石油。

安德鲁正是由于积极乐观地面对逆境，没有对现实失去信心，才取得了成功。由此可见，在逆境面前，充满希望才能有机会取得成功。

乐观的人在遭受挫折打击时，仍坚信情况将会好转，前途是光明的。其实，谁都有面临困难与逆境的时候，关键是看我们怎样处理。有些人在逆境中永远消极，成为一个永远的失败者；而有些人却能够积极地面对逆境，冲出重围，走向成功。

卡耐基认为，逆境在人生中是不可避免的。既然逆境是不能避免的，那就让我们从逆境中找到动力吧，让逆境成为推动我们走向成功的动力。我们应该将逆境视为成功的预兆。卡耐基说过："困难与挫折其实是上天故意安排来考验我们的，其实，它就是成功的化身。成功与失败把握在我们自己手中。"

因此，面对苦难和挫折，你要抬起头来，笑对它，相信"这一切都会过去，今后会好起来的"。希望是不幸者的第二灵魂。向往美好的未来，是困难时最好的自我安慰。在多难而漫长的人生路上，我们需要一颗健康的心，需要绚烂的笑容。苦难是一所没人愿意上的大学，但从那里毕业的，都是强者。

在挫折面前多坚持走一步路，多坚持一分钟，也许你就会发现自己已经站在了成功的大门前。

为成功付出耐心

耐心是一切聪明才智的基础。

——柏拉图

耐心可以创造奇迹。荀子曾在《劝学篇》中写道："锲而舍之，朽木不折；锲而不舍，金石可镂。"这句话告诉我们无论困难多么大，只要我们有坚忍不拔、锲而不舍的精神，就能够战胜困难，创造奇迹。

多年以前，美国曾有一家报纸刊登了一则园艺所重金征求纯白金盏花的启事，在当地引起一时轰动。高额的奖金让许多人趋之若鹜，但在千姿百态的自然界中，金盏花除了金色的就是棕色的，能培植出白色的，不是一件易事。所以许多人一阵热血沸腾之后，就把那则启事抛到九霄云外去了。

一晃就是20年，一天，那家园艺所意外地收到了一封热情的应征信和一粒纯白色金盏花的种子。当天，这件事就不胫而走，引起轩然大波。

寄种子的原来是一个年已古稀的老人。老人是一个地地道道的爱花人，当她20年前偶然看到那则启事后，便怦然心动。她不顾8个儿女的一致反对，义无反顾地干了下去。她撒下了一些最普通的种子，精心侍弄。一年之后，金盏花开了，她从那些金色的、棕色的花中挑选了一朵颜色最淡的，任其自然枯萎，以取得最好的种子。次年，她又把它种下去。然后，再从这些花中挑选出颜色更淡的花的种子栽种……年复一年。终于，20年后的一天，她在那片花园中看到一朵金盏花，它不是近乎白色，也并非类似白色，而是如银如雪的白。一个连专家都解决不了的问题，在一个不懂遗传学的老人手中迎刃而解，这不是一个只有靠耐心才能创造的奇迹吗？

17世纪，在荷兰和德尔夫特镇，有一个只有初中文化程度的青年农民。他找到的差事就是为镇政府守大门，而且在这个门卫岗位上一干就是60多年，一生中没出过小镇，也没有换过其他的工作。

这位青年业余时间一不下棋打牌，二不去泡酒馆聊天，而是选择了打磨镜片。虽然又费时又费工，可他却乐此不疲。就这样不停地磨呀磨呀，一直磨了60年。其中的艰辛、枯燥和乏味是可想而知的，如果没有决心和毅力，坚持下去谈何容易。

由于他的专注细致和锲而不舍，磨出的复合镜片的放大倍数超过了当地的专业技师。凭借自己研磨的镜片，他研制出了显微镜，终于揭开了当时科技尚未知晓的微生物世界的"面纱"。结果名声大振，英国皇家学会聘他为会员。英国女王访问荷兰时，还专程到小镇拜访过他。

创造这个奇迹的是谁呢？他就是荷兰著名科学家列文虎克。

著名的数学家华罗庚先生说过："科学上没有平坦的大道，真理的长河中有无数礁石险滩。只有不畏攀登的采药者，只有不怕巨浪的弄潮儿，才能登上高峰采得仙草，深入水底觅得骊珠。"一个人要取得成功，除了要有勇气有胆魄之外，还需要锲而不舍的耐心和毅力。

有一个孩子想不明白自己的同桌为什么每次都能考第一，而自己每次却只能排在他的后面。

回家后他问道："妈妈，我是不是比别人笨？我觉得我和他一样听老师的话，一样认真地做作业，可是，为什么我总落后于他？"母亲听了儿子的话，感觉到儿子开始有自尊心了，而这种自尊心正在被学校的排名伤害着。她望着儿子，没有回答，因为她不知该怎样回答。

又一次考试后，孩子考了第二十名，而他的同桌还是第一名。回家后，儿子又问了同样的问题。她真想说，人的智力确实有高低之分，考第一的人，脑子就是比一般人的灵。然而这样的回答，难道是孩子真想知道的答案吗？她庆幸自己没说出口。

应该怎样回答儿子的问题呢？有几次，她真想重复那几句被上万个父母重复了上万次的话——你太贪玩了；你在学习上还不够勤奋；和别人比起来你还不够努力……以此来搪塞儿子。然而，像她儿子这样脑袋不够聪明、在班上成绩不甚突出的孩子，平时活得还不够辛苦吗？所以她没有那么做，她想为儿子的问题找到一个完美的答案。

儿子小学毕业了，虽然他比过去更加刻苦，但依然没赶上他的同桌，不过与过去相比，他的成绩一直在提高。为了对儿子的进步表示赞赏，她带他去看了一次大海。就是在这次旅行中，这位母亲回答了儿子的问题。

母亲和儿子坐在沙滩上，她指着海面对儿子说："你看那些在海边争食的鸟儿，当海浪打来的时候，小灰雀总能迅速地起飞，它们拍打两三下翅膀就升入了天空；而海鸥总显得非常笨拙，它们从沙滩飞向天空总要很长时间，然而，真正能飞越大海横过大洋的还是它们。"

人的成长是一个漫长的较量，能否取得最后的胜利，不在于一时的快慢。如果你能够在自己成长的道路上静下心来，遇到困难不气馁，不灰心，矢志不移地前进，那么最终你必将获得最后的胜利。

成功既非一蹴而就，也非遥不可及。我们要实现自己的人生理想，就需要把自己的理想分成一个个可以实现的短期目标，一个个地去实现。俗语说得好：罗马不是一天建成的。既然一天建不成辉煌的罗马，我们就应当专注于建造罗马的每一天。这样，把每一天连起来，终将会建成一个美丽辉煌的罗马。

布雷德是一名战地记者，正是耐心和毅力救了他的生命，下面是他的亲身经历：

"第二次世界大战期间，我跟几个人不得不从一架破损的运输机上跳伞逃生，结果迫降在缅印交界处的树林里。当时我们唯一能做的就是拖着沉重的步伐往印度走，全程约225千米，必须在8月的酷热中和季风所带来的暴雨侵袭下，翻山越岭，长途跋涉。

"才走了1个小时，我一只长筒靴的鞋钉就扎了脚。傍晚时双脚都起泡出血，像硬币那般大小。我能一瘸一拐地走完 225 千米吗？别人的情况也差不多，甚至更糟糕。他们能不能走呢？我们以为完蛋了，但是又不能不走。为了节省体力，我们每次只走 1 英里，休息 10 分钟，再继续下一英里的路程。我们就这样走着，有一天，我们竟然惊奇地发现我们已走出了这一段魔鬼旅程……"

坚持到底，永不放弃

要从容地着手做一件事，但一旦开始，就要坚持到底。

——比阿斯

世界首富比尔·盖茨认为，巨大的成功靠的不是力量而是韧性。如今社会的竞争常常是持久力的竞争，有恒心、有毅力的人往往能够成为笑到最后、笑得最好的人，对于青少年来讲，恒心和毅力是成功的必要条件，半途而废，浅尝辄止，那么梦想永远只能是梦想。

1864 年 9 月 3 日这天，寂静的斯德哥尔摩市郊，突然爆发出一声震耳欲聋的巨响，滚滚的浓烟霎时冲上天空，一股股火焰直往上蹿。仅仅几分钟时间，一场惨祸发生了。当惊恐的人们赶到现场时，只见原来屹立在这里的一座工厂只剩下残垣断壁，火场旁边，站着一位 30 多岁的年轻人，突如其来的惨祸和过分的刺激，已使他面无血色，浑身颤抖着……

这个大难不死的青年，就是后来闻名于世的弗莱德·诺贝尔。诺贝尔眼睁睁地看着自己所创建的硝化甘油炸药实验工厂化为了灰烬。人们从瓦砾中找出了 5 具尸体，4 人是他的亲密助手，而另一个是他在大学读书的小弟弟。5 具烧得焦烂的尸体，令人惨不忍睹。诺贝尔的母亲得知小儿子惨死的噩耗，悲痛欲绝；年迈的父亲因大受刺激而引起脑溢血，从此半身瘫痪。然而，诺贝尔在失败面前却没有动摇。

事情发生后，警察局立即封锁了爆炸现场，并严禁诺贝尔重建自己的工厂。人们像躲避瘟神一样地避开他，再也没有人愿意出租土地让他进行如此危险的实验。但是，困境并没有使诺贝尔退缩，几天以后，人们发现在远离市区的马拉仑湖上，出现了一只巨大的平底驳船，驳船上并没有装什么货物，而是装满了各种设备，一个年轻人正全神贯注地进行实验。毋庸置疑，他就是在爆炸中死里逃生、被当地居民赶走了的诺贝尔!

　　无畏的勇气往往令死神也望而却步。在令人心惊胆战的实验中,诺贝尔持之以恒地行动着,他从没放弃过自己的梦想。

　　皇天不负有心人,他终于发明了雷管。雷管的发明是爆炸学上的一项重大突破,随着当时许多欧洲国家工业化进程的加快,开矿山、修铁路、凿隧道、挖运河等都需要炸药。于是,人们又开始亲近诺贝尔了。他把实验室从船上搬迁到斯德哥尔摩附近的温尔维特,正式建立了第一座硝化甘油工厂。接着,他又在德国的汉堡等地建立了炸药公司。一时间,诺贝尔的炸药成了抢手货,诺贝尔的财富与日俱增。

　　然而,初试成功的诺贝尔,好像总是与灾难相伴。不幸的消息接连不断地传来,在旧金山,运载炸药的火车因震荡发生爆炸,火车被炸得七零八落;德国一家著名工厂因搬运硝化甘油时发生碰撞而爆炸,整个工厂和附近的民房变成了一片废墟;在巴拿马,一艘满载着硝化甘油的轮船,在大西洋的航行途中,因颠簸引起爆炸,轮船葬身大海……

　　一连串骇人听闻的消息,再次使人们对诺贝尔望而生畏,甚至把他当成瘟神和灾星。随着消息的广泛传播,他被全世界的人所诅咒。

　　诺贝尔又一次被人们抛弃了,不,应该说是全世界的人都把自己应该承担的那份灾难给了他一个人。面对接踵而至的灾难和困境,诺贝尔没有一蹶不振,他身上所具有的毅力和恒心,使他对已选定的目标义无反顾,永不退缩。在奋斗的路上,他已经习惯了与死神朝夕相伴。

　　大无畏的勇气和矢志不渝的恒心激发了他心中的潜能,他最终征服了炸药,吓退了死神。诺贝尔赢得了巨大的成功,他一生共获专利发明权355项。他用自己的巨额财富创立的诺贝尔奖,被国际学术界视为一种崇高的荣誉。

　　诺贝尔成功的经历告诉我们,恒心是实现目标过程中必不可少的条件,一个人的恒心和内心的梦想结合以后,就会产生百折不挠的巨大力量。很多人的失败并不是因为自己能力不济,而是败在自己意志力不强上。很多情况下,成功与失败只是一步之遥。

　　美国淘金热时,杰克的叔叔也在西部买到了一块矿地。辛苦几周后,他发现了闪闪发光的金矿,但他需要用机器把矿藏弄到地面上来。他很镇静地把矿坑掩埋起来,除掉自己的脚印,火速赶回老家,把找到金矿的消息告诉亲戚和邻居。大家凑了一笔钱,买来所需的机器,托人代送。然后,叔叔和杰克也动身回到矿区。

第一车金矿挖出来了，送到一处冶金工厂，结果证明他们已经挖到了科罗拉州最富的一个矿源。只要挖出几车金矿，就可以偿还所有债务，然后大赚特赚。

叔叔和杰克高高兴兴地下坑工作，带着无限的希望出坑来。但在这时，发生了他们意想不到的事，金矿的矿脉竟然不见了。他们已走到彩虹的末端，黄金没有了。他们继续挖下去，焦急地想要挖出矿脉来，但毫无收获。最后他们放弃了。然而根据一位工程师的计算，只要从杰克和他叔叔停止挖掘的地点再往前挖90厘米，就能找到金矿。

果然，后来有人在工程师所说的那个地方找到了金矿。

请工程师的人是一位售货员，他把从矿坑中挖出来的金矿出售，获得了几百万美元。他之所以能够发财，主要是因为他懂得寻找专家协助，而不轻易放弃。

这件事过了很久之后，杰克同样获得了成功，赚了超过他损失金钱的数倍。这是他在从事推销人寿保险以后取得的。

杰克没有忘记在距离金矿1米远的地方停下，而损失了一大笔财富的事，所以现在他吸取了这个教训。他说："我在距离金矿1米远的地方停下来，如今，在我向人们推销人寿保险的时候，绝不因为对方说'不'就停下来。"

杰克后来成为一位每年推销100万美元以上人寿保险的优秀推销员。他锲而不舍的精神，应归功于挖矿时轻易放弃的教训。

无论做什么，轻易放弃是不会取得成功的。有时候，多坚持一会儿就会有奇迹出现，多坚持一会儿就能够反败为胜。日本象棋界第15代名人大山康晴曾说过："当你认为已经必死无疑了，却经常有起死回生的情形出现。"因此一直到最后关头都不要轻言放弃，在黑暗之中力求寻觅一线曙光。他曾说出一段亲身体验：

"照相机闪光灯的闪烁和声响，使已经明白战败的我，重燃起一股奋战到底的勇气，究竟为什么我已不记得了。我咬紧嘴唇，心想或许还有一线生机。时间最后只剩下1个多小时，在专家看来此局胜负已成定势，休息室的观众大多也判定'大山败北'，只有我还在埋头苦干。我此时反以旁观者的身份来看自己是否能战胜自己……我可以感觉到旁观者都认为我输定了。

"观战者愈来愈多的窃窃私语都在谈论着：'大山这家伙怎么还不投降！'

高岛八段一轮猛烈无比的进攻我都咬紧牙关硬撑了下来，时间一分一秒地流逝，高岛八段的一连串攻击似乎未见成效，而在强烈的攻击中他忽略了许多不起眼的要点。在疲劳的拖累下，他开始显得焦躁不安，并终于犯下大错。在剩余的时间内，我与他成了平分秋色的局面。最后，高岛终于弃子认输了。

"本来是一面倒的局势，却因为采取哀兵之姿，最后关头我终于反败为胜。当时与其说是因赢得胜利而高兴，倒不如说是因为战胜自己而雀跃不已。"

这是大山回想他在第 14 期名人赛中对抗挑战者的情形，那份惊人的耐力，正充分显示出大山坚忍不拔的个性。

当事情愈来愈困难时，当失败如同排山倒海般地压过来时，大多数人会放手离开，只有意志坚强的人才能够坚持到底，不轻易言败。而最后的胜利，也往往属于这些意志坚强的人。

磨炼坚韧的意志力

意志是唯一不会耗竭的力量，也是人应当永远具备的力量。

——叔本华

很久以前，为了开辟新的街道，伦敦拆除了许多陈旧的楼房。然而新路却久久没能开工，旧楼房的废墟晾在那里，任凭日晒雨淋。

有一天，一群自然科学家来到这里，他们发现，在这一片多年未见天日的旧地基上，竟长出了一片野花野草。奇怪的是，其中有一些花草却是在英国从来没有见过的，它们通常只生长在地中海沿岸国家。这些被拆除的楼房，大多都是在古罗马人沿着泰晤士河进攻英国的时候建造的。

这些花草的种子多半就是那个时候被带到了这里，它们被压在沉重的石头砖瓦之下，一年又一年，几乎已经完全丧失了生存的机会。但令人感到意外的是，一旦它们见到阳光，就立刻恢复了勃勃生机，绽开了一朵朵美丽的鲜花。

我们的生命就像这些花种一样，具有无穷的潜能。面对压力和挫折，只要我们能够坚强面对，就一定能够克服这些人生中的障碍。

有一位作家曾经拜访过一位芭蕾舞演员。她的 10 个脚趾，找不到一个完整的脚趾盖，那是十几个春秋磨成的。谁能想到，这样一双可怕的脚，竟是踩着足尖鞋，在舞台上旋转如蝶的芭蕾舞演员的玉足？她一边活动脚尖，一边跟作家说："现在脚的样子尽管丑陋，可是不痛，刚开始跳舞的时候，一场舞跳完，鞋的前端殷红殷红的。没有亲身经历过的人，绝体验不出钻心疼痛的滋味。""后悔吗？"作家问。"我已经全身心地献给了芭蕾舞，当我后悔的时候，已经无处言悔了。"

意志力是人生中重要的一课。要适应未来社会激烈的竞争和快节奏的生活，我们必须注意个人意志力的培养。

第五章　勇敢

——战胜自己，才能战胜别人

哈佛告诉你

成功者与失败者之间的分水岭，有时并不存在天地之间的差距，而在于一点小小的勇气。如果你内心充满勇气，那么没有什么东西可以阻碍你走向成功。青少年在成长的过程中要勇于尝试，敢于挑战自己，勇敢地面对生活中的变化，只有积极勇敢地去拥抱和适应生活中的变化，才能够在变化中成长。

推开虚掩的成功之门

勇敢的人面前才有路。

——有岛武郎

犹太谚语说："要打开成功之门，必须勇敢地推或者拉。"成功就好比是一扇虚掩着的门，只要我们鼓起勇气，勇敢去尝试，就一定能够获得意外的收获。

　　在古代波斯（今伊朗）有位国王，打算挑选一名官员担当一个重要的职务。他把那些智勇双全的官员全都召集了来，试试他们之中究竟谁能胜任。这位国王挑选官员的方法十分特别，是这之前没人用过的。

　　官员们被国王领到一座大门前，面对这座国内最大、来人中谁也没有见过的大门，国王说："爱卿们，既然能来到这里，就说明你们都是既聪明又有力气的人。现在，你们已经看到了，这是我国最大最重的大门，可是一直没有被打开过。你们之中有谁能打开这座大门，帮我解决这个久久没能解决的难题吗？"

　　不少官员远远张望了一下大门，就连连摇头。这座大门实在是太大太重了。有几位官员走近大门看了看，又退了回去，没人敢去尝试着开一下门。其他大部分官员也都纷纷表示，都没有办法打开这道门。

　　这时，有一名官员却走到大门下，先仔细观察了一番，又用手四处探摸，用各种方法试探开门。几经试探之后，他抓起一根沉重的铁链，没怎么用力拉，大门竟然开了！

　　原来，这座看似非常坚牢的大门，并没有真正关上，任何一个人只要仔细察看一下，并有胆量试一试，比如拉一下看似沉重的铁链，甚至不必用多大力气推一下大门，都可以打得开。如果连摸也不摸，连看也不看，自然会对这座貌似坚固无比的庞然大物感到束手无策了。

　　国王对打开了大门的大臣说："朝廷最重要的职务，就请你担任吧！因为你没有限于你所见到的和听到的，在别人感到无能为力时你却会想到仔细观察，并有勇气冒险试一试。"他又对众官员说："其实，对于任何貌似难以解决的问题，都需要开动脑筋仔细观察，并大胆冒一下险，大胆地试一试。"

　　那些没有勇气试一试的官员们，一个个都低下了头。

　　也许，生活当中并不缺少成功的机会，只是我们像故事中的大臣们一样，陷进了固定思维的囹圄之中，不能自拔。

　　思维的框定让人容易产生怯懦的心理，无法焕发勇气，最终流于平庸。成功者与失败者之间的分水岭，有时并不在于他们之间有天地之间的差距，而在于一点小小的勇气。

　　当我们超越众人禁锢得有些麻木的思想，勇敢地迈出那一步时，我们会惊喜地发现，原来成功的门对我们从不上锁。

英国皇家学会要为大名鼎鼎的琼斯教授选拔科研助手，这个消息让年轻的装订工人法拉第激动不已，赶忙到规定地点去报了名。但临近选拔考试的前一天，法拉第却被意外地告知，取消了他的考试资格，因为他是一个普通工人。

法拉第愣了，他气愤地赶到选拔委员会去理论，但委员们傲慢地嘲笑说："没有办法，一个普通的装订工人想到皇家学院来，除非你能得到琼斯教授的同意！"

法拉第犹豫了。如果不能见到琼斯教授，自己就没有机会参加选拔考试，如果不能参加选拔考试，他又怎么能够成为琼斯教授的科研助手呢？他决定亲自去见琼斯教授，但一个普通的书籍装订工人要想拜见大名鼎鼎的皇家学院教授，他会理睬吗？

法拉第顾虑重重，但为了自己的人生梦想，他还是鼓足了勇气站到了琼斯教授家的大门口。教授家的门紧闭着，法拉第在门前徘徊了很久。

终于，教授家的大门，被一颗胆怯的心叩响了。

院里没有声响，当法拉第准备第二次叩门的时候，门却"吱呀"一声开了。一位面色红润、须发皆白、精神矍铄的老者正注视着法拉第，"门没有锁，请你进来。"老者微笑着对法拉第说。

"教授家的大门整天都不锁吗？"法拉第疑惑地问。

"干吗要锁上呢？"老者笑着说，"当你把别人关在门外的时候，也就把自己关在了屋里。我才不当这样的傻瓜呢！"这位老者就是琼斯教授。他将法拉第带到屋里坐下，聆听了这个年轻人的叙说后，写了一张纸条递给法拉第："年轻人，你带着这张纸条去，告诉委员会的那帮人说我已经同意了。"

经过严格而激烈的选拔考试，书籍装订工法拉第出人意料地成了琼斯教授的科研助手，走进了英国皇家学院那高贵而华美的大门。

恐惧是每个人在自己的成长过程中都会遇到的，它常常会限制一个人的自主性，减少生活的欢乐，妨碍个人的成长。因此，一个心理健全的青年应当摆脱恐惧的枷锁，以年轻人应有的血气和胆量去面对任何艰难危险的事情，努力去做好自己想要做的事。

1968 年，在墨西哥奥运会的百米赛场上，美国选手海恩斯撞线后，激动地看着运动场上的计时牌。当指示器打出 9.9 秒的字样时，他摊开双手，自言自语了一句话。

后来，有一位叫戴维的记者在回放当年的赛场实况时再次看到海恩斯撞线的镜头，这是人类历史上第一次在百米赛道上突破 10 秒大关。看到自己破记录的那一瞬，海恩斯一定说了一句不同凡响的话，但这一新闻点，竟被现场的 400 多名记者疏忽了。

因此，戴维决定采访海恩斯，问问他当时到底说了一句什么话。

戴维很快找到海恩斯，问起当年的情景，海恩斯竟然毫无印象，甚至否认当时说过什么话。

戴维说："你确实说了，有录像带为证。"

海恩斯看完戴维带去的录像带，笑了。他说："难道你没听见吗？我说：'上帝啊，那扇门原来是虚掩的。'"

谜底揭开后，戴维对海恩斯进行了深入采访。

自从欧文斯创造了 10.3 秒的成绩后，曾有一位医学家断言，人类的肌肉纤维所承载的运动极限，不会超过每秒 10 米。

海恩斯说："30 年来，这一说法在田径场上非常流行，我也以为这是真理。但是，我想，自己至少应该跑出 10.1 秒的成绩。每天，我以最快的速度跑 5 千米，我知道百米冠军不是在百米赛道上练出来的。当我在墨西哥奥运会上看到自己 9.9 秒的记录后，惊呆了。原来，10 秒这个门不是紧锁的，而是虚掩的，就像终点那根横着的绳子一样。"

后来，戴维撰写了一篇报道，填补了墨西哥奥运会留下的一个空白。不过，人们认为它的意义不限于此，海恩斯的那句话，为我们留下的启迪更为重要。

如果一个人内心充满勇气，那么没有什么东西可以阻碍他走向成功。像法拉第一样，像海恩斯一样，勇敢地打破内心的限制，积极地去尝试，你就能够战胜恐惧走向成功。

勇于冒险，没有尝试就没有成功

要冒一次险！整个生命就是一场冒险。走得最远的人，是常愿意去做，并愿意去冒险的人。

——卡耐基

　　成功意味着冲破平庸，而其中的一条捷径就是敢于冒险。石油大王哈默说过："不会冒险的人永远也不会取得成功。"惧怕失败，不冒风险，平平稳稳地过一辈子，虽然可靠，虽然平静，但只是一个悲哀而无聊的人生，一个懦夫的人生，其中最令人痛惜的就是，你自己葬送了自己的潜能。因此，与其平庸地过一生，不如勇敢去冒险和闯荡，做一个敢于冒险的英雄。

　　有两位少年去求助一位老人，他们问着相同的问题："我有许多的梦想和抱负，但总是笨手笨脚，无从下手，不知道如何才能实现自己的目标。"老人给他们一人一颗种子，细心地交代："这是一颗神奇的种子，谁能够妥善地保存它的价值，谁就能够实现他的理想。"

　　几年后，老人碰到了这两位少年，顺便问起种子的情况。

　　第一位少年谨慎地拿着锦盒，缓缓地掀开里头的棉布，对着老人说："我把种子收藏在锦盒里，时时刻刻都将它妥善地保存着。为了这颗种子能够完整地保存，我为它专门建了一个恒温室。我相信它现在仍完好如初，其价值没有任何折损。"老人听后，失望地点了点头。接着第二位少年，汗流浃背地指着旁边的一座山丘道："您看，我把这颗神奇种子，埋在土里灌溉施肥，现在整座山丘都长满了果树，每一棵果树都结满了果实，原来的一颗种子现在变为了千万颗。这就是我实现这颗神奇种子价值的方法。"

　　老人关切地说："孩子们，我给的并不是什么神奇的种子，不过是一般的种子而已。如果只是守着它，永远不会有结果；只有用汗水灌溉，才能有丰硕的成果。让种子生根发芽，虽然会冒风霜雨雪侵蚀的风险，但正由于经历了这些锤炼，生命才焕发出神奇的力量，种子的价值才真正得到了实现和延续。"

　　不敢冒险去做，其实是冒了更多的险。有些人很聪明，对不测因素和风险看得太清楚了，不敢冒一点险，结果聪明反被聪明误，所以永远只能过一种平庸的生活。

　　勇于尝试可以让你发现机会，化危机为转机。有些在平时看似"不可能"的事情，在你的尝试中也可能变成现实。正如一位成功人士所说的那样，尝试可以创造奇迹。

　　一次，一艘远洋海轮不幸触礁，沉没在汪洋大海里，幸存下来的9位船员拼死登上一座孤岛，才得以幸存下来。

但接下来的情形更加糟糕,岛上除了石头,还是石头,没有任何可以用来充饥的东西,更为要命的是,在烈日的曝晒下,每个人口渴得冒烟,水成为最珍贵的东西。

尽管四周是水——海水,可谁都知道,海水又苦又涩又咸,根本不能用来解渴。现在 9 个人唯一的生存希望是老天爷下雨或别的过往船只发现他们。

等啊等,没有任何下雨的迹象,天际除了海水还是一望无边的海水,没有任何船只经过这个死一般寂静的岛。渐渐地,有 8 个船员支撑不下去了,他们纷纷渴死在孤岛。

当最后一位船员快要渴死的时候,他实在忍受不住地扑进海水里,"咕嘟咕嘟"地喝了一肚子。船员喝完海水,一点儿觉不出海水的苦涩味,相反觉得这海水又甘又甜,非常解渴。他想:也许这是自己死前的幻觉。便静静地躺在岛上,等着死神的降临。

他睡了一觉,醒来后发现自己还活着,船员非常奇怪,于是他每天靠喝这里的海水度日,终于等来了救援的船只。

人们化验这水发现,这儿由于有地下泉水的不断翻涌,所以海水实际上全是可口的泉水。

冒险与收获常常是结伴而行。险中有夷,危中有利,要想有卓越的人生,就要敢冒险。

石油大王哈默的成功就告诉我们这样一个道理:幸运喜欢光顾勇敢的人,巨大的风险往往能够带来巨大的成功。

1956 年,58 岁的哈默购买了西方石油公司,开始大做石油生意。石油是最能赚大钱的行业,也正因为最能赚大钱,所以竞争尤为激烈。初涉石油领域的哈默要想建立起自己的石油王国,无疑面临着极大的竞争风险。

首先碰到的是油源问题。1960 年石油产量占美国总产量 30％的得克萨斯州已被几家大石油公司垄断,哈默无法插手;沙特阿拉伯是美国埃克森石油公司的天下,哈默难以染指。如何解决油源问题呢? 1960 年,当花掉 1000 万美元的勘探基金而毫无结果时,哈默再一次冒险接受了一位青年地质学家的建议。旧金山以东一片被德士古石油公司放弃的地区,可能蕴藏着丰富的天然气,并建议哈默的西方石油公司把它租下来。哈默又千方百计地从各方面筹集了一大笔钱,投入了这一冒险的工程。当钻到 284 米深时,终于钻出了加利福尼亚的第二大天然气田，估计价值在 2 亿美元以上。

哈默成功的事实告诉我们敢想敢做敢于尝试，才能取得成功。

与其不尝试而失败，不如尝试了再失败，不战而败是一种极端怯懦的行为。如果想成为一个成功者，就必须具备坚强的毅力，以及勇气和胆略。当然，敢冒风险并非铤而走险，敢冒风险的勇气和胆略是建立在对客观现实的科学分析基础之上的。顺应客观规律，加上主观努力，力争从风险中获得利益，这是成功者必备的心理素质。

敢于冒险是一个人取得成功的重要条件。对于一个前途充满了无限可能性的年轻人来说更是如此。

挑战生命中的"不可能"

只有在愚蠢人的字典里才有"不可能"这个词。

——拿破仑·波拿巴

亨利·福特是美国汽车行业历史中一位了不起的人物。他于 1863 年 7 月生于美国密歇根州。他的父亲是个农夫，觉得孩子上学根本就是一种浪费。老福特认为他的儿子应该留在农场帮忙，而不是去念书。

自幼在农场工作，使福特很早便对机器产生兴趣，于是用机器去代替人力和牲畜的想法经常在他的脑中出现。

福特 12 岁的时候，已经开始构想要制造一部"能够在公路上行走的机器"。这个想法，深深地扎在他的脑海里，日日夜夜萦绕着他。

旁边的人都"劝导"福特放弃他那"奇怪的念头"，认为他的构想是不切实际的。老福特希望儿子做农场助手，但少年福特却希望成为一位机械师。他用 1 年多的时间就完成人家需要 3 年的机械师训练，从此，老福特的农场少了一位助手，但美国却多了一位伟大的工业家。

福特认为这世界上没有"不可能"这回事。他花了 2 年多的时间用蒸汽去推动他构想的机器，但行不通。后来，他在杂志上看到可以用汽油氧化之后形成燃料以代替照明煤气灯，触发了他的"创造性想象力"，此后，他全心全意投入汽油机的研究工作。

福特每一天都在梦想成功地制造一部"汽车"。他的创意被大发明家爱迪生所赏识，爱迪生邀请他当底特律爱迪生公司的工程师，让他有机会实现他的梦想。

终于，在1892年，福特29岁时，他成功地制造了第一部汽车引擎。而在1896年，也就是福特33岁的时候，世界上第一部汽车问世了。

从1908年开始，福特致力于推广汽车，用最低廉的价格去吸引越来越多的消费者。而底特律则逐渐变成美国的大工业城，成为福特的财富之都。今日的美国，每个家庭都有1部以上的汽车。

有一位研究成功学的专家曾说过："也许在每10万人中有一个人懂得福特成功的真正原因，而这少数人通常又耻于谈到这点，因为这个成功秘诀太简单了。这个秘诀就是想象力。事实上，在一定程度上，只要能想到就一定能办到。"

世界上没有不可能，只要你敢想敢做，"不可能"也会变成"可能"。史蒂芬·柯维说："想象力是灵魂的工厂，每个人的成就都是在这里铸造的。"想象力通常被称为灵魂的创造力，是每个人最可贵的财富。拿破仑曾经说过，"想象力统治全世界"。一个人的想象力越丰富，成功的机会就越多。

思考致富的支持者股票大王贺希哈也认为成功的第一要素即想象力。

不怕做不到，只怕想不到，只要你敢于想象，就能够取得成功，把"不可能"变成"能"。

在行动中忘掉恐惧

勇敢产生于斗争中，勇气是在每天对困难的顽强抵抗中养成的。

——奥斯特洛夫斯基

心理学家认为，行动本身会增强信心，不行动只会带来恐惧，克服恐惧最好的办法就是行动。

行动可以让你忘掉恐惧，等待、拖延只会增加你的恐惧感。

一个伞兵教练说："跳伞本身真的很好玩。难受的是等待跳伞的一刹那。在跳伞的人各就各位时，我让他们尽快度过这段时间。曾经不止一次，有人因为幻想太多'可能发生的事'而晕倒。如果不能鼓励他们跳第二次，他们就永远当不成伞兵了。跳伞的人愈拖就愈害怕，就愈没有信心。"

　　行动可以治疗恐惧。有一天晚上，一个5岁的小男孩已经上床半小时了，突然放声大哭。小男孩刚才看了一部科幻片，害怕片中的绿色妖怪闯进来抓他。他父亲的做法很特别，他并不是说："不要怕，孩子。没有什么好怕的，回去睡觉吧。"反而用一种积极的做法来消除他的恐惧。他走到每一扇窗户跟前看看关好没有，最后又将一把玩具手枪放在小男孩的枕边说："小男子汉，这把手枪给你以防万一。"小家伙听了很放心，几分钟后就睡着了。

　　这个故事说明这样一个道理，当你发觉自己对某件事情恐惧时，你可以尝试着让自己行动起来，在行动中你就可以增强自信，消除恐惧。很多人不了解这个道理，他们应付恐惧常用的方法就是不做。推销员们就经常这样，他们经常怯场，即使最老练的推销员也会如此。他们为了克服恐惧，往往在客户附近徘徊犹豫，要不然干脆找个地方一杯又一杯地喝咖啡，来培养自信与勇气，这样根本没有效果。克服任何一种恐惧最好的办法就是"立刻去做"。

　　球王贝利刚刚入选巴西最著名的球队——桑托斯足球队时，曾经因为过度紧张而一夜未眠。他翻来覆去地想着："那些著名球星们会笑话我吗？万一发生那样尴尬的情形，我有脸回来见家人和朋友吗？"

　　他甚至还无端猜测："即使那些大球星愿意与我踢球，也不过是想用他们绝妙的球技，来反衬我的笨拙和愚昧。如果他们在球场上把我当做戏弄的对象，然后把我当白痴似的打发回家，我该怎么办？"

　　一种前所未有的怀疑和恐惧使贝利寝食不安。虽然自己是同龄人中的佼佼者，但忧虑和自卑却使他情愿沉浸于希望，也不敢真正迈进渴求已久的现实。

　　最后，贝利终于惴惴不安地来到了桑托斯足球队，那种紧张和恐惧的心情，简直没法形容。"正式练球开始了，我已吓得几乎快要瘫痪。"他就是这样走进一支著名球队的。原以为刚进球队只不过练练盘球、传球什么的，然后便肯定会当板凳队员。哪知第一次，教练就让他上场，还让他踢主力中锋。紧张的贝利半天没回过神来，双腿像长在别人身上似的，每次球滚到他身边，他都好像是看见别人的拳头向他击来。在这样的情况下，他几乎是被硬逼着上场的。但当他迈开双腿，不顾一切地在场上奔跑起来时，他渐渐忘了是跟谁在踢球，甚至连自己的存在也忘了，只是习惯性地接球、盘球和传球。在快要结束训练时，他已经忘了桑托斯球队，而以为又是在故乡的球场上练球了。

那些使他深感畏惧的足球明星们，其实并没有一个人轻视他，而且对他相当友善。如果贝利能够相信自己，专心踢球，而不是无端地猜测和担心，就不会承受那么多的精神压力了。

行动可以让你忘却恐惧，缓解你的精神压力。忘掉自我，专心投入到你当前要做的事情上去，可以让你克服紧张情绪，保持一种泰然自若的心态。

行动可以激发出一个人的勇气和潜能，即使一个弱不禁风的孩子，在危急关头被恐惧所激起的勇气也可以杀死一条凶猛的鳄鱼。

在非洲的刚果河流域，经常会有鳄鱼出现。很多人由于不小心，常常会因鳄鱼的袭击而致残，有的甚至成为鳄鱼的"美餐"。一天下午，在刚果河上，有两个男孩划着小木舟回家。他们是两兄弟，哥哥叫美林迪，弟弟叫卢蒙巴。他们是划船出来游玩的。不料玩得忘了时刻，这时见太阳已西下，才想起要赶快把这艘木舟划回家去。

两兄弟合力摇着船桨。船是约1.3米长、1米宽的小木舟，是用一条圆木雕成的，只能在平静无波的小河划着玩，如果稍有震动，就会翻覆沉没。

当卢蒙巴一面划桨，一边远望着西天的夕阳时，一眼看到大约七八百米外的河面上正有一条鳄鱼向这边追来。

美林迪也同时发现鳄鱼追来，他喊道："鳄鱼！吃人的鳄鱼来了！"

远处水面浮出绿硬鳞甲的鳄鱼头、背，鳄鱼在水中划出大水波，很远就能听到"嘶嘶"水响。

这时，小木舟正在河中心，要划到河的岸边，至少还要半小时。船后的鳄鱼却不到几分钟就会追到，眼看他们就要变成鳄鱼的晚餐。

当他们来不及多想的顷刻之间，回头一望，只见那条大鳄鱼正张开血盆大口，游到离船尾不到10米的水面上。

"逃命啦！"美林迪惊慌失措，疯了似的跳到河里，潜水游向附近的河岸。

这时鳄鱼已游得更近，距离船头只有两三米远。弟弟卢蒙巴眼见美林迪跳水，他年纪小，力气更小，此刻，他只来得及想一件事："怎样才不会被鳄鱼吃掉？"

在夕阳西下之时，河两岸已杳无人迹。河边即使有人，也不一定能把这个小孩从鳄鱼嘴边救回来，现在，生死存亡全靠卢蒙巴自己了。

忽然，那条大鳄鱼纵起了它的头向船尾冲来。

说时迟，那时快，卢蒙巴也不知是从哪里来的勇气，在鳄鱼正抬头张口冲来的同时，他上前一步，站到船头上，弓着腰，纵身高高跳起，张开双臂，扑到鳄鱼的背上。

鳄鱼这时似乎有点惊慌，只知用头向船头撞去，它撞船的冲力，正好使卢蒙巴的身体在其背上一旋，旋到另一个方向。

卢蒙巴趁此用双臂紧紧扼住鳄鱼的颈部，用双腿全力夹住它的背部。

鳄鱼发狂般在水中挣扎，卢蒙巴却拼命扼紧它的咽喉不肯放松。最后，鳄鱼在河水中向前游去。他发觉鳄鱼已逐渐不再挣扎，他感觉到：自己等于是骑着鳄鱼顺水游了。

卢蒙巴的一双手臂依然紧扼鳄鱼的颈不敢放松，他知道，鳄鱼的力气太大了，他怕自己的手臂一旦被挣脱，那他就再也不能控制鳄鱼，那时一定会被鳄鱼一口吞下。

他就这样扼紧鳄鱼，在河面上向前游着。

在死亡的恐怖中，他不知这样游了多久，只见天色已暗，河水与河岸的距离究竟还有多远，也无心细看。

不久，卢蒙巴忽然发觉鳄鱼不动了，定睛一看，眼底竟是河边的沙滩。

是鳄鱼要到河滩来休息吗？他不明白，也不敢多想。

他心中突然欢喜了，即使鳄鱼这时再要咬人，他也可以在陆地上飞快逃走的。因此，他就纵身跳到鳄鱼的右侧，疯狂地向前跑了几十步才停下来。

他回过头，在月光下，看到自己一路"骑"来的那条大鳄鱼，依然伏在河滩那个老地方。

他壮着胆子走近鳄鱼蹲身细看，鳄鱼双眼紧闭着，他伸手试探鳄鱼的颈部，发现鳄鱼竟已完全停止了呼吸。

他高兴极了，跑到一棵树下找来几根树藤，绑住鳄鱼的颈项，向前拖去，拖得很吃力，拖一程，休息一次，最后终于绕着小路回到自己的家。

全家人听了事情的经过，不禁目瞪口呆。

原来，当这个小男孩危在旦夕时，他在求生本能的驱使下，已经来不及害怕了，他那紧扼鳄鱼颈部的手臂就在这顷刻之间，产生一种神奇的力量。鳄鱼虽然力大而凶残，但它颈部被卢蒙巴扼得太紧，也就敌不过"无法呼吸"的致命伤。

在死亡边缘独力战胜鳄鱼的 16 岁小男孩卢蒙巴，顿时成为非洲报纸上的热门传奇人物。

行动可以战胜恐惧，激发勇气。面对凶残的鳄鱼，如果恐惧就会被吃掉，而勇敢地面对凶险的情况，奋起反抗，即使一个弱小的孩子，也可以战胜一条凶猛的鳄鱼。小卢蒙巴扼杀鳄鱼的故事，能为你带来什么样的启示呢？

勇气的一半是智慧

勇气是与深思和决断为伍的。

——俞吾金

人们在形容一个人很能干的时候常常会用到一个词——智勇双全。这说明勇气和智慧是联系在一起的。只有勇气而没有智慧充其量只是鲁莽。

一座小茅屋里住着猫、公鸡和一个机智勇敢的孩子丹尼。

有一天，猫和公鸡出去寻找食物，丹尼留在家里准备午饭，收拾餐桌，分配汤勺。他一边干活，一边不停地说着：

"这是把普通的勺子，给猫咪；这也是把普通的勺子，给喔喔鸡；而这把不是普通的勺子，亮晶晶的，把手还是金色的，谁也不能给，只能给丹尼。"

当狐狸得知小茅屋里只剩下丹尼在搞家务时，它真想吃掉丹尼。

"笃笃笃"，狐狸敲响了丹尼家的门，并装出一副友善的腔调问道："小丹尼在家吗？"

听出是狐狸的声音小丹尼吓坏了，他从凳子上跳起来，金色的汤勺掉落在地上，他顾不上拾起来，就躲到了炉台底下。

狐狸进了茅屋东看看，西瞅瞅，就是找不到丹尼，心里打起了鬼算盘。

别忙，他一定是藏起来了。藏在哪里？我要他自己说出来！

狐狸走到了餐桌前，翻动汤勺，嘴里念着：

"这是把普通的勺子，给猫咪；这也是把普通的勺子，给喔喔鸡；而这把不是普通的勺子，亮晶晶的，把手还是金色的，就该我用！"

丹尼在炉台下大声喊起来："嗳，嗳，嗳，别动那把勺子，好狐狸，我谁都不给！"

"那么，你在哪儿呢，丹尼？"

狐狸走向炉台，一把抓住丹尼，往森林里拖去。

狐狸回到家里，把炉子烧旺，想把丹尼烧熟了吃。狐狸找来一把铲子，对丹尼说："请坐上去，勇敢的丹尼。"

丹尼年纪虽小，但很勇敢，他张开了两手和两脚一屁股坐下了。狐狸手持铲子，却伸不进炉口。它批评丹尼："不是这样坐的！"

丹尼立即翻了一个身，用后脑勺对着炉子，手脚仍张得大大的——铲子依然进不了炉子。

"唉，你怎么搞的？"狐狸说。

"那么，亲爱的狐狸，请您做个示范吧！"

"你真是个笨蛋！"狐狸说着把丹尼从铲子上拉了下来，自己跳了上去收拢屁股与尾巴，蜷成一团。丹尼立即把狐狸扔进了炉子，合上炉门，一转身逃出小屋回了家。

家里，猫和公鸡都在大声地哭喊着："亮晶晶的勺子不见了，我们勇敢的小丹尼也不见了……"猫不停地用爪子擦着泪，公鸡则用翅膀擦泪水。

突然，台阶上"扑、扑、扑"一阵响，丹尼回来了，他大声喊："我回来了，狐狸在炉子里被我烧死了！"

勇气的一半是智慧。真正的勇敢是要用冷静的头脑和智慧去解决眼前的问题，而不是一遇到危险就乱了阵脚，没有了办法。

第六章　进取

——做自己命运的开拓者

哈佛告诉你

进取心是一个人向上的动力，只有不断进取，生命的价值才能够不断地升华。进取心代表了一个人的发展方向和所能达到的人生高度。人一旦养成一种不断自我激励、始终向着更高目标前进的习惯，进取心就会成为一种强大的自我激励力量，使人生变得更加崇高。

害怕前进只能停留在原地

人生就是行动、斗争和发展，因而不可能有什么固定不变的目标，人生的欲望和追求不会停止不动。

——弗兰克·梯利

现实生活中，随处可以见到这样的人：他们一生都做着简单平常的事情，他们似乎也因此而满足，但实际上他们完全有能力干出一些更出色、更卓越的事情。他们并不缺少能力，只是缺乏一种追求的勇气和强烈的进取心。进取心是一个人积极向上的动力，人生在世就应当努力进取，这样，生命价值才能够不断地升华。害怕前进只能让一个人停滞不前。

在美国，有一个叫加纳的孩子，他出生在一个贫穷的黑人家庭，他的成功就是一个不断进取、创造命运的传奇。加纳自幼家庭十分贫困，因此他5岁时就不得不开始劳动，8岁开始赶骡子，帮助家庭维持生计。

加纳生来勤奋听话，他有一位不平常的具有进取精神的母亲。她目睹自己家庭的生活环境，即使每日艰苦劳动，收入仅能糊口，孩子也还是没有读书的机会。她知道自己的家庭与繁荣昌盛的社会生活形成鲜明的对比，她慢慢觉得这个现实必定有什么原因。她想啊想，时常同自己的儿子讨论这个问题。

有一天，她与儿子加纳讨论说："加纳，我们不应该贫穷。我不愿意听到你说：我们的贫穷是上帝的意愿。我们的贫穷不是由于上帝的缘故，而是因为你的父亲从来就没有产生过成功的愿望。我们家庭中的任何人都没有产生过出人头地的想法。"

母亲这番话给加纳的心灵刻下了深深的烙印：没有产生过成功的愿望，即没有进取精神，没有积极的心态，甘愿世世代代贫穷下去。加纳此时虽年纪不大，但他的心里已萌发了成功的决心，从此他时时刻刻注意怎么走上成功之路。他总是把他所需要的东西放在心中，把他不需要的东西置之不理。这样，他成功愿望的种子慢慢开始发芽、生长。

加纳为了走上成功之路，选择了经商作为自己奋斗的途径。他先从当小伙计入手，在零售百货店里当推销员。3年后，他懂得了哪些商品最畅销，哪些用户习惯买哪种商品，并与众多的顾客相识了。在这样的基础上，他决定自己经营创业，并把肥皂作为经营产品。于是，他靠自己的点滴资本，从肥皂厂购进一两箱肥皂，然后自己挨家挨户地上门推销。

在积极进取心态的支撑下，加纳不畏各种劳累和困难，一块一块地推销肥皂，一分钱一分钱地积累资金，一年365天坚持不懈地奔跑。就这样，一晃12年过去了，他家里的生活一天天改善，但他并不因此而泯灭了继续进取的积极心态，相反，他伺机获取更大的成功。后来，他获悉供应肥皂给他的那家公司由于内部原因，拟拍卖出售，售价是15万美元。加纳通过种种努力买下这家公司，最后他终于成为一个成功的商人。

加纳的成功是一个靠努力改变命运的典型例子。那么，究竟是什么力量能够不断地激励加纳，朝着自己的目标前进呢？这个推动力就是：进取心。

进取心是神秘的宇宙力量在人身上的体现，为了获得和满足这种力量，我们甚至愿意放弃舒适的生活乃至牺牲自我。我们每个人都感到，我们需要这种激励，它是我们人生的支柱。

一旦我们有幸受这种伟大推动力的引导和驱使，我们就会成长、开花、结果。进取心带来的激励也存在于我们体内，它推动我们完善自我，追求完美的人生。但如果我们无视这种力量的存在，或者只是偶尔接受这种力量的引导，我们就只能使自己变得微不足道，不会取得任何成果。并且，这种向上的愿望，这种至高无上的力量，也有可能会消失。一旦染上了懒惰的习性，我们就会停滞不前。

总是有一种神秘的力量在推动我们追求更高的理想。人类的发展就像一条永无尽头的河流，我们的进取心也是永无止境的。进取心，这种内在的推动力从不允许我们停下来，它总是激励我们为了更加美好的明天而努力。我们今天所达到的境地也许足以令人羡慕，但是我们却发现，我们今日的位置和昨日的位置一样，无法让自己完全满足。一旦我们想原地踏步，耳边就会响起那个声音，听到向更高目标努力的召唤。

人生的精彩来自梦想的精彩。人的成长就好像是一个不断攀登高峰的过程，当你攀过一座又一座人生的高山时，在不断的征服和跨越中，你就会拥有一个精彩充实的人生。

进取心代表了一个人的发展方向以及他所能达到的人生高度。可以这么说，一个人的梦想有多远，他就能够走多远。

有一位出身贫寒的农家少年，每当闲暇时间，他总要拿出祖父在他 8 岁那年送他的生日礼物——一幅已被摩挲得卷边的世界地图。他年轻的目光一遍遍浏览着地图上标注的城市，飘逸的思绪亦随之纵横驰骋，渴望抵达的翅膀，在幻想的风景中自由翱翔……

15 岁那年，这位少年写下了他气势不凡的计划书——《一生的志愿》。他在书中写道：

"要到尼罗河、亚马孙河和刚果河探险；要登上珠穆朗玛峰、乞力马扎罗山和麦金利峰；驾驭大象、骆驼、鸵鸟和野马；探访马可·波罗和亚历山大一世走过的道路；主演一部《人猿泰山》那样的电影；驾驶飞行器起飞降落；读完莎士比亚、柏拉图和亚里士多德的著作；谱一部乐曲；写一本书；拥有一项发明专利；给非洲的孩子筹集 100 万美元捐款……"

他洋洋洒洒地列举了 127 项人生的宏伟志愿，不要说实现它们，就是看一看，就足够让人望而生畏了。难怪许多人看过他设定的这些远大目标后，都一笑置之。所有人都认为：那不过是一个孩子天真的梦想而已，随着时光的流逝，很快就会烟消云散。

然而，少年的心却被他那庞大的《一生的志愿》鼓荡得风帆劲起，他的脑海里一次次地浮现出自己漂流在尼罗河上的情景，梦中一次次闪现出他登上乞力马扎罗山巅峰的豪迈，甚至在放牧归来的路上，他也会沉浸在与那些著名人物交流的遐想之中……没错，他的全部心思都已经被自己《一生的愿望》紧紧地牵引着，并从此开始了将梦想转变为现实的漫漫征程。

毫无疑问，那是一场壮丽的人生跋涉，也是一场异常艰难、简直无法想象的生命之旅。他一路豪情壮志，一路风霜雨雪，硬是把一个个近乎空想的夙愿变成了一个个活生生的现实，他也因此一次次地品味到了搏击与成功的喜悦。44 年后，他终于实现了《一生的志愿》中的 106 个愿望。

他就是 20 世纪著名的探险家——约翰·戈德。

有人惊讶地追问他，是凭借怎样的力量把那么多的艰辛都踩在脚下，把那么多的险境都变成了攀登的基石？

他微笑着回答道："我总是让心灵先到达那个地方，随后，周身就有了一股神奇的力量。接下来，就只需要沿着心灵的召唤前进。"

进取心是推动一个人不断前进的强大动力。约翰·戈德的成功就在于积极进取的人生态度。一旦养成一种不断自我激励、始终向着更高目标前进的习惯，很多不良习性就都会逐渐消失。进取心最终会成为一种伟大的自我激励力量，它会使我们的人生更加崇高。自此以后，那些不良的恶习就再也没有滋生的环境和土壤了。在一个人的个性品质中，只有那些经常受到鼓励和培育的品质才会不断发展。因此，根除恶习的最佳方式就是铲除它们赖以生存的土壤。

如果我们的身体和精神土壤得不到足够的照料和滋养，那么追求上进和完美的种子就无法生长，反而会使野草、荆棘和有毒的东西繁殖蔓延。只要我们心中具备哪怕只是一种最微弱的进取心，经过我们耐心的培育和扶植，它也会像天堂里的一颗种子，苗壮成长，直至开花、结果。

欲望是开拓命运的力量

一个人追求的目标越高，他的能力就发展得越快，对社会就越有益。

——高尔基

对成功的强烈渴望是一个人不断进取的精神动力。这种对成功的渴望可以时刻把我们的行动和心中的目标联系在一起。拿破仑·希尔认为，支撑人类生存和发展的一个重要因素就是欲望。只有那些拥有欲望的人，才会产生不断奋斗的勇气和决心。

松下幸之助曾经这样说："如果你想成功，那么不管做什么事，最重要的就是要有想去完成那件事的强烈欲望。如果心里一直想着不完成它绝不罢休，那么事情可以说是已成功了一半。有了这种积极的成功欲望，一定能想出完成这件事的手段或方法来。"

这段话道出了一个亘古不变的成功法则：对成功的渴望从来都是推动人们成就事业的巨大力量。

然而，仅仅拥有一般的欲望是不够的，要成功就必须拥有和保持强烈的成功欲望。

成功学大师安东尼·罗宾曾问过这样一个问题：

如果你是一个业务员，那么，对你来说是赚1万元容易，还是赚100万元容易呢？

他给出的答案是：赚 100 万元比赚 1 万元更容易。

为什么呢？因为倘若你的财富目标只是赚 1 万元，那么你的打算不过是仅仅能够糊口就成了。假使这就是你的财富目标与你工作的原因，那么请问：你自己工作的时候还会兴奋有劲吗？你还会热情洋溢吗？

历史和现实都可以证明，信心与欲望的力量可以将人从卑下的社会底层提升到上层社会，使穷汉变成富翁，使失败者重整雄风，使残疾人享有健康……欲望的力量就在于，使人在强烈的冲动下，把那些不可能的事变成可能，把"自己不行"的卑微感彻底抛开，昂首阔步地走向成功。尤其是在改变经济状况的活动中，欲望越强烈，成功的可能性就越大，离成功的目标也就越近。

1873 年，当巴恩斯从新泽西州的奥伦芝的货运列车上爬下来时，他的外表也许像一名无业游民，但是他却具有国王一样的雄心。

他通过铁路走向爱迪生办公室的途中，他想象自己站在爱迪生的面前，听见自己要求爱迪生给他一个机会，以实现他一生着了迷似的炽烈欲望——要做这位伟大发明家的商业伙伴。

巴恩斯的欲望并不只是一个希望，不是一种祈求，而是一种强烈跳跃的欲望。它凌驾于一切之上，它是明确的。

数年之后，巴恩斯再度站在爱迪生的面前，站在与爱迪生初次会面时的同一间办公室里，这一次他的欲望已经转变为事实：他和爱迪生成为合作伙伴了，支持他一生的理想终于实现了。

巴恩斯的成功，是因为他具有强烈的成功欲望，选定了一个明确的目标，并以他的全部精力、全部的意志力以及他的一切，去奔向这个目标。

这是一个由明确欲望产生力量的证明：巴恩斯达到了目标，是因为他什么都不要，只要做爱迪生的合作伙伴，他构想出一套计划，借此达到了目的。他破釜沉舟地坚持着他的欲望，直到这欲望变成了事实为止。

前往奥伦芝时，他没有对自己说："我要劝说爱迪生随便给我一个工作。"他想的是："我要见爱迪生，并且告诉他，我来是要做他事业上的伙伴的。"他也没有想："我要睁大眼睛注视着另一个机会，以防在爱迪生的企业中得不到我所要的工作。"他只告诉自己："在这个世界中只有一样东西是我决心要得到的，那便是和爱迪生在事业上合作。我要把我的整个前途投注在我的能力上，去获得我所要的东西。"他不给自己留下一点点后路。他必须成功，否则便是毁灭。

这就是巴恩斯成功的全部方法。

不只是巴恩斯，那些成功人士的身上无一例外有一种渴望成功的强烈愿望，正是这种愿望使他们无论做什么事情都会和自己的目标联系在一起。因此，无论遇到什么变故或挫折，他们都能像巴恩斯一样坚强地向自己的目标挺进。

本哈根是世界上最伟大的高尔夫选手之一。他并没有其他选手那么好的体能，能力上也有一点缺陷，但他在坚毅、决心，特别是追求成功的强烈愿望方面却高人一筹。

在他玩高尔夫球的巅峰时期，不幸遭遇了一场致命的意外。在一个有雾的早晨，他跟太太薇尔在公路上开车，在一个拐弯处掉头时，突然看到一辆巴士的车灯，本哈根想这一下可惨了，他本能地把身体挡在太太前面来保护她。这个举动反而救了他，因为方向盘深深地嵌入了驾驶座。事后他昏迷不醒，过了好几天才脱离险境。医生们认为他的高尔夫生涯从此结束了，甚至断定他能站起来走路已经很幸运了。

但是他们并未将本哈根的意志与需要考虑进去。他刚能站起来走几步，就萌发了出人头地的梦想。他不停地练习，并增强臂力。起初他还站得摇摇摆摆，再次回到球场时，也只能在高尔夫球场的轻打区蹒跚而行。后来他能稍微工作、走路时，就走到高尔夫球场练习。开始只打几次球，但是他每次去都比上一次多打一次球。最后，当他重新参加比赛时，名次很快地上升。理由很简单，本哈根看到自己是胜利者，他有必赢的强烈愿望，他知道他会回到高手之列。是的，普通人跟成功者的差别就是这种强烈的成功愿望。

卡耐基说：欲望是开拓命运的力量，有了强烈的欲望，就容易成功。成功是努力的结果，而努力又大都产生于强烈的欲望。正因为这样，强烈的成功欲望，便成了取得成功最基本的条件。如果你不想拥有平庸和失败的人生，就要有进取心和向上的欲望，并让这种欲望时时刻刻鞭策你、激励你，向着目标坚持不懈地前进。许多成功者都有一个共同的体会，那就是对成功的渴望和持续不断的努力是取得成功的关键。

20世纪心理学上的一项重大发现就是认识到思想能够控制行动。你怎样思考，你就会怎样去行动。你要是强烈渴望成功，你就会调动自己的一切能量去追求成功，使自己的一切行动、情感、个性、才能与成功的欲望相吻合。对于一些与成功的欲望相冲突、相矛盾的东西，你会竭尽全力去克服、消除；对于有助于成功的东西，你会竭尽全力地去扶植、扩大。这样，经过长期的努力和调节，你便会成为一个你所渴望的成功者，使成功的欲望变成现实。相反，你要是创富的欲望不强烈，一遇到少许挫折，便会偃旗息鼓，失掉进取心，将成功的欲望淡化或压抑下去。

每天都是一个新起点

我们的一切追求和作为都是一个令人厌倦的过程，做一个不识厌倦为何物的人就好。

——歌德

有一天，池沼向从自己身边奔流而过的河流问道："你整天川流不息，一定累得要命吧！你一会儿背着沉重的大船，一会儿负着长长的水筏，从我眼前奔流而过。小船小划子更不用说了，它们多得没有个穷尽。你什么时候才能抛弃这种无聊的生活呢？像我这样安安逸逸地生活，你找得到吗？我是一个幸福的闲人，舒舒服服、悠悠闲闲地荡漾在柔和的泥岸之间，好比高贵的太太们窝在沙发的靠枕里一样。大船小船也罢，漂来的木头也罢，我这儿可没有这些无谓的纷扰；甚至小划子有多重我都不知道，至多偶尔有几片落叶漂浮在我的胸膛上，那是微风把它们送来和我一起休息的。一切风暴有树林挡住，一切烦恼我也沾染不上，我的命运是再好不过的了。周围的尘世不断地忙忙碌碌，我却躺在哲学的梦里养神休息。"

"哲学家，你既然懂得道理，可别忘了这条法则，"河流回答，"水只有流动才能保持新鲜。我之所以成就了伟大壮阔，就是因为我不躺在那儿做梦，而是川流不息。我的源源不绝的水，又多又清的水，年复一年地给人们带来了幸福，为我赢得了光荣的名誉，或许我还要世世代代地川流不息下去。那时候，你的名字就不会有人知道了。"

多年以后，河流的话果然应验了，壮丽的河仍旧川流不息，池沼却一年浅似一年。池沼的表面浮着一层黏液，芦苇生出来了，而且生长得很快，池沼终于干涸了。

　　这个故事告诉我们这样一个道理：水只有在流动中才能够保持新鲜，人只有在不断进取的状态下才能够永葆生命的活力。既然生命不息，那就应该不断进取，超越自我。

　　在日常生活中，我们都有这样的感觉：好像每天都在做同样的事情。今天是昨天的重复，明天又是今天的翻版，既单调又平凡。

　　但如果每天只是这样翻来覆去地延续，人生就毫无希望、毫无意义了。日本著名企业家松下幸之助先生认为，倘若希望实现繁荣、和平与幸福，生活不应是单调的反复。今天应该比昨天进一步，明天则比今天进一步，也就是每天要有生成发展。那么生成发展到底是什么？对人生的意义又在何处？

　　按松下幸之助的理解，所谓生成发展，就是日新月异，每一刹那都是新的人生，每一刹那都有新的生命在跃动。这就是旧的东西灭亡，新的东西诞生的历程。世间的一切事物没有一刻是静止的，都不断在运动、不断在变化。这种运动和变化是随着自然法则进行的，是不可动摇的宇宙哲理。

　　假定生成发展是自然法则，那么每天的生活，就必须经常保持新的创意和发明。有句俗语"十年如一日"，这是说10年的努力就好像1天的努力那样充满活力，它强调的是勤劳、努力与毅力。这种十年如一日的努力，一定会产生非常新颖的创意和进步。假如大家的工作10年来没有任何变化，而是千篇一律，那么就是违反了生成发展的原理。松下幸之助曾举例说明这个道理：

　　在日本明治维新时，功臣之一坂本龙马常和西乡隆盛长谈，坂本龙马的谈话内容和观念每次都有一点改变，西乡隆盛每次的感受也都不一样。于是，西乡隆盛就对他说："前天，我遇到你的时候，你所讲内容和今天又不一样，所以你说的话，我有所存疑。你既然是天下驰名的志士，受到大家的尊敬，应该有不变的信念才行。"坂本龙马就说："不，绝对不是这样的。孔子说过'君子从时'，时间不停地流转，社会情势也天天在变化，昨天的'是'，成为今天的'非'，乃是理所当然。我们从'时'，便是行君子之道。"接着又说："西乡隆盛先生，你对一个事物一旦认为是这样，就从头到尾遵守到底，将来你一定会变成时代的落伍者。"

　　生命不息，前进不止。对于一个积极进取的人来说，每一天都是崭新的起点。如果你能时刻保持进取的心态，每天都要求自己比以前有所进步，时间长了，你就能够成为一个十分优秀杰出的人。

超越自我，和自己比赛

人类的使命在于自强不息地追求完善。

——列夫·托尔斯泰

中国有句古话叫做"胜人者有力，自胜者强"，这句话告诉我们：一个人只有战胜自己、超越自己，才能够成为一个真正的强者。一个人超越不了自己，就谈不上超越别人。这不但不利于自己人生的发展，也很难在竞争激烈的社会上立足，最终只能为时代大潮所抛弃。

现在的社会是一个崇尚竞争的社会，只有不断进取，不断挑战和超越自己的人才能够成为最后的成功者。

吴士宏从一个"毫无生气甚至满足不了温饱的护士职业"（吴士宏语），先后当上 IBM 华南区的总经理，微软中国总经理，TCL 集团常务董事、副总裁，靠的就是这种不断超越自己的进取精神。

外表温文、满脸带笑的吴士宏曾经是北京一家医院的普通护士。用吴士宏自己的话说，那时的她除了自卑地活着，一无所有。她自考英语专科，在她还差一年毕业时，她看到报纸上 IBM 公司在招聘，于是她通过外企服务公司准备应聘该公司，在此前外企服务公司向 IBM 推荐过好多人都没有被聘用，吴士宏虽然没有高学历，也没有外企工作的资历，但她有一个信念，那就是"绝不允许别人把我拦在任何门外"，结果她被聘用了。

据她回忆，1985 年，她为了离开原来毫无生气甚至满足不了温饱的护士职业，凭着一台收音机，花了一年半时间学完了许国璋英语 3 年的课程。正好此时 IBM 公司招聘员工，于是吴士宏来到了五星级标准的长城饭店，鼓足勇气，走进了世界最大的信息产业公司 IBM 公司的北京办事处。

IBM 公司的面试十分严格，但吴士宏都顺利通过了筛选。到了面试即将结束的时候，主考官问她会不会打字，她条件反射地说："会!"

"那么你一分钟能打多少?"

"您的要求是多少?"

主考官说了一个标准，吴士宏马上承诺说可以。因为她环视四周，发觉考场里没有一台打字机。果然，主考官说下次录取时再加试打字。

实际上吴士宏从未摸过打字机。面试结束，吴士宏飞也似的跑回去，向亲友借了 170 元买了一台打字机，没日没夜地敲打了一星期，双手疲乏得连吃饭都拿不住筷子，竟奇迹般地敲出了专业打字员的水平。以后好几个月她才还清了这笔对她来说不小的债务，而 IBM 公司却一直没有考她的打字功夫。

靠着这种不断超越自我的意识，吴士宏顺利地迈入了 IBM 公司的大门。进入 IBM 公司的吴士宏不甘心只做一名普通的员工，因此，她每天比别人多花 6 个小时用于工作和学习。于是，在同一批聘用者中，吴士宏第一个做了业务代表。接着，同样的付出又使她成为第一批本土的经理，然后又成为第一批去美国本部作战略研究的人。最后，吴士宏又第一个成为 IBM 华南区的总经理。这就是多付出的回报。

1998 年 2 月 18 日，吴士宏被任命为微软（中国）有限公司总经理，全权负责包括香港在内的微软中国区业务。据说为争取她加盟微软，国际"猎头公司"和微软公司做了长达半年之久的艰苦努力。吴士宏在微软仅仅用 7 个月的时间就超额完成了全年销售额的 30%。

在中国信息产业界，吴士宏创下了几项第一：她是第一个成为跨国信息产业公司中国区总经理的内地人；她是唯一一个登上如此高位上的女性；她是唯一一个只有初中文凭和成人高考英语大专文凭的总经理。在中国经理人中，吴士宏被尊为"打工皇后"。

正是这种不断超越自我的精神，成就了吴士宏事业上的辉煌。超越自我，积极进取，不断地自我发展。在眼界上，努力地汲取新知识，思考新问题，在个人能力上，不断地否定自己、超越自己，不断地给自己制定新的目标，这样你就能够在未来的社会上成为一个胜利者和成功者。

第三篇

百年哈佛教给学生的
杰出本领

"先学会生存，才能学会生活。"对于哈佛大学来说，培养学生的生存本领远排在教授具体的知识之前。自我定位、终生学习、把握机遇、善待感情、团结合作、发掘潜能……只有拥有了这些杰出的本领，才能游刃有余地面对各种机遇和挑战，比别人更快地获得成功。

第一章　给自己一个准确定位

——认识你自己

"无论别人的推心置腹显得多么明智、多么美好，从事物本身的性质来讲，人们应当是自己最好的知己。"给自己一个准确的定位，才能在生活和工作中做到扬长避短，成就完美的人生。

给自己做个"盘点"

世界上最重要的事就是认识自我。

——蒙泰涅

这个世界纷繁复杂，外界环境日新月异，社会万象丰富多彩。人们可以用一双明亮的眼睛和一颗明净的心灵去认识外面的世界，审视世间万事万物。然而，在审视世间万事万物的过程中，人们最难认清的不是那些看似复杂的事物，也不是身边的其他人，而恰恰是你自己。

你是否真正了解自己？你是否曾审视过自己的兴趣、爱好、专长、能力？你是否清楚自己的性格特点是怎样的？是否知道自己适合做哪种类型的工作？

泰戈尔曾说过："你看不到自己，你所见的仅是你的影子。"

你只有通过参与学校的各项活动，才能逐步清楚地了解自己的能力、兴趣、人格特点、价值观等，进而欣赏自己的特长，了解自己的不足，做到扬长而避短，充分发挥自身潜能。

在希腊帕尔纳索斯山南坡上的神殿门上，写着这样一句话："认识你自己。"人们认为这句格言就是阿波罗神的神谕。古希腊哲学家苏格拉底最爱引用这句格言教育别人。

两三千年前的这句格言直到今天还在教育着人类，因为人类还未曾真正地认识过自己。

"不识庐山真面目，只缘身在此山中。"人们不能充分地认识自己、为自己定位的一个很重要的原因，是不能客观地看待自己。那最好的解决办法就是将自己视为一个"他者"，即与外界的事物相类似的"其他人"。自己站在客观的角度用另外一种眼光全面地审视自己的兴趣、特长、能力、性格、素质等，得出一个较为客观的结论，为自己定好位。

青少年正处于身心发育的关键时刻，这个时刻为自己做一次"盘点"尤为重要。这个盘点可以让你明白自己擅长什么，从而了解自己的优点以继承发扬，知道自己的缺点以改正。

由于青少年期属于人的心智、性格等不断变化、发展、完善的时期，给自己做"盘点"的工作要随着时间的推移和环境的变化重新进行，随时掌握自身的全面信息，以便于对自己的奋斗目标和行动计划做出适当的调整。

怎样才能为自己做"盘点"呢？以下是几条自我"盘点"的有效途径：

第一，可以从班级和社团组织的各项活动中来了解自己的能力。

对于青少年朋友来说，班级和社团是展示自我的很不错的舞台。想知道自己有没有组织策划能力，可以找个机会组织一次活动试试看，比如组织一次班级春游、一次元旦晚会，看看自己能不能有效地组织协调各方面的人力、物力、财力。

第二，可以从别人对自己的反应中来了解自己的优缺点。

平时，你的身边有没有朋友呢？他们对你的态度是怎么样的？朋友是不是愿意将自己的心里话讲给你听呢？如果你有很多朋友，而且朋友与你相处会感到很轻松、很愉快，这说明你有令别人快乐的优点，你也可以问问你的朋友们为什么喜欢和你在一起，也许他们会告诉你因为你诚实、因为你正直、因为你幽默、因为你认真，等等。总之，这些都是你的优点，也是你能有好人缘的资本所在。这时，你就要继续保持自己的优点，让它给自己带来更多的好朋友。如果你身边的人看到你就马上躲开，他们的任何事情都不与你分享，这时，你就要问自己到底是哪里出了问题。不要害羞，也不要顾及什么"面子"，你应该去问那些对你不太友好的人："我错在哪里？"态度要诚恳，并且认真听取他们的意见。他们也许会对你说你太小气、你不守信用、你傲慢、你虚荣，这些可能会让你大吃一惊："原来我有这么多的毛病！"假如这些缺点真的存在，那你就要努力改正，学得大方一些、更守信用一点、谦虚一些、务实一点，并诚恳地请求这些给你提意见的人随时监督自己，争取早日改掉坏毛病，找回原来的好朋友。

第三，可以在自我反省中了解自己的内在自我。

古人说"吾日三省吾身"，青少年朋友不必做到一日三省，但这句话中包含的一定要定期进行自我反省的精神实质是你要准确理解的。每隔一段时间，给自己留出一份空闲时间，独自一个人，思考一下自己这段时间都做了什么事情，哪些事情产生了好的影响，哪些事情造成了不良后果，其间自己扮演了什么样的角色，起了什么作用，自己还有哪些方面做得不足，打算怎样改正，对后一阶段的学习、工作、生活有什么样的计划，等等。养成自我反省的好习惯，有助于更清楚地认清自己，也为更好地开展学习和工作打好了思想基础。

第四，可通过有关的心理测验了解自己各方面的特点。

科学的心理测验结果是一个人的潜意识的体现。心理测验大多为设计一个场景测试你的反应，根据不同的反应分析你具有哪些性格特性，进而分析你适合做哪一类型的工作。目前，广泛流行的还有根据血型、星座等对人的性格进行测试的题目，其科学性虽不很高，但也不是完全没有依据。因为心理测验对人的心理暗示性很强，所以要慎做，要依照科学的方法来做，不可随意相信所谓"权威"的心理测验，以免对自己造成不良暗示。

第五，可以从与心理辅导教师的谈话中了解自己。

心理辅导教师都是心理问题方面的专家，他们可以帮助你通过日常行为分析你的性格特征或出现的问题，之后"对症下药"，为你提供解决问题的有效办法。有的人不喜欢看心理医生，也不愿意去找心理辅导教师谈话，认为自己去找这些人会被人看成是心理有毛病、不正常。实际上，这是错误的看法。大家应该放下思想包袱，怀着放松的心情向心理辅导教师寻求帮助。

"知己知彼，百战不殆。"给自己做"盘点"正是知己的过程，也是为了进一步获取成功打下坚实的基础。

选自己能胜任的工作

一个人，即使驾着的是一只脆弱的小舟，但只要舵掌握在他的手中，他就不会任凭波涛的摆布，而会有选择方向的主见。

——歌德

如果说给自己做"盘点"是为了发现自己的强项，那么选自己能胜任的工作就是发挥强项的过程。

每个人的能力总是有限的。有些人精力旺盛，认为没有自己做不到的事。其实，精力再充沛，个人的能力还是有一个限度的，超过这个限度，就是人所不能及的，也就是你的短处了。每个人都有自己的长处，同时也有自己的不足，这就要选择一项适合自己的工作，充分发挥长处，既保证自己能够胜任，又不会"大材小用"。

人的性格和能力是有差别的，这些差别是长期养成的，不能说哪一种类型就一定好，哪一种类型就一定坏。正是这些不同，每个人所能从事的工作性质就不一样。要想有所作为，首先得明白自己的性格和能力，然后选定一个适合于你自己的工作目标。

每个人最好能从事与自己个性相切合的工作，这样就一定会全心全意做好这项工作。世界上最大的悲剧，也是最大的浪费就是大多数人都在从事不适合自己个性的工作。过去的社会体制限制着个人，使得他们没有选择的权利；现在的社会，选择余地越来越大，好多人却仍然只是选择或从事从金钱角度看来最为有利可图的工作，根本没有去考虑自己的个性和能力。现在，社会为人们提供了便利的条件和宽松的发展环境，可以自由择业，这样的机会一定要把握好，才不会在年老回首往事时感到遗憾。

选择自己能胜任的工作包含着3层含义：

第一，这是一份符合自己性格特点的工作，也就是说工作适合你。

找到这样一份工作的前提是你充分了解自己的性格等各方面特点，并明确地知道自己想做什么和怎样去做，即有个明确的目标并有达到目标的具体方案。若按人与目标的关系分类，则可将人分为：

（1）确切知道自己在生活中想做什么并且会去做的人。

（2）不知道也不想知道自己想做什么的人。他们害怕自己有目标，他们说："我实际想要的东西从来没得到过，所以我干脆也不去想了。"他们宁愿想别人也想的东西和不会给他们带来任何风险的东西。这些人实际上并不知道他们想要做什么，一个愿望还没出现在他们的意识中，就已被他们扼杀在摇篮里。"我能做到吗？我有资格做吗？别人将会怎么说呢？如果我不能胜任，结果会怎样呢？"如果说这些人也想做些什么的话，那也就只是做些别人想做的而不是他们自己想做的。

（3）看起来非常清楚自己想做什么，而实际上却对此一无所知的人。他们与上面提到的两类人的区别只在于：他们非常重视给别人留下一种印象，那就是他们知道自己想做什么。这使得他们比较自信，看起来也比别人略高一筹。

（4）还有一类人在现实生活中是常见的，就是什么都知道的人，至少他们对什么都了解得比较清楚。

青少年朋友要在平时的生活、学习中锻炼自己，知道自己该做什么，该怎样做，这对成长益处颇多。

第二，自己能做这份工作，也就是说你适合这份工作。

这需要你对自己的各方面能力有个正确的认识，既不过分低估自己的能力，也不过分高估自己的能力。

很多人过低估计自己，而且又不尝试做些事情去发挥自己被忽略的能力，这绝非偶然。他们的行为准则是中庸的，他们追求平稳，甚至不想全部发挥出自己的实际能力。

1981年，在美国西雅图的一所学校，教师对学生做了一项调查：50个学生中只有一个具有天赋。按照他们对"天赋"的理解，他们承认孩子们具有潜在的超常能力。但拥有这些超常的能力又能怎样呢？教师必须承认他们压制了孩子的天赋，在教学上一味地搞平均主义，一味地折中，以至于大多数具有天赋的学生也渐渐适应了中庸。学生们深信：只有我得了高分才会得到承认，而当我致力于我的兴趣爱好并继续发展时，就得不到承认。所以，他们从来不知道自己能做什么。

如果说这是教育体制的一个弊端，那么学生本身是否一点责任都没有呢？恐怕并不是这样的。人在安逸的生活中会变得懒惰，在自由的氛围中思想却像上了一把大锁，不能有独立的思维能力。在平时的学习训练中，你是否都全力以赴，做到最好了？你是否每天将自己的作业做得整洁、清晰？作业是否独立完成并保证正确率？师长交代的每一件事是否都出色地完成了？

第三，这份工作自己能够做好。

这是一个自身能力与目标和现实相互协调、相互统一的过程，也是"胜任工作"所能达到的最高境界和最终目标。"做"与"做好"是不同的，"做好"是"做"的延伸和结果，中间要加入你自己的主观努力和对客观事物的把握。"做"一件事不难，但"做好"一件事并不容易。这需要你既了解自己的能力范围，又了解工作对能力的要求程度，随后适时地调整自己，以达到最好。

切勿盲目自大

感到自己渺小的时候，才是巨大收获的开头。

——歌德

每个人都会有自己的闪光点和骄傲，但不可将这份骄傲无限放大，脱离实际。盲目自大的人不清楚自己的优点和缺点，他们企图掩饰自己的缺点，而夸大自己的优点。这样的人不但得不到人们的欢迎，还会被人们所厌弃。

有一条涓细的小溪，细小的流水是由山上融化的雪水和天上所下的丝丝雨水汇聚而成的。

一场大雨过后，溪水暴涨，细小的溪流一下子就变成了滔滔的洪水。小溪高兴得忘乎所以，心中滋长了骄傲的情绪，很想把自己升格为一条滔滔的大河。于是，小溪借助雨水的威力，使劲地冲刷两边的堤岸。它卷走泥土，冲塌石块，尽力拓宽自己的河床。

令小溪感到遗憾的是，那可恶的风很快就驱散了带雨的乌云，明亮的太阳又高悬在蓝天了。雨过天晴，溪水骤减，不仅无力再拓宽河床了，而且那小小的溪流也被自己所冲积的泥石挡住了。

青少年朋友就像那一条小溪，能力有限却能够涓涓流动不停息。如果有一天，借助外界的力量我们变得强大了，这时，青少年朋友正确的做法是再次审视自己的能力与成功事件的关系，是否真的是自己的力量促使了事情的成功，有没有外界力量的介入，等等。而不能像小溪一样盲目地想将自己升为更为宽阔的大河。如果没有正确认识自己的能力，当外力不复存在时，青少年朋友恐怕也要被"泥石"挡住了。而这"泥石"不是别的，正是青少年朋友内心滋长起来的那一份狂妄和自大。

盲目自大的人往往过高地估计个人的能力，失去自知之明。心高气傲的人，有的自视过高，总爱抬高自己贬低别人，把别人看得一无是处，总认为自己比别人强很多；有的固执己见、唯我独尊，总是将自己的观点强加于人，在明知别人正确时，也不愿意改变自己的态度或接受别人的观点。自大的人一般很少关心别人，与他人关系疏远。他们经常从自己的利益出发，不太顾及别人。不求于人时，对人缺少热情，似乎人人都应为他服务，结果落得门庭冷落。还有的自大者过度防卫，有明显的嫉妒心，这种人有很强的自尊心，当别人取得一些成绩时，其妒忌之心油然而生，极力去打击别人、排斥别人。当别人失败时，幸灾乐祸，不向别人提供任何有益的信息。同时，在别人成功时，这种人常用"酸葡萄心理"来维持自己的心理平衡。

盲目自大的人不易被社会所接纳，而造成这一障碍的就是他们不切合实际的想法和眼高手低的作风。

了解了盲目自大的诸多害处，青少年朋友可以认真思考一下，自己有没有这种不良的心理倾向，如果有，一定要努力克服。

学会从最低级的事情做起

不论成功还是失败，都系于自己。

——朗费罗

青少年朋友在认清自己的能力、明确自己的位置的同时，还要学会从小事情做起。小事情并不是最简单的事情，生活中的小事情往往隐含着许多智慧与信息。

香港某财团的继承人在进入家族企业工作时，并没有直接就任父亲为他安排好的职位——总经理，而是询问公司哪一个部门的工作可以在最短的时间内熟悉公司的所有员工和公司的财务情况，得到的答案是——财务部门。于是，他力排众议到财务部门做了一个小职员。他明白自己的使命不是在财务部门"沉默"，于是利用工作之便，在3个月内便弄清了公司的业务发展情况和公司员工的细节情况。半年后，他回到了自己原来的位置，开始利用自己掌握的第一手资料对公司运营中存在的弊端进行大刀阔斧的改革，裁减了一批人，提拔了一批人，并对公司账目进行整顿，在短短一年内，公司的利润有了大幅度提高。

试想，如果这个年轻人没有这样一份抱负与智慧，当初"心安理得"地坐到总经理的位子上，而没有深入到下面看似低级的岗位上亲身体验，怎么可能那么快就全面了解整个公司的人事与财务状况？怎么可能一针见血地看破公司的弊病所在？又怎么可能如此迅速地对症下药，给公司带来良好的经济效益？这些成绩都源于他能够认清自己的角色与能力，了解自己欠缺什么，肯从小事情做起，来弥补自己的不足。

　　青少年朋友当有远大志向，才可能成为杰出的人物。但要成为杰出人物，光是心高气盛还远远不够，必须从最低级的事情做起。在你还默默无闻不被人重视的时候，不妨试着暂时转移一下自己的物质目标、经济利益或事业目标，做好普通人、普通事，这样你的视野将更广阔，或许会发现许多意想不到的机会。

　　如果我们有埋头苦干、锲而不舍的精神，有在平凡中求伟大的品性，那么离成功也就不远了。要知道，在整个社会中，除了一些特殊的人从事特定工作之外，一般人的工作都是很平凡的。虽然是平凡的工作，但只要努力去做，和周围的人配合好，依然可以做出不平凡的成绩。

　　九层之台，起于垒土。不积跬步，无以至千里；不积小流，无以成江海。无论做什么事情，都是由点点滴滴的经验、点点滴滴的努力汇集而成。所以，真正懂得成功内涵的人，都不会放弃积累的过程。

天生我才必有用

你的命运藏在你自己的心里。

——席勒

　　实际上，成功往往离青少年朋友只有半步之遥。然而这半步，有时却要你为之付出几年、十几年甚至几十年的努力才能跨越。不是大家没有能力，而是不相信自己有这个能力。很多青少年朋友生活在自卑中，总拿自己的弱点与别人的强项相比，却不愿对自己大喊一声"我能行"！

　　造物主创造世界万物时，他相信每一件事物都具有其存在的价值。在这个世界上只要找对了自己的位置，哪怕你只是一块不起眼的石头，总有一天也会发光、发亮。你要有足够的信心和毅力，并且要坚信"天生我才必有用"。

　　李海龙生下来的时候没有双臂，5岁时的一场车祸又夺走了他的左腿。这样，他的四肢只有一条右腿幸存。但父母从不让他因为自己的残疾而感到不安，积极培养他各方面的兴趣。

在一次收看残奥会转播节目时，他看到美国有个游泳运动员没有了一个手臂，却以近乎完美的表现夺得了冠军。顿时，小海龙萌生了学游泳，为国争光的念头。那年，小海龙才 8 岁。

但是教练却尽量婉转地告诉他，说他"不具备做游泳运动员的条件"，因为他只有一条腿，完成复杂的游泳运动近乎天方夜谭。最后他申请加入地方残联游泳队，并且请求教练给他一次机会。教练虽然心存怀疑，但是看到这个男孩子这么自信，对他有了好感，因此就收他为徒。

两个星期之后，教练对他的好感加深了，因为他似乎已经克服了自身的身体缺陷，可以在游泳池中做一些常规的动作，并且做得很到位。小海龙一直坚持刻苦训练，别人练半小时，他就练 1 小时，因为他知道自己的先天条件太差，只能靠后天努力来弥补，而且他的目标是残奥会。

他一生最伟大的时刻到来了。那是残奥会的现场。在游泳比赛场馆里，各国选手一一就位，等待着发令哨响。海龙在工作人员的帮助下，站在起跳台上，面对着碧色的池水，他仿佛看到了五星红旗冉冉升起，《义勇军进行曲》在耳边回荡，他笑了。

出发了！只见海龙如一条梭鱼敏捷地跃入水中，奋力向前游。唯一的一条右腿掌握着平衡，由于没有手臂不能压水，他只能加快将头探出水面的频率，既为呼吸，也是用头与肩部代替了手臂，起到压水的作用。

海龙终于如愿以偿，他夺得了冠军。当他站在最高的领奖台上，残奥会主办方代表将金牌戴到他脖子上之前，他请求代表将奖牌放在自己唇边，他要吻一吻它。

"真令人难以相信！"有人感叹至深。李海龙只是微笑。他想起他的父母，他们一直告诉他的是他能做什么，而不是他不能做什么。他之所以创造这么了不起的纪录，正如他自己说的："天生我才必有用，我相信我能行。"

总是听到有人在耳边抱怨"生不逢时"，"千里马好找，伯乐难寻"，"现在的工作不能体现自己的价值"。而实际上，这些人总是忽略一些问题，他们是否将自己放在了正确的位置上，是否为自己创造了被伯乐相中的机会，还是仅仅安慰自己"天生我才必有用"而不去做出努力以改变现状？

如果你有"才"，就不要总是只把"天生我才必有用"挂在嘴边，而是要付诸行动，让别人看到你的闪光点，充分挖掘你的才能与潜质，相信你能做到最好。

第二章　终身学习

——每天学习一点点

知识是登上成功顶峰的垫脚石，学习在生活中的重要地位是不可替代的。在知识经济时代的今天，信息与社会在日新月异地变化。只有通过不间断地学习，为头脑"充电"，才能跟上时代的步伐，成为时代的领头人。

知识是登上成功顶峰的基石

一个人知道得越多，他就越有力量。

——高尔基

在这个世界经济形势日新月异的时代，知识越发显得重要，通过终身学习来获取知识成为人们越来越爱讨论的话题。

不管你承认与否，在知识经济时代，"知识分子"注定要扮演各行各业的"主角"。他们把握时代脉搏，领导时代潮流，站在时代前列，渊博的知识、丰富的经验和超凡的能力是他们获取成功的资本。

英国唯物主义哲学家弗兰西斯·培根在《新工具》一书中提出了"知识就是力量"的著名论断，他写道："任何人有了科学知识，才可能驾驭自然、改造自然，没有知识是不可能有所作为的。"

随着社会的发展，知识的作用愈加重要，特别是知识经济已经来临的今天，可以说，知识不仅是力量，而且是最核心的力量，是终极力量。

对此，李嘉诚先生曾深有体会地说过，在知识经济的时代里，如果你有资金，但是缺乏知识，没有新的信息，无论何种行业，你越拼搏，失败的可能性越大；但是你有知识，没有资金的话，小小的付出都能够有回报，并且很可能获得成功。

所以说，人没有钱财不算贫穷，没有学问才是真正的贫穷。因为钱财的价值有限，而知识的价值无限。

有了知识积累，命运便会为你开启一扇幸运之门，使你一步步走向成功。

当年，华罗庚虽然辍学，但凭借对数学的热爱，他一直没有放弃学习，积累了许多数学知识，为他以后的发展和成功打下了坚实的基础。

一次华罗庚在一本名叫《学艺》的杂志上读到一篇《代数的五次方程式之解法》的文章，惊讶得差点叫出声来："这篇文章写错了！"

于是，这个只有初中文化程度的19岁青年，居然写出了批评大学教授的文章《苏家驹之代数的五次方程式解法不能成立之理由》，并投寄给上海《科学》杂志。

华罗庚的论文发表后，引起了清华大学数学系主任熊庆来教授的注意。这位数学前辈以他敏锐的洞察力和准确的判断力认为：华罗庚将是中国数学领域的一颗希望之星！

当得知华罗庚竟是小镇上一名失学青年时，熊庆来教授大为震惊。熊庆来教授爱才心切，想方设法把华罗庚调到了清华大学当助理员。

进入这所蜚声海内外的高等学府，华罗庚如鱼得水。他一边工作，一边学习、旁听，熊庆来教授还亲自指导他学习数学。

命运再一次对这位努力不懈怠者展现了应有的青睐。到清华大学后的4年中，华罗庚接连发表了十几篇论文，自学了英文、德文、法文，最后被清华大学破格提升为讲师、教授。

华罗庚的事例说明，获取知识最直接、最有效的途径就是学习。

学习，是明天最富革命性、创造性的生产力。

新世纪的最大能量来自学习，最大竞争也在于学习。学习已经越来越具有主动创造、超前领导、生产财富和社会整合的功能。

面对信息的裂变、知识的浪潮，"终身学习"是每个现代人生存和发展的基础。

终身学习，即离开学校以后靠自己的努力继续学习。这对青少年朋友的自学能力提出了挑战。"未来的文盲将不是那些不会阅读的人，而是没有学会怎样学习的人。"这绝非危言耸听之语。"自行学习、自我教育、自己管理自己"，这是现代人汲取知识的重要渠道，也是终身教育的重要形式。

自学能力的核心是想象力和创造力。这是一种能改天换地、塑造全新的自我的伟力。培养和训练创新的能力，要从青少年时代起步，养成质疑多思的习惯。在接受教育（包括课堂教学）时，不能只是个带着耳朵的听众，而要开动大脑这台机器，打破常规地思考、讨论、比较、鉴别，要积极主动参与教学过程，开掘创新思路。平时，在独立治学时，也要经常问几个为什么，启发思考和探索问题的积极性。

学习知识也要有所甄选

任何一种容器都装得满，唯有知识的容器大无边。

——涂特立

青少年朋友每天接触的知识千千万万，既有有益的，也有有害的；有需要的，也有不需要的；有全新的知识，也有过时的知识。青少年朋友在学习过程中要懂得甄选，学习有益于自己身心发展的知识。

试想，一个经常在阅读沉思中与哲人文豪倾心对语的人，与一个只喜爱读凶杀言情故事和明星花边轶闻的人，他们的精神空间是多么不同，显然是生活在两个不同的世界中。

在茫茫知识海洋中，青少年朋友要力求寻觅上乘之作、经典之作，要多读名著，多读"大书"。所谓经典名著、"大书"，都是经过了时间的沉淀和筛选。

一些社会学家曾做过统计，其结论是：至少要横穿 20 年的阅读检验而未曾沉没，这样的著作方有资格称为经典、名著。

美国学者，《大英百科全书》董事会主席莫蒂然·J·阿德勒认为：所谓名著，必须具备 6 条标准。

1. 读者众多。名著不是一两年的畅销书，而是经久不衰的畅销书。

2. 通俗易懂。名著面向大众，而不是面向专家教授。

3. 永远不会落后于时代。名著绝不会因政治风云的改变而失去其价值。

4. 隽永耐读。名著一页上的内容多于一般书籍的整个思想内容。

5. 最有影响力。名著最有启发教益，含有独特见解，言前人所未言，道古人所未道。

6. 探讨的是人生长期未解决的问题，在某个领域里有突破性意义的进展。

读书各有妙法，许多学有专攻的人士，能读出个中滋味，读出门道。

作家韩少功读书择优而读，择要而读，将自己有限的时间投于特定的求知方向，尽可能增加读书成效，给人以启示：他将书分为可读之书、可翻之书、可备之书、可扔之书 4 种。认为"勃发出思维和感觉的原创力，常常刷新着文化的纪录乃至标示出一个时代的高峰"，"作为人类心智的动力和光源"，对于每个人精神不可或缺的书，是可读的。这些书"透出实践的本质，不会用套话和废话来躲躲闪闪，不会对读者进行大言欺世的概念轰炸和术语倾销"，因而是值得读、值得细细品味的。大量的书则是不需细看，只需翻翻而已的，也有些书是备查的工具读物、参考资料。而对于那些被他看做是文化糟粕、一些丑陋心态和低智商的喋喋不休、信息污染的书，则均属可扔之列。

可读之书也要根据其对青少年朋友的价值大小分出层次，采用不同的方法来读。至于采用何种方法，则根据自己的需要自主选择。

读书大致分为 4 个层次。

第一，浏览。

浏览即以"一目十行"的速度翻阅大量书籍，了解概貌，是读书的初级层次。它能扩大阅读者的知识的横向接触面，可掌握新近的信息。通过浏览，可筛选知识，捕捉自己所需的资料信息，也可通过随便翻翻式的阅读，调节脑力、增益情趣。

第二，通读。

通读，是对全书的概览，以较少的时间，进行扫描式的阅读，以对全书的框架、主要观点、重点章节有个总体了解。一般读小说，是采取通读的方式。

第三，精读。

精读即是对自己需要加深了解的章节精研细读。对精读的部分有时要反复阅读，认真思考，并做笔记，力求将它变成自己的"血肉"。

第四，研读。

研读是读书最高层次。在这一阶段，将精读部分与以往获得的知识，或同类书籍进行比较研究，带着质疑的眼光品味书籍，进行评论，提出新的见解。这种阅读更具创造性。能达到这一层次，就算读出味道、取到真经了。

现在，青少年可以获取知识的途径不只读书一项，网络也包含了各种各样的信息与知识。但是，由于网络的管理比较薄弱，里面的内容鱼龙混杂，有可用的，有不可用的，还有对青少年身心健康产生不良影响的知识，而这些知识往往又披着科学的外衣，青少年只要一接触它，它就会像瘟疫一样对青少年的头脑进行侵蚀。所以，青少年朋友更应该加以注意，懂得保护自己。不浏览不健康的网站，不参与不健康的讨论，让网络成为获取有用资源的净土。

学习要选用适合自己的方法

读书使人充实，思考使人深邃，交谈使人清醒。

——本杰明·富兰克林

有许多青少年朋友常常抱怨："我读的书并不比××少，而且我回家还要继续学习到夜里 11 点才休息，可为什么我的收获没有他大呢？"实际上，如果你和他在其他方面的条件均相同或相近的话，那么只能说你没有找到适合自己的学习方法，以致浪费了很多时间，收益却不大。选择了科学的、适合自己的学习方法，方能立竿见影、事半功倍。

许多成功者创造的方法，青少年朋友或可直接"拿来"，或可结合自己的实际，加以改进和创造。如数学家华罗庚将书由厚变薄看做阅读能力提高标志的"厚薄法"；理学家朱熹读书的心到、眼到、口到的"三到法"；儒学家子思"博学之，审问之，慎思之，明辨之，笃行之"的"五步法"；学者陈善的"既能钻得进去，又能跳得出来"的"出入法"；孔子"学而不思则罔，思而不学则殆"的"学思结合法"；孟子"尽信书不如无书"的"独立思考法"；韩愈的"提要钩立法"；俄国生理学家巴甫洛夫的"循序渐进法"；哲学家狄慈根的"重复法"等。

史学家陈垣谈读书时，提倡读几本烂熟于心的"拿手书"，好似建立了几块治学的"根据地"。他自己就有一些经常翻阅的"拿手书"，对这些书他都熟读，有的内容还能背下来。

作家秦牧提倡读书将牛嚼和鲸吞结合起来，即每天吞食几万字的文章、书籍，再像牛的"反刍"，反复多次、细嚼慢咽。王汶石创造了对代表作要3遍读的读书法。即第一遍通读，尽享作品之美，让自己沉醉其间；第二遍是"大拆卸"，仔细考查每一部分的特色、优劣及写作技巧；第三遍又是通读，获得对写作技巧的完整印象。

著名学者朱光潜实践的边读书边写作法，夏尊认为"由精读一篇向四面八方发展"的读书法，李平心的随时"聚宝"勤做研究的方法，都是一种创造。

大凡成功者读书的方式都与众不同，青少年朋友可以学习一些他们积累知识的方法。

第一种：善诵精通。

郑板桥不但是"康熙秀才、雍正举人、乾隆进士"，还是中国清代著名画派"扬州八怪"的领袖人物。

郑板桥有三绝、三真。三绝分别是画、诗、书，三真分别是真气、真意、真趣。

郑板桥在读书的学以致用之中总结出了"善诵精通"的读书方法，他认为读书必须有方法，必须要记诵。他曾这样描述过他读书时的情景："人咸谓板桥读书善记，不知非善记，乃善诵耳。板桥每读一书必千百遍，舟中、马上、被底，或当食忘匕箸，或对客不听其语，并非自忘其所语，皆记书默诵也。"

郑板桥不仅主张善诵，而且推崇"学贵专一"，即读书不能泛泛而读、毫无目的，而应该有选择、有针对性。

因此，青少年朋友可以从郑板桥的读书方法中得出这一宝贵经验：在记诵时讲究"善"与"精"两个字。

第二种：追本求源。

著名的作家、学者钱钟书先生也是一位爱书之人，他从小就酷爱读书，被世人称为"书痴"。

钱钟书的读书方法是"追本求源读书法"。"追本求源读书法"就是在读书时发现问题后，与多种读物相联系，经过详细的分析、比较、求证之后，求得一个能解决问题的读书方法。

第三种："四多"方案。

毛泽东十分喜爱读书。毛泽东经常对他身边工作的人说："饭可以少吃，觉可以少睡，书可不能少读啊。"

毛泽东读书有个"四多"的习惯，即多读、多写、多想、多问。

多读。所谓多读，一是指读的书数量多、内容广；二是指对有价值的文献书籍读的次数多，以至熟记于胸。毛泽东读过的一些散文和诗词，经常能读到脱口背诵的程度。

多写。毛泽东说过："不动笔墨不读书。"毛泽东认为做笔记、写随感等也是读书的重要方法。

多想。多想是指读书时不仅要准确把握作者的思想，同时也要将自己的观点以及对书的一些看法用笔"谈"出来，似乎与作者切磋一般。这种"笔谈"使读书变成了反复思考的过程。

多问。毛泽东青年时代就养成了勤学好问的习惯，他说："学问，讲的就是既学又问。"他经常请教很多学者，并亲自到人家里求教，发问不已。

也许你可以从上面所说的方法中找到一个最适合自己的，但更多的时候你会发现生搬硬套别人的学习方法到自己这里就行不通了。这时，你就要对这些方法做适当调整、修改，使之更适合自己，为自己服务。

尝试用各种方式为头脑"充电"

人所接受的知识是从周围事物中得来的，其中主要是从离他最近的前辈们的教导中得来的。

——欧文·华莱士

在瞬息万变的现代社会，各种知识更新极为迅速。如果青少年朋友只满足于已经掌握的那点知识而不能与时俱进地吸收新的信息、新的知识，不能利用各种手段为头脑"充电"，那么终究有一天会被社会淘汰。不想被淘汰，那就行动起来吧。

相信你最先想到的方法就是读书。古人说"读书破万卷，下笔如有神"，可见大量地读书，尤其是读好书对个人会有很大的益处。

世界上没有天才，非学就无以成才，读书无疑是知识积累的最好方法，书是人类的精神食粮，也是成大事者的必备之物。

"天下才子必读书"这似乎已是一条规律，不知你是否注意过下面这些情况，它们或许可以让你对这一规律理解得更深刻。

当我们研究成功人士的事业时，常常发现他们的成功一直可以追溯到他们拿起书籍的那一天。

在我们接触过的成功人士之中，大多数都酷爱读书——自小学开始，经由中学、大学，以至于成年之后。

书虽然是一种没有声音的东西，但是它对人类的影响却是非常深远的，如果你经常阅读各行业成功人士的传记或者是自传，进行了认真的思索，你就有可能从中找出适合自己的成功之路来。

俄国著名的学者赫尔岑说过："书是和人类一起成长起来的，一切震撼智慧的学说，一切打动心灵的热情都在书里结晶形成；书本中记述了人类生活宏大规模的自由，记述了叫做世界史的宏伟自传。"

书籍蕴含着千百年来人类的智慧与理性，正因为其中的人性之处，才使得一些书伟大，灿然有光。

书籍是一种工具，它能在黑暗的日子鼓励你，使你大胆地走入一个别开生面的境界，使你适应这种境界的需要。

阅读习惯是一种文化素质，是国民尤其是国家未来的建设者——青少年素质中的一个重要组成部分。

在日常生活中，常常可以听到一些人说"我爱好读书"。能把读书作为一种爱好，比起不喜欢读书来说是一大进步，但这还远远不够。我们不能把读书和看球赛、玩扑克、赏花草一样，当做一种纯粹的消遣去满足，或当做一种雅兴去炫耀，而应使之成为一项生活的内容，一种生命的需要。读书，就像给精神补充养分一样，是保持身心健康的需要，是改变命运的需要，是自我实现的需要。

著名作家蒋子龙先生说："书是可以随身携带的大学。"读书不但可以获取知识，而且可以懂得做人的道理。但是，读什么书，什么时间读书，怎么读书，怎么处理好读书与生活、学业的关系，这些问题要是解决不好，可能会给青少年朋友的学习、生活甚至整个人生带来不良影响。所以，大家不但要重视阅读，还要做一个聪明的阅读者。

你是不是一个聪明的阅读者呢？有没有养成读书的习惯呢？

在现实社会中，青少年朋友要养成读书的习惯，说难也难，说易也易。难者大多强调"学习繁忙"，"没有时间"，正如鲁迅讽刺过的一些人那样，

"有病不求药，无聊才读书"，甚至无聊也不读书。这种人要想养成读书的习惯确实会很难。其实，如今我们都有较为充足的空闲时间：双休日、节日长假、课外时间……看几页书的时间每日都有，就看你用不用在读书上。只要经常有计划、下意识地拿起书来阅读学习，并且日复一日地坚持下去，久而久之，读书习惯也就自然而然地养成了。

如果认为获取知识只有读书一条途径，那么就大错特错了。其实在现代社会，人们获得知识的渠道十分广阔。比如电视，不管人们对传媒作品的质量如何评价，它们都是我们文化环境的组成部分。电视已成为人们生活中最主要的信息来源之一。电视可以作为一种娱乐消遣的手段，使人们在轻松愉悦的情绪状态下观察社会、扩展视野、获取知识。

另外，互联网也无疑为学习提供了巨大的资源。互联网是一种利用计算机从全球成千上万台计算机获取信息的工具，是一个能使每个人进入到浩瀚的信息海洋尽情畅游的天地。这些信息包括文字、图表、声像资料、软件等。这些信息实际上包容了所有可想象的客观对象，它们是由图书馆、博物馆、政府机构、公司、大学、研究机构和许多其他机构及个人提供的，里面有许多有价值的资料。

除去以上所说的有形的学习资源，其实在我们身边还有一个无形的、却无时无刻不在影响我们的、内容极为丰富的知识库——社会。

有人说，我们的社会、我们的生活是无时不在书写的一本"无字书"，比喻可谓贴切至极。

古人曰："读万卷书，行万里路。"意思是说人要有较多的知识和丰富的阅历，也是要人们能理论联系实际，善于利用知识处理各种事情。丰富的阅历也是成大事者不可缺少的资本，特别是青少年，阅历一般较少，这就要求我们不但要注意书本知识，也要注重生活、社会中的知识积累。

有诗云："纸上得来终觉浅，绝知此事要躬行。"读书学习获取知识诚然重要，但实践获真知也是必不可少的。

通过阅读"有字之书"，你可以学习前人积累的知识、前人的经验，并从中取得借鉴，避免走岔道、走弯路；通过读"无字之书"，你可以了解现实，认识世界，并从"创造历史"的人那里学到书本上没有的知识。

如果你想尽快、尽好地读通读透"有字之书"，并取其精华、去其糟粕，把"死书"读成活书，就要善于读"无字之书"。

"用自己的眼睛去读世间这一部活书","倘只看书,便变成书橱,即使自己觉得有趣,而那趣味其实是已在逐渐硬化、逐渐死去了"。

重视"读世间这一部活书"——读"无字之书",也是大文豪鲁迅的主张。

鲁迅少年时代有很长一段时间在农村度过,而且也乐于与农村少年为友,喜欢到农村看社戏,所以他从农村少年、农村社戏中了解了很多农村生活,也因此增长了不少见识,他后来创作的《故乡》《社戏》等短篇小说的生活素材都是在那时积累的。

鲁迅针对当时的社会弊病,写了许多杂文。如果鲁迅不注意读社会现实这部"无字之书",只知闭门做学问,他又怎么会从中看出"世人的真面目"?

"无字之书"内容丰富、含义深刻,需要青少年朋友用较长时间甚至一生来阅读。

读"无字之书",最好在缤纷的"社会大学"中读,唯有如此,才能读得通透。

凡是读过高尔基的《我的大学》的人都会知道,这位大文豪只上过 5 年学,但他把投身于"社会"认为是在上"大学"。

这个苦难的学徒工在"社会大学"里做过厨工,卖过苦力,饱尝了沙俄黑暗统治的辛酸。不过,他在流浪漂泊之中读了很多"无字"的"活书",学到了很多知识。

高尔基在社会的底层对自己的人生有了深刻的认识,对自己的祖国有了深刻的认识,这也增强了他对社会的浓厚感情。他从伏尔加河码头的搬运工那儿学到了劳动的习惯,从流放的政治犯那儿学到了精神上的鼓舞,从面包师那儿学到可贵的人生哲学。

从"社会大学"中读"无字之书"所获得的一切,为他日后创作"有字之书"提供了无限的源泉。

这在高尔基的自传三部曲——《童年》《在人间》《我的大学》中已得到了充分体现。

获取知识的途径多种多样,也许你还有其他方法,那么就请你继续坚持,同时,你还可以将你的好方法讲出来与朋友分享,让大家共同进步。

学习切忌浅尝辄止

学习不仅是明智，它也是自由。知识比任何东西更能给人自由。

——屠格涅夫

学习贵在坚持，切忌浅尝辄止。在学习的过程中你应保持旺盛的精力，并且要有不畏困难、坚持不懈的毅力，才能够学习到真本领，才能够在成长的路途中学有所成，最终获得成功。

音乐系的陈明走进练习室。在钢琴上，摆着一份全新的乐谱。

已经3个月了！自从跟了这位新的指导教授之后，他不知道为什么教授要以这种方式整人。

陈明勉强打起精神，开始用十指奋战……琴声盖住了练习室外教授走来的脚步声。

指导教授是位很著名的钢琴大师。授课第一天，他给自己的新学生一份乐谱。"试试看吧！"他说。乐谱难度颇高，陈明弹得生涩僵滞、错误百出。"还不熟，回去好好练习！"教授在下课时，如此叮嘱学生。

陈明练习了一个星期，第二周上课时正准备让教授验收，没想到教授又给了他一份难度更高的乐谱，"试试看吧！"上星期的课，教授也没提。陈明再次挣扎，向更高难度的技巧挑战。

第三周，更难的乐谱又出现了。同样的情形持续着，陈明每次在课堂上都被一份新的乐谱所困扰，然后把它带回去练习，接着再回到课堂上，重新面临两倍难度的乐谱，却无论如何也追不上进度，一点也没有因为上周的练习而有驾轻就熟的感觉，因此，越来越感到不安、沮丧和气馁。

教授走进练习室。陈明再也忍不住了。他必须向钢琴大师提出这3个月来何以不断折磨自己的质疑。

教授没有开口，他抽出了最早的那份乐谱，交给陈明。"弹奏吧！"他用坚定的目光望着陈明。

不可思议的结果出现了，连陈明自己都惊讶万分，他居然可以将这首曲子弹奏得如此美妙、精湛！教授又让他试弹第二堂课的乐谱，他依然发挥出超高水准的表现……演奏结束后，陈明怔怔地望着老师，说不出话来。

"如果我任由你表现自己最擅长的部分，可能你还在练习最早的那份乐谱，就不会达到如今这样的水平……"钢琴大师缓缓地说。

可以说，陈明的老师在训练他时是有良苦用心的。但是，如果陈明面对"难度超高"的乐谱知难而退、不再进一步学习，那么他的水平也只能停留在最初的那个水平，而不会有丝毫进步。然而，他达到了老师预想的效果，不能不归功于他坚持不懈的努力。虽然起初他不了解老师的用意而颇感疑惑，但他并没有停留在疑惑上，而是按照老师的要求"回去好好练习"，才取得了后来的成绩。

所以，青少年朋友，不要对学习中的困难轻易说放弃。相信自己，只要坚持，就能成功。

第三章　不错过任何一个机会
——捕捉稍纵即逝的机遇

哈佛告诉你

人生因机遇而熠熠生辉，正是抓住了一次次机遇，人生的梦想之花才能绚丽地盛开在现实的花园中。机遇的降临，宛如鲤鱼越过龙门，鸟儿飞上枝头变成凤凰。抓住了机遇，等于成功了一半。

机遇出现时你应一眼认出它

在任何人面前，多少总是有机会的，问题在于是你去抓住它，还是不去抓住它，这就是人生的十字路口。

——德田虎雄

机遇出现时的面貌各种各样。曾有人用 5 种物品来形象地比喻机遇的特点。

急遽的闪电

机遇的持续时间极短，犹如白驹过隙。稍纵即逝，这一时刻造就了机遇，但过几分钟、十几分钟，机遇又消失得无影无踪。有时机遇来临，你不去好好把握，转瞬间为别人获取，此时你后悔已迟。加之人人盼望机遇，它一出现，人们便蜂拥而上，很容易被快手抢去，你稍迟疑，机遇便与你无缘。

矜持的公主

机遇犹如美丽聪慧而又矜持的公主，羞答答地等待着心目中的白马王子到她门前求婚，而不会大大方方地自动送上门来。机遇是等不来的，而是需要你付出十分的热情和进取心去追求、去争取、去创造。对于那些不愿脚踏实地去努力的人来说，机遇永远是可望而不可即的；而那些勤奋努力，从不虚度年华的人，才会赢得机遇公主的芳心。

公正的法官

机遇犹如法官，对于任何人都是公正的，无论男人、女人、富人、穷人、美人、丑人、健康的人或是残疾的人，在它的眼里一律平等，谁都可以拥有它。但它只为那些做着积极准备的人服务。谁具备了掌握机遇的条件，机遇就会来到谁身旁，听候他的差遣。

自由的空气

机遇像空气那样，充满了社会大舞台的每一个角落，从学校到商场，从领导机关到基层工作岗位，从战舰甲板到卫兵岗哨，从三尺讲台到菜地猪圈，处处都有机遇的身影。你只要做个有心人，无论在什么岗位上都能获得机遇、走向成功。说机遇是自由的空气，还因为你得到的机遇，并非永远跟定你，你稍不留神，机遇就会像空气一样在你手中散失。大家知道，机遇与挑战并存。得到机遇的人不一定就能获取成功，还需要你付出更多的汗水和智慧，去迎接挑战，从而牢牢地把握机遇。

稀有的物资

虽然机遇俯拾即是，处处都有，但具体到个人，却是非常稀少的。面对林林总总的机遇，由于自身的种种限制，很多的机遇不适合你，你只能眼睁睁地看着机遇从身边溜走。或是由于性格、心理上的弱点，使你看不见机遇，即使看到，也不愿或不敢去争取，或者没有足够的条件去发掘机遇。

机遇出现的时候，你是否有慧眼认出它，这是很重要的。这往往决定了你能否成功。

机遇有时已经出现了，就在你的眼前，它向你递上橄榄枝。遗憾的是，你不知道这就是你找寻已久的机遇，你向它摆摆手，拒绝了它。机遇只能无奈地去找寻另外一个能够认出它的人。当你猛然觉醒，它已走得很远很远，或者已经为别人所有，那时的你，后悔莫及，欲哭无泪。

可惜的是，并不是所有的人都明白这个道理，并不是所有的人都相信机遇能改变自己的一生，能够让自己一夜成名。于是他们在机遇来临的时候，无法认识那就是机遇，更无法谈到利用机遇来改变自己命运了。

要想抓住机遇，首先要练就一双慧眼，以便在机遇来临时，能一眼认出它。这就需要青少年朋友在平时培养良好的洞察能力。当然，首先你要明白自己想做什么，有了明确的目标，才会自觉地去寻找机遇，对机遇的敏感度才会提高。这样，就不会担心机遇在自己面前溜走了。

牛顿不放过苹果落地、伽利略不忽视吊灯摆动、瓦特研究烧开水后的壶盖跳动……这些都是司空见惯的现象，但是过人的洞察力使他们看到了常人看不到的东西，从而有所发明或发现。在日常生活中，常常会发生各种各样的事，有些事使人感到惊奇，引起多数人的注意；有些事则平淡无奇，许多人漠然视之，但这并不排除它可能包含重要的意义。

一个有敏锐洞察力的人，能够从日常生活的细微之处发现不平凡之事。19世纪的英国物理学家瑞利从日常生活中观察到端茶时，茶杯会在碟子里滑动和倾斜，有时茶杯里的水也会洒出一些；但当茶水稍洒出一点弄湿了茶碟时，茶杯则不易在碟上滑动。他对此做了进一步研究，做了许多类似的实验，结果发现一种求算摩擦的方法——倾斜法，他因此获得了意外的惊喜。

富尔顿10岁时，和几个小朋友一起去划船钓鱼。富尔顿坐在船舷上，他的两只脚下意识地在水里来回踢着。不知什么时候，船缆松了扣，小船漂走了。富尔顿没有忽视这种生活中的小事，他发现自己的两只脚起了船桨的作用。富尔顿长大以后，经过刻苦的学习和研究，终于制造出世界上第一艘真正的轮船。

《致富时代》杂志上，曾刊登过这样一个故事：有一个自称"只要能赚钱的生意都做"的年轻人，在一次偶然的机会，听人说市民缺乏便宜的塑料袋盛垃圾，立即就进行了市场调查。通过认真预测，他认为有利可图，马上着手行动，很快把价廉物美的塑料袋推向市场。结果，靠那条别人看来一文不值的"垃圾袋"的信息，两星期内，这位小伙子就赚了4万元。

被称为"东方犹太人"的温州人，经商本领全国有名。他们涉足社会各个行业，且都有所成就。人们一直想探究他们的"生财之道"，殊不知敏锐的洞察力就是他们制胜的法宝之一。当欧盟最后决定推行使用欧元时，全球更多的人是在旁观，有人还在讨论欧元的前途如何。而温州人却已经测量了欧元的尺寸、样式，在加紧赶制专门用来装欧元的钱夹子，而这正是推行欧元后欧盟民众都需要的。欧元被推行之时，温州人做的钱夹子立刻占领了欧盟市场。温州人的洞察力又一次赢得了一个广阔的市场空间。

英国有一个叫弗兰克的青年，从小立志创办杂志。一天，弗兰克看见一个人打开一包纸烟，从中抽出一张纸条，随即把它扔到地上。弗兰克弯下腰，拾起这张纸条，那上面印着一个著名女演员的照片。在这幅照片下面印有一句话：这是一套照片中的一幅。烟草公司敦促买烟者收集一套照片，以此作为香烟的促销手段。弗兰克把这个纸片翻过来，注意到它的背面竟然完全是空白。弗兰克感到这儿有一个机会，他推断：如果把附装在烟盒子里的印有照片的纸片充分利用起来，在它空白的那一面印上照片上的人物的小传，这种照片的价值就可大大提高。于是，他就找到印刷这种纸烟附件的平板画公司，向这个公司的经理推荐他的主意，最终被经理采纳。这就是弗兰克最早的写作任务。后来，他的小传的需要量与日俱增，以至他得请人帮忙。他于是要求他的弟弟帮忙，并付给他每篇5美元的报酬。不久，弗兰克还请了5名报社编辑帮忙写作小传，以供应平板画印刷厂。弗兰克竟然成了编者！最后他如愿以偿地做了一家著名杂志的主编。

弗兰克有自己的理想，也就不轻易放过任何一个实现理想的机会。当一个机遇出现时，哪怕它微不足道，令人不屑一顾，弗兰克也会认出这是上天赐给他的机遇，他认出了它、抓住了它，最后成功了。

类似的故事还有很多，但青少年看故事不能再像小孩子一样只是"听"故事，"看"热闹，而应该有自己的思想。能够从小的故事中看到大的道理，并将这一道理应用于自己的实践，才应该是看故事的最终目的。

你们有没有体会到，故事实际上也是一种机遇？从故事中得到启发，从而改变自己的思维方式和行为方式，使之终身有益，这就意味着你已经抓住了这个机遇；如果看过后随手丢弃一旁，脑中毫无印象，没有受到一点启发与影响，那么，只能很遗憾地告诉你：你错过了一次很好的改善自我的机会。

希望青少年都能做善于识别机遇的聪明人。

机遇来临时你要一把抓住它

凡是认识到的便要赶快把握，就这样来把尘世的光阴消遣；即使妖魔现形，也不改其道。

——歌德

机不可失，时不再来，这是一个浅显而深刻的道理。抓住了机会，我们就可以乘风破浪，越上成功的巅峰。如果错失了机会，我们就可能让唾手可得的成功擦肩而过，因而懊悔不已。成功学大师卡耐基曾不无感慨地说："在某种意义上，时机就是一种巨大的财富。"英国人托·富勒也说："抓住机遇，就能成功。"世界著名的石油大王洛克菲勒在谈到他的创业史时，也只说了一句话："压倒一切的是时机。"

在实践活动中，如果你能在时机来临之前就识别它，在它溜走之前就采取行动，那么，成功之神就降临了。

每个人都是自己命运的设计师，每个人都是自己命运的建筑师。可以说，人一生的命运就是由一连串的机遇联结而成。自己的一生是否精彩，关键在于能否抓住这些机遇。

机遇是有情的，你抓住它，它就陪伴你一步步走向成功；机遇是无情的，你稍有疏忽，它便匆匆弃你而去。

也有人把机遇称为运气，不管称谓如何，有一点是肯定的，善于利用机遇比怨天尤人更为有益。

机遇与青少年的发展休戚相关。机遇是一个美丽而性情古怪的天使，倏尔降临在你身边；如果你稍有不慎，它又将翩然而去，不管你怎样扼腕叹息，都将杳无音讯，不再复返了。

在这方面，比尔·盖茨堪称青少年朋友学习的楷模。正是由于他和艾伦善于抓住难得的机遇，才使自己的事业获得巨大成功。

比尔·盖茨的父母要盖茨专心读书，以便毕业后找到理想的工作，不让他办公司。最初，盖茨顺从了父母的意愿，去哈佛大学刻苦攻读。但是他感兴趣的还是办公司，于是，他和艾伦开始收集资料。

盖茨和艾伦通过长时间的资料收集和认真思考，确信计算机工业的触角即将伸向市场核心力量——广大的民众。当这一点真正实现时，就会引发一场意义深远的技术革命。他们正处在历史即将发生巨变的关键时刻。正像汽车和飞机发展史上曾经历过的那种关键时刻，他们预见计算机必将走进千家万户。

"计算机的普及化势必到来。"艾伦不停地对盖茨重复这一点。他们如果不能顺应甚至领导这一场计算机革命，就只能被这一革命抛到后面去。由于清醒地意识到了这些，所以盖茨决定开办自己的计算机公司。

当时，艾伦不停地说："让我们开始创办计算机公司吧！让我们开始干吧！"盖茨回忆说："保罗看见技术条件已经成熟，正等着人们去加以利用。他老是说，再不干就迟了，我们就会失去历史赋予我们的机遇。我们将遗憾终生，甚至被后人责备。"

于是，他们考虑制造自己的计算机。艾伦对计算机硬件感兴趣，而盖茨则对计算机软件情有独钟，他认为软件才是计算机的生命。

很快，艾伦和盖茨放弃了自己动手试制新型计算机的念头。他们决定还是紧紧抓住他们最熟悉的东西——计算机软件。

"我们最终认为搞硬件容易亏损，不是我们可以去玩的艺术，"艾伦说，"我们两人的综合实力不在这上面。我们注定要搞的是软件——计算机的灵魂。"

盖茨和艾伦创办了微软公司，并取得了辉煌的成就。事实证明，这一切都是他们善于抓住身边的机遇的结果。

盖茨和艾伦看到了面前的机遇，并且牢牢地抓住了它，为此，他们甚至不惜停止了学业。

青少年朋友，时机的把握极有可能决定你是否有所建树，那么你们应该做的就是：抓住每一个可能带来成功的机会。

机遇之花需要汗水来浇灌

要把握时机确实要眼明手快地去"捕捉"，而不能坐在那里等待或拖延。

——罗兰

有人说过，机遇是一位神奇的、充满灵性的，但性格怪僻的天使。它对每一个人都是公平的，但绝不会无缘无故地降临。只有经过反复尝试，多方出击，才能寻觅到它。

在成功的道路上，有的人不喜欢尝试，不愿走崎岖的小道，遇到艰辛或绕道而行，或望而却步，他们也就常与机遇无缘。而另一些人，总是很有耐性，尝试着解决难题，不怕艰难险阻，结果恰恰是他们能抓住不可复得的机遇。

机遇不会白白地降临，只有用汗水去不懈地辛勤浇灌，才能使机遇的花朵为你绽放。

"天下没有免费的午餐"，"有付出才能有回报"。这些至理名言都在告诉我们，想要抓住机遇，想要获得成功，就要勤奋地去努力、去付出。

勤奋进取不仅是一种精神，更是人们落在实处的行动。一生之计在于勤，这是中国人的祖先遗训。人生态度千差万别，但概括起来不外乎3种：勤快，及时努力；随便，随遇而安；懒散，及时快活。第一种自然是值得肯定的人生态度。伟大诗人李白少年贪玩，是老婆婆"只要功夫深，铁棒磨成针"的教诲，促使他发奋苦读，学问大进。西晋时的刘琨、祖逖"闻鸡起舞"，这也是一种勤奋。《出师表》中说的"鞠躬尽瘁，死而后已"更是概括了诸葛亮以勤自勉的人生。

勤奋是通往成功路上的助推剂，这是世界上的通用法则，没有古今中外之分。

很多人喜欢看NBA的夏洛特黄蜂队打球，但令人想不到的是，这个队的1号队员博格斯身高却仅有160厘米！

这样的身高，即使在东方人里面也算矮个子，更不要说是在身高2米都嫌矮的NBA球队了。

是博格斯机遇特别好吗？不是，小个子博格斯之所以能成为NBA的球员，完全归功于他自己的百倍努力。

据说博格斯不仅是现在NBA里最矮的球员，也是NBA有史以来创纪录的矮子。但这个矮子可不简单，他曾是NBA表现最杰出、失误最少的后卫之一，不仅控球一流，远投精准，甚至在巨人阵中带球上篮也毫无所惧。

博格斯是不是天生的篮球好手呢？当然不是，而是意志与苦练的结果。

博格斯从小就长得特别矮小，但却非常热爱篮球，几乎天天都和同伴在篮球场上打球，当时他就梦想有一天可以去打NBA，因为NBA的球员不只待遇高，也享有风光的社会地位，是所有爱打篮球的美国少年最向往的梦。

每次博格斯告诉他的同伴："我长大后要去打NBA。"

所有听到的人都忍不住哈哈大笑，甚至有人笑倒在地上，因为他们认定一个160厘米的矮子是绝没有可能打NBA的。

他们的嘲笑并没有阻断博格斯的志向。他用比一般人多几倍的时间练球，终于成为全能的篮球运动员，也成为最佳的控球后卫。他充分利用自己矮小的"优势"，行动灵活迅速，像一颗子弹一样，运球的重心最低，不会失误；个子小不引人注意，抢球常常得手。

现在博格斯成为有名的球星了，他说："从前听说我要进NBA而笑倒在地上的同伴，他们现在常炫耀地对人说：'我小时候是和黄蜂队的博格斯一起打球的。'"

博格斯虽然个子矮小，却凭着一股韧劲和勤奋的努力，实现了常人认为不可能实现的理想。青少年朋友，你的身边也存在着许许多多机遇，只是你现在存在这样或那样的不足，但你绝不能轻易对自己说"我不行"。为了实现愿望、达到目标，就一定要努力，要付出辛苦和汗水。只有这样，机遇才不会从你身边跑掉，你才有可能获得最后的成功，就像博格斯一样。

青少年朋友都读过很多伟人的故事，都深深地了解所罗门在几千年前所说的那句话的含义："你见过工作勤奋的人吗？他应该与国王平起平坐。"孜孜不倦的富兰克林用他的一生对这句话做了最好的诠释，他曾经与5位国王平起平坐，曾经与两位国王共进晚餐。

那些善于利用机会的人在发现机会与把握机会的时候如同撒下了种子，终有一天，这些种子会生根、发芽、结果，给他们自己或是别人带来更多的机会。每一位一步一个脚印、踏踏实实工作的人其实正在离知识与幸福越来越近，可供他们选择的道路也越来越宽、越来越平坦、越来越容易往前走。这些道路其实向所有的人都是敞开的，无论是对头脑冷静、生活节俭、年富力强的机械师，还是对刻苦认真的学生；无论是对谨慎细致的公务员，还是对兢兢业业的公司职员。

懒惰的人总是抱怨自己没有机会，抱怨自己没有时间；而勤劳的人永远在孜孜不倦地工作着、努力着。有头脑的人能够从琐碎的小事中找到机会，而粗心大意的人却让机会轻易地从眼前飞走了。

无数的成功经验告诉青少年朋友：每一个新的时刻都能给人们带来许多未知的机遇，一个聪明的人，只要把握住这些"未知的机遇"，就能够在实现人生目标进程中取得成功。

那些能拼能赢者不会等待机遇的到来，而是寻找并抓住机遇、把握机遇、征服机遇，让机遇成为服务于他的奴仆。换句话说，任何机遇都可以是他们手中的"金钥匙"。

机遇只偏爱有准备的头脑

一个明智的人总是抓住机遇，把它变成美好的未来。

——托·福勒

现代社会是一个充满竞争的社会，既向人们提出了挑战，同时也为人们提供了实现目标的良好机遇。生活在现代社会中的人是幸福的，切不可放过身边美好的机遇。

爱因斯坦曾说过："机遇只偏爱有准备的头脑。"这里的"准备"主要有两方面的内容：一是知识的积累。没有广博而渊深的知识，要发现和捕捉机遇是不可能的。二是思维方法的准备。只具备知识，而没有现代思维方式，就看不到机遇，只好任凭它默默地从你身边溜走。

有许多发现和发明看起来是纯属偶然，其实，仔细探究就会发现，这些发现和发明绝不是偶然得来的，也不是什么天才灵机一动或凭运气得来的。事实上，在大多数情形下，这些在常人看来纯属偶然的事件，不过是从事该项研究的人长期努力思考、实践的结果。人们常常引用苹果落在牛顿脚前，使他发现万有引力定律这一例子来说明偶然事件在发现中的巨大作用。但人们却忽视了一点：多年来，牛顿一直在为重力问题苦苦思索、研究。在这一漫长的过程中，牛顿思考了该领域内的许多问题及其相互之间的联系，可以说，关于重力问题的一些极为复杂深刻的问题他都反复思考推敲过。苹果落地这一常见的日常生活现象为常人所不在意，却激起牛顿对重力问题的理解，激起他灵感的火花，并进一步作出异常深刻的解释，很显然，这是因为牛顿对重力问题已有了深刻的理解。因此，成千上万个苹果从树上掉下来，却没有人能像牛顿那样引发出深刻的定律。同样，从普通烟斗里冒出来的五光十色像肥皂泡一样的小泡泡，这在常人眼里就跟空气一样普通，当然也很少有人去研究这一现象，但正是这一现象使杨格博士创立了著名的光干扰原理，并由此发现了光衍射现象。伦琴在实验时，从手骨图像中，发现了 X 射线。耐克鞋受人喜爱，一部分归功于采用了"华夫糕式"鞋底，使鞋子变得轻巧美观。这项设计上的革新是来自于鲍夫曼，他说："那天我看见妻子的蛋奶烘饼烤模，想到鞋底也可以做成华夫糕模样。"

以上这些人平时都既有知识的积累，又具备灵活的思维方式，否则，也会像李比希错过发现新元素溴一样，抱憾终生。人们总认为伟大的发明家总是探讨一些十分伟大的事件或伟大的奥秘，其实像牛顿和杨格以及其他许多科学家都是在研究一些极普通的现象，他们的过人之处在于能从这些人所共见的普遍现象中揭示其内在的、本质的联系。而这些过人之处正是源于他们曾经做过的努力。他们的头脑被自己做过的研究充满了，一个偶然的机遇才能立刻激起他们的灵感，从而有了伟大的发明或发现。

所罗门说过："智者的眼睛长在头上，而愚者的眼睛是长在脊背上的。"心灵比眼睛看到的东西更多。那些没头没脑的凝视者只能看到事物的表象。只有那些富有理解力的眼光才能穿透事物的现象，深入到事物的内在结构和本质之中去，他们才能看到差别，进行比较，抓住潜藏在表象后的机遇。

客观来讲，机遇的产生和利用需要有良好的社会环境，如自由的科研氛围，平等的择业、工作机会，良好的家庭环境和教育程度等。机遇的产生既有偶然性，也有必然性。比如，哥伦布发现新大陆是偶然的，但是，按照他所设计的航线，必然到达美洲，而不能到达印度和中国。只有捕捉住机遇，才能使机遇由可能性向现实性转化。

青少年朋友在客观条件既定的情况下，就要发挥主观能动性，牢固地掌握科学文化知识，以充实的头脑和饱满的精神状态去迎接机遇、迎接挑战。

机遇喜欢那些愿意"多付出一点点"的人

一个人非常重要的才能是他善于抓住迎面而来的机会。

——蓬皮杜

我们说机遇对每个人都是公平的，但有时又感觉它好像"不怎么公平"，因为它总是对喜欢索取的人十分吝啬，你越想着索取，越是什么也得不到；而对乐于付出的人则十分慷慨，你付出越多，得到的也就越多。

青少年朋友如果多读一些名人传记，就会发现很多成功人士与他的同龄人相比，并没有多少出众之处，甚至会有这样那样的缺憾。然而他们能够从芸芸众生中脱颖而出，往往是因为他们比别人多付出了一点点，从而赢得了走向成功的机遇。

美国著名汽车制造公司——福特汽车公司，是以福特的名字命名的。当年福特大学毕业以后，到一家汽车公司应聘，和他同时去应聘的3个人学历都比他高。他觉得没有什么希望了，但仍想尝试一下。于是，他便敲门走进董事长的办公室。一进办公室，他发现地上有一张废纸，就弯腰把它捡了起来，顺手把它丢进了废纸篓里，然后走到董事长的办公桌前，说："我是来应聘的福特。"董事长对他说："很好，很好，福特先生，你已经被我们录用了。"福特感到意外，董事长说："前面3位的确学历比你高，而且仪表堂堂，但是他们的眼睛里只能看见大事，而看不见小事。而只能看见大事、忽略小事的人是不会成功的，所以我才录用你。"

福特就是因为比别人多付出一点点——弯腰捡起一张废纸，而得到了进汽车公司工作的机会。乐于付出的性格能够造就成功的人生。果然，后来福特干得相当出色，终于坐到了董事长的位置。

现在，许多公司或政府机关在对人员进行面试时，都喜欢用类似的方法来考察一个人的观察能力和是否具有愿意做琐碎小事的心态。在工作、学习中，做小事往往更能体现一个人的能力和水平。如某政府机关在面试场上将一把扫帚斜靠着挡在门口，看哪位考生能主动地将其扶正。就是这一把扫帚将众多本来很优秀的考生挡在了公务员大门之外。他们或者没有注意到扫帚，或者注意到了却不愿弯腰将它扶正，而是从上面跨了过去，这一"跨"却使自己无法跨入理想工作之门，反而离它越来越远。

"多付出一点点"的目的，并不是为了即时得到相应的回报。成功者在付出时从来没有想到回报，他们知道，"多付出一点点"能够升华个人的道德修养，强化一个人的工作能力，养成精益求精的工作习惯，培养积极愉悦的成功心态。

如果你能在不渴求回报的情况下，以一种积极自觉的态度比别人"多付出一点点"，把工作干得更好，那么，你就会得到一盏照亮你前程的机遇之灯，而不仅仅是一种"一对一"的简单回报。

第四章　善于排除障碍，解决问题
——方法总比困难多

哈佛告诉你

成大事者和平庸之辈的根本区别之一，就在于他们是否在遇到困难时理智对待，主动寻找解决问题的办法。一个人只有勇于去挑战，并在困局中突围而出，才能奏出激越雄浑的生命乐章，最大化地彰显人性的光辉。

尽量做到防患于未然

隐患险于明火，防范胜于救灾，责任重于泰山。

——江泽民

大家现在经常强调解决问题应该迅速，方法应该妥当，善后工作应该做好。实际上，我们常常忽略一点，也是很重要的一点——如何才能不产生问题或不让问题扩大化。一个很小的问题，在开始萌芽的时候如果不加以有效地解决，会像滚雪球一样不断加剧。如果能够将准备工作做足，做到未雨绸缪，摒除各种可能出现的问题，做到防患于未然，一些事情也就不会演化为悲剧。工作中出现的许多难以逾越的困境，也常常是因为疏忽大意，没有对出现的小问题进行有效的处理，才演化到不可收拾的地步。因此，一旦发现问题时，无论看起来是多么微不足道的问题，我们都不要掉以轻心，任其泛滥……

当巴西海顺远洋运输公司派出的救援船到达出事地点时，"环大西洋"号海轮已经消失，21名船员也不见了，海面上只有一个救生电台有节奏地发出求救的信号。有人发现电台下面绑着一个密封的瓶子，打开瓶子，里面有一张纸条，21种笔迹，上面这样写着：

一水理查德：3月21日，我在奥克兰港私自买了一个台灯，想在给妻子写信时用来照明。

二副瑟曼：我看见理查德拿着台灯回船，说了句这小台灯底座轻，船晃时别让它倒下来，但没有干涉。

三副帕蒂：3月21日下午船离港，我发现救生筏施放器有问题，就将救生筏绑在架子上。

二水戴维斯：离岗检查时，发现水手区的闭门器损坏，用铁丝将门绑牢。

二管轮安特尔：我检查消防设施时，发现水手区的消火栓锈蚀，心想还有几天就到码头了，到时候再换。

船长麦凯姆：起航时，工作繁忙，没有看甲板部和轮机部的安全检查报告。

机匠丹尼尔：3月23日上午理查德和苏勒的房间消防探头连续报警。我和瓦尔特进去后，未发现火苗，判定探头误报警，拆掉交给惠特曼，要求换新的。

机匠瓦尔特：我就是瓦尔特。

大管轮惠特曼：我说正忙着，等一会儿拿给你们。

服务生斯科尼：3月23日13点到理查德房间找他，他不在，坐了一会儿，随手开了他的台灯。

大副克姆普：3月23日13点半，带苏勒和罗伯特进行安全巡视，没有进理查德和苏勒的房间，说了句"你们的房间自己进去看看"。

一水苏勒：我笑了笑，也没有进房间，跟在克姆普后面。

一水罗伯特：我也没有进房间，跟在苏勒后面。

机电长科恩：3月23日14点，我发现跳闸了，因为这现象以前也出现过，便没多想，就将闸合上，没有查明原因。

三管轮马辛：感到空气不好，先打电话到厨房，证明没有问题后，又让机舱打开通风阀。

大厨史若：我接马辛电话时，开玩笑说，我们在这里有什么问题？你还不来帮我们做饭？然后问乌苏拉："我们这里都安全吗？"

二厨乌苏拉：我也感觉空气不好，但觉得我们这里很安全，就继续做饭。

机匠努波：我接到马辛电话后，打开通风阀。

管事戴思蒙：14点半，我召集所有不在岗位的人到厨房帮忙做饭，晚上会餐。

医生莫里斯：我没有巡诊。

电工荷尔因：晚上我值班时跑进了餐厅。

最后是船长麦凯姆写的话：19点半发现火灾时，理查德和苏勒房间已经烧穿，一切糟糕透了，我们没有办法控制火情，而且火越烧越大，直到整条船上都是火。我们每个人都犯了一点错误，便酿成了船毁人亡的大错。

看完这张绝笔纸条，救援人员谁也没说话，海面上死一样的寂静，大家仿佛清晰地看到了整个事故的过程。

看完这个故事，你是否也感觉到这件海难事故仿佛就发生在你的眼前？如果他们都尽到了自己的职责，将自己应该做的事情做到位，这个悲剧就不会发生。他们每个人都有了一点小疏忽，犯了一点小错误，但21个人的疏忽、错误积聚到一起，却足以引发船毁人亡的惨剧。

作为社会中的一员，每一个人都应该承担一部分责任，做父母的责任、做子女的责任、做师长的责任、做学生的责任、做领导的责任、做下属的责任。这些责任对你来说有大有小、轻重不一，但也许就是一点点的疏忽，一点小小的不负责任，就会带来难以预料的后果。

任何一个人，如果不负责任，就很难得到别人的信任；如果他没有责任意识，就很难避免出差错，很难避免给自己或他人造成损失。我们每一个人都是社会中的一员，学会对自己的行为负责是立身处世的前提。在美国中学开学的第一堂课里，老师们通常会讲这样的话："女士们，先生们，从今天起，你们就是美利坚合众国的公民了。"这话看起来是无用的话，却是在明确地告诉学生们：从今天起，你们就要对自己的行为负责。

每一个人都应该对自己的行为负责，对社会的期待负责。把问题扼杀在摇篮之中，不使隐患进一步蔓延是每一个人的责任。

"千里之堤，毁于蚁穴"。在学习、工作和生活中，也许有太多太多的蚁穴存在，如果不及时消除它，总有一天，青少年朋友的学业之堤、事业之堤、生活之堤也要毁于一旦了。

所以，在日常生活中，青少年朋友绝不能忽视任何一个小问题的滋生，更不能姑息它们从小变大。解决任何问题和困难的最佳时机，莫过于刚刚萌生之时。平时细心、谨慎，做到防患于未然，青少年朋友的生活之路就会越发平坦。

善于找出问题的症结所在

要解决问题，还需做系统的、周密的调查工作和研究工作，这就是分析的过程。

——毛泽东

大家都听说过"捕蛇善打七寸"这句话吧？为什么偏偏要打离头部七寸的地方呢？因为"七寸"处是蛇的致命弱点。

打蛇要打它的致命弱点，要狠、要准，要让它一下毙命，才没有被它"反咬一口"的危险。拳击赛中，我们常看到力量相当的两名选手，在台上对峙一段时间后，其中一个会突然出击，将对手打倒在地。也许你会震惊刚刚还疲惫不堪的他怎会在一瞬间反败为胜，原因就是他找到了对手的弱点，之后他将全身仅存的最后一点力量用来攻击对手的弱点，打败了对手，赢得了胜利。

这些都告诉青少年朋友，解决问题就要先找出问题的症结所在，仔细研究，找出对策，对症下药。

人们在谈到德国人做事严谨时，总会提到这样一件事。

中国沿海某城市的一家棉纺织工厂在改革开放初期从国外进口了几套较为先进的纺织机器。使用初期机器运转很正常，但一个月之后，工人发现机器发出的噪音越来越大，在启动时还伴随着"咔、咔"的杂音，而且织出的棉布的纹路较以前越发显得凌乱，并常常出现绞线、断线的情况。

花了那么高价钱买来的机器刚刚投产使用就出了问题，厂方人员十分焦急，四处寻找能够维修这台机器的技术人员。但在改革开放初期，我国的各方面技术水平还未达到世界级先进水平，这方面的技术人才更是少得可怜。无奈之下，厂家只能从机器的生产方——德国请来一位专家，帮助解决这一问题。

专家来到厂房，围着机器转了几圈，这敲敲、那打打，一副不紧不慢的样子。棉纺织厂的技术工人着急了。本来想从老外这里学习点真经，谁知他一味地敲敲打打，哪里像修机器的样子。该不会是骗人的吧？中方开始疑惑，但并未表态。

半天过去了，专家终于抬起头对翻译说了一句话："问题找到了。是组装机器时线圈的线多绕了一圈，把它去掉就好了。"说着，拿出笔，在机器上划了一道线，用手做了一个剪刀剪断的动作。中方技术人员通过翻译明白了问题的所在，上前动起手来。

不一会儿，多余的一层线圈去掉了，机器神奇地正常运转了，问题解决了。

当双方讨论报酬问题时，德国专家提出了1000元的薪酬要求，并申明：划一道线价值1元，知道这道线该划在哪儿价值999元。

这个故事告诉青少年朋友的是：德国专家之所以最终解决了问题，是因为他找到了问题的症结所在。

在问题出现时，能够找到解决问题的关键点，是现在的年轻人需要掌握的一项技能。与此同时，在纷繁复杂的问题中，找到主要问题，集中精力进行解决，也是青少年亟须把握的一个本领。

有的人在同时遇到许多事情时，总不知道如何是好，不知道该从何下手，这是因为他们分不清问题的主次。不能对问题进行正确把握，自然就会产生麻烦。

青少年朋友在遇到问题时，首先想到的应该是从主要问题入手，而不要被一些小事束缚住手脚。主次明确，分清轻重缓急，才能取得事半功倍的效果。

青少年朋友在处理问题时，如果能掌握各种事物之间的主次关系，能避开问题的细枝末节，那么就能均衡处理各种棘手的问题，而不会让慌乱干扰了正常的秩序。

当青少年朋友面对比较复杂的问题时，首先要理清头绪，把所要做的事情的轻重缓急搞清楚，不要乱了方寸。在众多复杂的问题中，如果不找出关键的问题，那么你的努力都是徒劳。

在生活中，我们会面对很多问题，你能分清主次和轻重缓急吗？面对一个问题，你能确定解决问题的关键点吗？如果你能做到，说明你离杰出青少年的行列又近了一点，真的应该拍手向你祝贺了呢。如果你还没有做到这一点，那么就从今天开始努力改变吧。

其实做到这一点并不难，只要你有耐心、有恒心。将你需要做的事列出来，分成 4 类：重要且紧急的事、重要但不紧急的事、紧急但不重要的事、既不重要又不紧急的事。重要且紧急的事是你要最先做且要十二分重视的，绝不可掉以轻心、马虎行事，因为这类事的成败往往关系重大；重要但不紧急的事需要你经过深思熟虑后得出成熟的方案，它不要求你立刻去做，但你一定要将它印在脑子里，不能怠慢；紧急但不重要的事多是一些杂事，看似不重要，但有时间限制，在做的时候可不投入过多的精力，但要保证在规定期限内完成；既不重要又不紧急的事你不妨放一放，但不要忘记了。一件事并不是一成不变地就应划分于哪一类，它往往随着时间的推移和环境的改变而有所不同，互相做着转换，这就要求我们根据形势的变化及时作出调整。对不同的事采取不同的方案，既不会浪费精力和时间，又能将事情做得漂亮，何乐而不为呢？

善于利用各种资源来解决问题

没有商品这样的东西，顾客真正购买的不是商品，而是解决问题的办法。

——特德·莱维特

大家有没有这样的体会，遇到问题时自己解决起来总感觉有些力不从心，依靠自己的力量往往难以达到预期的效果？这个时候，青少年朋友需要借助其他的资源来帮助我们解决问题、摆脱困境。

古人讲，做事讲求天时、地利、人和。实际上，这就是利用天、地、人的优势组合来解决问题的思想。

大家都听过"草船借箭"的故事，这就是诸葛亮善于利用资源来解决问题的经典案例。

诸葛亮在推动孙刘联盟的建立和运筹对曹军作战的方略中，所表现出的远见卓识和超人才智，使气量狭小的周瑜妒火中烧。为解除诸葛亮对他的威胁，周瑜设下了置诸葛亮于死地的圈套。

周瑜的如意算盘是：一方面以对曹军作战急需箭支为名，委托诸葛亮在10日之内督造10万支箭；一方面吩咐工匠故意怠工拖延，并在物料方面给诸葛亮出难题，设置障碍，使诸葛亮不能按期交差。然后周瑜再名正言顺地除掉诸葛亮。圈套布置好的第二天，周瑜就集众将于帐下，并请诸葛亮一起议事。当周瑜提出让诸葛亮在10日之内赶制10万支箭的要求时，诸葛亮却出人意料地说："操军即日将至，若候10日，必误大事。"他表示：只需3天的时间，就可以办完复命。周瑜一听大喜，当即与诸葛亮立下了军令状。在周瑜看来，诸葛亮无论如何也不可能在3天之内造出10万支箭，因此，诸葛亮必死无疑。

诸葛亮告辞以后，周瑜就让鲁肃到诸葛亮处查看动静，打探虚实。诸葛亮一见鲁肃就说："3日之内如何能造出10万支箭？还望子敬救我！"忠厚善良的鲁肃回答说："你自取其祸，教我如何救你？"诸葛亮说："只望你借给我20只船，每船配置30名军卒，船只全用青布为幔，各束草把千余个，分布立在船的两舷。这一切，我自有妙用，到第三日包管会有10万支箭。但有一条，你千万不能让周瑜知道。如果他知道了，必定从中作梗，我的计划就很难实现了。"鲁肃虽然答应了诸葛亮的请求，但并不明白诸葛亮的意思。他见到周瑜后，不谈借船之事，只说诸葛亮并不准备造箭用的竹、翎毛、胶漆等物品。周瑜听罢也大惑不解。

诸葛亮向鲁肃借得船只、兵卒以后，按计划准备停当。可是一连两天诸葛亮却毫无动静，直到第三天夜里四更时分，他才秘密地将鲁肃请到船上，并告诉鲁肃要去取箭。鲁肃不解地问："到何处去取？"诸葛亮回答道："子敬不用问，前去便知。"鲁肃被弄得莫名其妙，只得陪伴着诸葛亮去看个究竟。

当夜，浩浩江面雾气霏霏，漆黑一片。诸葛亮遂命用长索将20只船连在一起，起锚向北岸曹军大营进发。时至五更，船队已接近曹操的水寨。这时，诸葛亮又教士卒将船只头西尾东一字摆开，横于曹军寨前。然后，他又命令士卒擂鼓呐喊，故意制造了一种击鼓进兵的声势。鲁肃见状，大惊失色，诸葛亮却坦然地告诉他："我料定，在这浓雾低垂的夜里，曹操绝不敢贸然出战。你我尽可放心地饮酒取乐，等到大雾散尽，我们便回。"

曹操闻报后，果然担心重雾迷江，遭到埋伏，不肯轻易出战。他急调旱寨的弓弩手 6 000 人赶到江边，会同水军射手，共约 1 万余人，一齐向江中乱射，企图以此阻止击鼓叫阵的"孙刘联军"。一时间，箭如飞蝗，纷纷射在江心船上的草把和布幔之上。过了一段时间后，诸葛亮又从容地命令船队调转方向，头东尾西，靠近水寨受箭，并让士卒加劲地擂鼓呐喊。等到日出雾散之时，船上的全部草把密密麻麻地排满了箭支。此时，诸葛亮才下令船队调头返回。他还命令所有士卒一齐高声大喊："谢谢曹丞相赐箭！"当曹操得知实情时，诸葛亮的取箭船队已经离去 20 余里，曹军追之不及，为此懊悔不已。

船队返营后，共得箭 10 余万支，为时不过 3 天。鲁肃目睹其事，称诸葛亮为"神人"。

诸葛亮实际上并没有神通，他只是懂得天文、地理知识，懂得借助别人的资源来为自己服务。他自己没有军权，不能调度士兵，便向忠厚善良的鲁肃借船借人；3 天拿出 10 万支箭，自己造是没有能力的，但这个问题能不能通过别人来解决呢？可以。曹军中有现成的箭，为何不借来一用？那么，万事俱备了，为何迟迟不出发呢？因为还要天公作美，必等浓雾天气才能出动。同时，诸葛亮还充分利用了曹操一向谨慎的心理。由此可见，诸葛亮利用的资源还真不少。他的目标是明确的——10 万支箭。得到箭的方式，他采用了借——向鲁肃借船和士兵及布幔等，向自然借了浓雾，向曹操借谨慎的心思，向曹军借到了 10 万支箭。诸葛亮对世事的洞察与智慧由此可见一斑。

青少年朋友遇到问题时，也要学会拓展思路，积极寻找解决问题的方案，努力组合解决问题所需的资源，学会向别人借用资源。青少年朋友的目的不应只是解决问题，而且要更好地解决问题。

善于用曲线战术解决问题

开发人类智慧的矿藏是需要由患难来促成的。

——大仲马

当问题摆在面前需要解决；当你一筹莫展地不知该从哪里入手；当你想了许多方法都不能有效地解决问题，你有没有考虑过采用其他战术呢？比如采用曲线战术。

曲线战术，顾名思义，就是不采用直接的手段去解决问题，而是绕一个弯，或换一种思路，用另一种办法去解决。

在历史上和生活中，采用曲线战术达到目的的例子比比皆是。抗战时期，毛主席主张农村包围城市战略就是曲线战术运用的一个极佳案例。现在，这种方法仍被广泛运用，而且十分有效。

有一家效益相当好的大公司，决定进一步扩大经营规模，高薪招聘营销主管。广告一打出来，报名者云集。

面对众多应聘者，招聘经理说："相马不如赛马。为了能选拔出高素质的营销人员，我们出一道实践性的试题：就是想办法把木梳尽量多地卖给和尚。"

绝大多数应聘者感到困惑不解，甚至愤怒：出家人剃度为僧，要木梳有何用？岂不是神经错乱，拿人开涮？应聘者接连拂袖而去，几乎散尽。最后只剩下 3 个应聘者：A，B，C。

经理对剩下的这 3 个应聘者交代："以 10 日为限，届时请各位将销售成果向我汇报。"

10 日期到。经理问 A："卖出多少？"答："一把。""怎么卖的？"A 讲述了历尽的辛苦，以及受到众和尚的责骂和追打的委屈。好在下山途中遇到一个小和尚一边晒着太阳，一边使劲挠着又脏又厚的头皮。A 灵机一动，赶忙递上了木梳，小和尚用后满心欢喜，于是买下一把。

经理又问 B："卖出多少把？"答："10 把。""怎么卖的？"B 说他去了一座名山古寺。由于山高风大，进香者的头发都被吹乱了。B 找到了寺院的住持说："蓬头垢面是对佛的不敬。应在每座庙的香案前放把木梳，供善男信女梳理鬓发。"住持采纳了 B 的建议。那山共有 10 座庙，于是买下 10 把木梳。

经理又问 C："卖出多少？"答："1000 把。"经理惊问："怎么卖的？"C 说他到一个颇具盛名、香火极旺的深山宝刹，朝圣者如云，施主络绎不绝。C 对住持说："凡来进香朝拜者，多有一颗虔诚之心，宝刹应有所回赠，以做纪念，保佑其平安吉祥，鼓励其多做善事。我有一批木梳，你的书法超群，可先刻上'积善梳'3 个字，然后便可做赠品。"住持大喜，立即买下 1000 把木梳，并请 C 小住几天，共同出席了首次赠送"积善梳"的仪式。得到"积善梳"的施主与香客，很是高兴，一传十，十传百，朝圣者更多，香火也更旺。这还不算完，好戏还在后头。C 还向住持建议买一些不同档次的木梳，以便分层次地赠给各个社会阶层或类型的施主与香客。住持欣然答应了。

就这样，C不但成功地将梳子卖给了和尚，还趁机开拓了市场，向寺庙提供了更多品种的木梳。

将梳子卖给和尚，听起来荒诞不经。但仔细想想，是不是真的没有办法了呢？梳子除了梳头的实用功能，有没有附加功能呢？利用梳子的附加功能将其卖出，看似走了个弯路，却收到了不错的效果。

青少年朋友在生活中遇到的许多问题也会同上面的故事一样，令大家感到棘手。但当你摆脱固定的思维模式，采用一种全新的思考方式，从问题的另一方面入手，也许会给你"柳暗花明又一村"的感受。

日本的一个南极探险队首次准备在南极过冬时，遇到了这样一个难题：队员们要把船上的汽油输送到基地，但发现输油管的长度不够，当时又没有备用的管子。怎么办才好呢？正当大伙十分着急的时候，队长西崛荣三郎突然联想到：可以用冰来做成管子。南极气温极低，屋外到处都是冰，而且"滴水就能成冰"。问题在于，怎样才能使冰成为管状，且不至于破裂。西崛荣三郎接着又联想到了医疗上使用的绷带，这种绷带他们带来了不少。他设想：把绷带缠在铁管子上，然后在上面浇水，让水结成冰后，再拔出铁管子，这样不就能做成冰管子了吗？一试，果然获得了成功。他们把做成的冰管子再一截一截地连接起来，需要多长就能接多长。就这样，输油管长度不够的难题便解决了。

这种方法在青少年的学习中也同样适用。问题证明不了，方程解不出来，是不是可以尝试另一个公式？在另外的地方再画一条辅助线试试看，虽然都可以得出第一个结论，但画了这条线是不是也可以将第二、第三个结论证明出来了呢？你不妨拓展一下思路，哪怕用看似最笨的方法试一下，也许几分钟后，你会发现原以为最麻烦的方法原来是最方便的。

釜底抽薪，不留后患

千万人的失败，都是失败在做事不彻底，注注做到离成功尚差一步就终止不做了。

——莎士比亚

解决问题的开端和结尾十分重要。这就是说开端要防患于未然,将隐患扼杀在摇篮里;结尾则要果断行事,釜底抽薪,不留后患。

我国古人对釜底抽薪的含义理解得较为深刻,并应用到作战中。曹操大烧袁绍乌巢粮囤便是对"釜底抽薪"最直接的诠释。

话说关羽斩了颜良、文丑,这两场仗打下来,袁军将士被打得垂头丧气。但是袁绍不肯罢休,一定要追击曹操。监军沮授说:"我们的人尽管多,可没像曹军那么勇猛;曹军虽然勇猛,但是粮食没有我们多。所以我们还是坚守在这里,等曹军粮草用完了,他们自然就不战自败了。"

袁绍根本不听沮授劝告,命令将士继续进军,一直赶到官渡,才扎下营寨。曹操的人马也早已回到官渡,布置好阵势,坚守营垒。袁绍看到曹军守住营垒,就吩咐兵士在曹营外面堆起土山、筑起高台,让兵士们在高台上居高临下向曹营射箭;曹军只得用盾牌遮住身子,在军营里走动。

就这样,双方在官渡相持了一个多月。日子一久,曹军粮食越来越少。但是,袁绍的军粮却从邺城源源运来。

袁绍派大将淳于琼带领1万人马送运军粮,并把大批军粮囤积在离官渡四十里的乌巢。

袁绍的谋士许攸探听到曹操缺粮的情报,向袁绍献计,劝袁绍派出一小支兵马,绕过官渡,偷袭许都,袁绍很冷淡地说:"不行,我要先打败曹操。"

许攸还想劝他,正好有人从邺城送给袁绍一封信,说许攸家里的人在那里犯了法,已经被当地官员逮了起来。袁绍看了信,把许攸狠狠地骂了一通。许攸又气又恨,想起曹操是他的老朋友,就连夜逃出袁营,投奔曹操。

曹操在大营里刚脱下靴子想睡,听说许攸来投降他,高兴得光着脚板跑出来。他拍手欢迎许攸,说:"哎呀,您肯来,我的大事就有希望了。"

许攸坐下来说:"袁绍来势很猛,您打算怎么对付他?现在您的粮食还有多少?"曹操说:"还可以支持一年。"许攸冷冷一笑,说:"没有那么多吧!"曹操改口说:"对,只能支持半年了。"许攸装出生气的样子说:"您难道不想打败袁绍吗?为什么在老朋友面前还说假话!"

曹操只好实说,军营里的粮食,只能维持一个月。许攸说:"我知道您的情况很危险,特地来给您报个信。现在袁绍有1万多车粮食、军械,全都放在乌巢。淳于琼的防备很松,您只要带一支轻骑兵去袭击,把他的粮草全部烧光,不出3天,他就不战自败了。"

　　曹操得到了这个重要情报，立刻把曹洪等人找来，吩咐他们守好官渡大营，自己带领5000骑兵，连夜向乌巢进发。他们打着袁军的旗号，沿路遇到袁军的岗哨查问，就说是袁绍派去增援乌巢的。袁军的岗哨没有怀疑，就放他们过去了。曹军到了乌巢，就围住乌巢粮囤，放起大火，把1万车粮草，烧得一干二净。乌巢的守将淳于琼匆匆应战，也被曹军杀了。

　　正在官渡的袁军将士听说乌巢起火，都惊慌失措。袁绍手下的大将张郃、高览带兵投降。曹军乘势猛攻，袁军四下逃散。

　　釜底抽薪，是一种方法，也是一种策略。从根本上解决问题，不但指解决我们看到的问题，还指解决心理上的重重顾虑。这就需要将解决方案摆在明处，让大家都能看到、听到、理解。宋朝宰相文彦博就是采用"釜底抽薪"的攻心术打消了民众的猜疑，稳定了市场。

　　宋仁宗至和年间，国家财政紧张，几种钱币同时流通，国家难以控制市场。于是，便有大臣上疏仁宗，请求统一钱币，特别是要罢掉陕西铁钱，由国家统一铸币流通。仁宗接到奏疏，召大臣们讨论。大多数人觉得罢掉铁钱会造成市场混乱，所以并没有实行。但消息却传了出去，一时间，首先从京都汴梁（今河南开封）开始，刮起一股风："朝廷要罢掉陕西铁钱了，赶快脱手出去，晚了就一钱不值了！"

　　一传十，十传百，不长时间便传遍了各个城市乡村。那时，陕西铁钱不仅在陕西，连京都及周围一带都十分通行，存这种钱的大有人在。大家听说这辛辛苦苦挣来的血汗钱就要废了，那还了得，所以都纷纷拿铁钱到店铺中抢购货物，不管目前用不用，先抢到手再说。店铺老板也不是傻子，他们比别人更早得到了消息，因此纷纷挂出牌子：不收陕西铁钱。一时间，市场大乱，人心浮动，危及治安。

　　消息马上反馈到朝廷，仁宗大为恼火，一边追查是谁传出的消息，一边责令宰相文彦博迅速处理此事，平定市场，安定民心。

　　文彦博深深知道，市场上的事有时单靠强令是办不好的。法令出去，大家还会将信将疑。特别是平民百姓，看重的是实例，而不是一纸公文。想到这里，文彦博对大家说："这样吧，先让我来独自经办此事。若我财力不足时，再麻烦各位。"

　　他回到家中，询问管家："丝绢缣帛还有多少？"管家说："还有500匹。"

于是文彦博让管家找来京城中最大的绸缎铺主，托他代卖这些丝绢，并特别叮嘱：不要其他的钱，只收陕西铁钱。

店主照办，第一天简直挤破了门。别的店主都来打听为何收陕西铁钱，当他们得知是文丞相让店主代卖代收的，都放下心来，连丞相都要铁钱，看来铁钱是绝不会废止了，于是各店也收起了铁钱。

消息传扬出去，老百姓都放下心来，再没人急于脱手陕西铁钱去抢购货物了。一场市场动乱就这样让文彦博平定了下来。

青少年朋友在生活中也要学会"釜底抽薪"化解问题的方法。将问题解决彻底，不能只将问题解决一部分就搁置一旁，妄想它会自动化解；而要大家亲自动脑去想办法、动手去实践，才能全方位地把握局势，设定最佳的行动方案，从根本上解决问题、摆脱困境。

第五章　正确把握感情
——花季雨季，坦然走过

哈佛告诉你

走过了花季，踏过了雨季，如果你付出了汗水与真诚，收获了知识与友情。回首凝视时，心中将一片坦然，因为你可以自豪地说："我拥有了一段美好的时光，我过得很充实、很快乐。"

认识"青春期"

初恋的芬芳在于它是热烈的友情。

——赫尔岑

青春期并不神秘。青春期是每个人都要经历的阶段。

在青春期阶段，青少年朋友的身体和心理会发生一系列的变化。骨骼、肌肉在这个阶段发育得最快,这也是青少年朋友长个子的主要阶段。此时的各种生理器官都发育得更为完善,包括性器官。青少年朋友的身体会发生较为明显的变化:男孩的个头迅速增高,开始长胡须,开始出现"遗精"现象;女孩开始来月经,且身体发育得越来越丰满。

因为性生理的成熟,第二性征的成熟促使个人越来越像成人,在心理上就感觉自己是一个大人,对自己的一切越来越注意,脸上的一颗青春痘虽然是微不足道,但却认为全世界的人都在看那颗青春痘;同时也开始喜欢异性,总觉得自己的心理都随着对方打转,如果没有看到对方就像失落了什么,不是无精打采,就是火暴十足,看什么都不顺眼,这就是心理需求的发展,需要和别人有亲密关系的亲和需求,如果没有满足就会感到孤立、寂寞、被疏离。由于自我的成长,也使得情感越来越丰富,但因为无法适当表现,就容易隐藏在内心里,而透过自我幻想来实现,引发了浪漫的情怀,具有理想色彩。一旦在实际中发现他人具有自己梦幻的某些特质时,就会将对方当成自己的喜欢对象,也就是所谓的一见钟情。有的人就把影星、歌星当成偶像,也有的人把周围所碰到具有自己梦中情人特质的人当做对象,例如你的老师、同学、邻居大哥、小妹,这就是喜欢的感情。但由于这个梦幻情人只是自己虚构的理想角色,因此一旦又碰上其他具有这些特质的对象时,就会很快的产生好感。偶像的生命不长,会常常更换也正是这个道理。

这种对他人会有好感,希望和他常在一起的心理,就是亲和的需求。就如同小动物出生下来就会寻求第一眼所看的对象为照顾者一样,每个人都需要满足被照顾的需求,或者避免害怕恐惧的心理,以及和别人接触会得到更舒适的感觉。所以在心里头有那种想和别人做伴的需求。有人曾做过这样一个实验:一个人在南极独处6个月,只有收音机与之做伴,以维持与别人单向沟通。在第24天时,这个人会感到寂寞无聊,心里很沮丧;第63天则开始怀疑人生的意义。由此可见人类与别人沟通、与他人为伴的需求有多么强烈。

还有一个类似的实验,以大学生为对象,每人独处在一室内,与外界没有任何接触,如能独处一天就可以得到20美元,结果最长的一个人只待了8天,由此可见人需要和别人发展亲密的关系,也就是有亲和的需求。

由于性生理的发展和逐渐成熟,性意识开始觉醒。在心理上强烈地意识到男女有别,意识到男女之间交往与同性之间的交往,无论在交往方式上还是在交往的内容上，都会有许多不同。因而，不可避免地产生了对异性的一种朦胧的好奇心，渴望了解异性，不自觉就产生了对异性的一种青涩的爱恋之情。这时的青少年，尤其是女孩开始有意识地修饰自己的仪表，注意自己的谈吐，希望自己能够引起异性的注意，同时也对异性产生好感。我们在异性面前或是表现为热情、兴奋，用种种方式表现自己；或是表现慌乱、羞怯和不知所措，面对这一切，许多青少年表现出极大的不安。科学研究告诉人们，青少年的这种变化都是青春期异性之间相互吸引的表现，是一种正常的心理变化。

但是，青少年也不能因为这是正常的心理变化，就任其自由发展，更不能把这种由于青春期变化产生出来的异性之间的吸引，当成爱情去盲目地追求。青少年面对这种心理变化，必须理智，要自觉地运用道德和法律规范自己的言行，克服头脑中的某些不正当的欲念，用理智战胜感情的冲动，并且不断用丰富多彩的文体活动充实自己，在与异性接触时，要自觉地将注意力放在学习、工作、兴趣、爱好等方面的交流上，同时要注意有意识地扩大交友范围，做到为相互学习、相互促进而交往，建立起纯真的友谊。

"早恋"不是罪

毫无经验的初恋是迷人的，但经受得起考验的爱情是无价的。

——马尔林斯基

青少年正处在一生中最重要的阶段。无论在生理方面，还是在心理方面，都在迅速发展和变化。身材越来越高大，内脏器官变得越来越成熟。与此同时，知识越来越丰富，认识活动由具体思维向抽象思维过渡，开始对外部世界形成总体的看法和认识。由于体内荷尔蒙的分泌发生了变化，性器官的发育开始萌动，对异性开始产生兴趣。并且开始有了自己是一个成人的感觉，再加上外界、媒体的影响，因此在这一期间青少年朋友出现早恋行为并不奇怪。有些人对"早恋"有恐惧心理，认为喜欢异性是不正常的，是件不光彩的事情，尤其是家里的好儿子、乖乖女，他们认为喜欢异性就不是好孩子了，会受到谴责。所以，一方面，对喜欢的人放不下；一方面，心理又十分矛盾，从而背上了沉重的心理负担。其实大可不必。当我们弄清早恋产生的原因后，就不会过度恐惧、担忧了。

早恋指青春期或青春期以前的少年出现的爱恋现象。早恋又称牛犊恋，多与环境因素引起早熟性兴奋和性萌发有关；一部分也与孤独、空虚、心理上缺乏支持有关。陷入早恋之中的少年男女因受到相互的吸引、互相爱慕、互相支持，情绪是欢愉的，情感是纯真的。由于情感处于主导地位，通常缺乏理性。多数人有肉体和性接触的意向，但不一定都付诸实践。相当多的早恋少年满足于温馨的即景般的情感交流和卿卿我的言语交流。

早恋是由于受了外部"催化剂"的性早熟的结果，很难指向一个固定的性对象；对某一异性对象的爱慕或倾倒是非理性的。例如有的少年称他之所以喜欢班上那个女生，是因为她的一双手长得灵巧美丽；有的则认为对方的声音好听；有的认为他的异性伙伴有部带遥控的玩具汽车。

如果发现自己有喜欢某个异性的倾向，或身边的朋友、同学出现了早恋现象，不要感到震惊和恐惧。早恋并不是道德品质差的表现。早恋不是罪，但早恋却有可能会给青少年朋友带来不好的影响，它会影响学习。恋爱会分散精力，尤其是青少年还不能很好地控制自己，一旦早恋，很有可能将过多的注意力转移到异性身上，而放在学习上的精力和时间就会不自觉地减少。所以，我们并不提倡早恋。

到了一定的年龄，每个人都会产生与异性接近的欲望，这是人的一种情感需求，并不是病态，也并不可怕。早恋也是如此。

心理学家认为异性交往会有如下几点互补性。

个性互补

单一的同性交往，远不如多向的异性交往更能丰富人的个性。

心理学研究表明，社会中的个人，交往范围越广泛，和周围生活的联系越多样，他的各方面社会关系就越深入，精神世界就越丰富，个性发展就越全面。尽管同性间的个性也存在着差异，但如果只和同性人交往，人的个性发展往往很狭隘，因为这种差异远不如异性间的个性差异明显和有意义。

心理互励

心理学家发现，大多数人，尤甚是青少年，都有心理上的"异性效应"，往往表现为有异性参加的活动，较之只有同性参加的活动，参加者一般会感到更愉快，干得也更起劲、更出色。这是因为，当有异性参加活动时，异性间心理接近的需要得到了满足，从而使人获得程度不同的愉悦感，从而激发出潜在的积极性和巨大的创造性。

情感互慰

人际间的情感是极为丰富的，除了爱情之外，还有亲情、友情、同情、敬爱、恩情，等等。男女之间可以有不带爱情色彩的情感交流，它可以使人感受到温暖，达到心理上的平衡。在"异性效应"的作用下，这种情感的交流更为密切，能达到有效的情感互慰。

智力互偿

研究表明，虽然人类智力的高低总体上没有性别差异，但男女之间的智力特质却有区别。以思维能力为例，男性比较擅长离奇、大胆的抽象逻辑思维，善于抽象和概括，更喜欢用综合的方式对待现实；女性则擅长于具体形象思维，比较感性，更适合处理以实践应用和形象思维为支撑的事情。通过异性交往，双方均可从对方那里取长补短，以促进自己的智力水平和学习、工作效率。但是，青少年毕竟处于一个较为特殊的人生阶段。一个人的价值观、世界观基本上是在这一阶段成熟起来的。在此阶段，人的身心发育还不够完善，情感认识还不够理性，情绪掌控还不够稳定。很容易因为一时冲动而酿下苦果。所以，青少年尽量不要发生早恋，要学会与异性朋友建立健康、互助型的友谊。

那么，青少年朋友应该怎样做呢？

互相尊重和理解

男女之间在气质、性格、身体、爱好等方面往往有着较大差异，只有彼此互相尊重和理解，异性友谊才能维持和发展。

不要过于随便

纯正的异性朋友，自然可以堂堂正正地来往和接触。但毕竟有性别差异摆在那里，一举一动都要大方得体，不能过于随便，否则可能会伤害彼此和身边的其他人，有损友谊的巩固。

注意交往场所

异性朋友单独相处时，要注意选择合适的场所，尽量不要在偏僻、昏暗处长谈。如果在房间里单独谈话，不要紧闭门窗。以免引起不必要的误会。

分清友谊与爱情的界限

友谊和爱情之间既有联系又有区别。人们之间的爱情关系和友谊关系都是以彼此之间相互欣赏为基础的。友谊和爱情两者之间有严格的区别：首先是内涵不同。友谊是同学或朋友间的一种平等的、诚挚的、亲密的、互相依赖的关系，而爱情则是男女之爱，并渴望对方成为自己终身伴侣。其次是对象不同。友谊是广泛的交往，可以通四海，朋友可以遍天下，人们可以和各种对象发展友谊，而在爱情世界里，却是男女之间的隐私之情，只能是真挚专一、忠贞不二，如果第三者加入，便产生嫉妒心理和排除异己的行为。再次是要求不同。友谊关系中，主要承担道德义务。而爱情关系在双方缔结婚姻关系后，不仅承担道德义务，还要承担法律责任。

异性朋友一定要注意，不要模糊两者的界限，否则不但失去友谊，还会失去爱情。

早恋不是罪，但不要轻易去尝试。把握好与异性交往的尺度，让自己的身边有更多的好朋友。

是爱还是懵懂

恋爱是对异性美所产生出来的一种心理上的燃烧的感情。

——萧伯纳

我们都会做梦。男孩子小时候也许都梦想自己是一个英俊的王子，历尽千辛万苦，终于找到了自己心目中的公主，她美丽大方、温柔体贴，你最喜欢的就是她那双会说话的大眼睛；女孩子小时候也许都梦想自己是一个美丽可爱的公主，等着白马王子来迎接自己，他英俊高大、机智幽默，你最喜欢的就是他深沉且略带忧郁的眼神。

之后，男孩和女孩都长大了，并在现实生活中寻找自己的"公主"和"王子"。当发现某个人的某种特质与自己梦中的理想对象相符时，就会对对方产生好感，也就是我们说的喜欢。许多青少年认为这就是爱，而实际上，这两者是有本质区别的。

喜欢是尊重对方，认为对方有其优点值得自己去尊重，且有好评，或认为对方的态度与自己相似。这就是喜欢的情感。而爱情则包含亲密的感情、对对方的关怀和情绪上的依赖。由此可见许多人的爱情感觉，其实只是有浓烈的喜欢感觉而已。不只是异性同学，甚至是学校老师，荧幕媒体的明星偶像，都是爱慕的对象，这只是个人产生好感，认为对方某些部分与自己相似而喜欢对方而已。但有些人却将这种喜欢当做爱情，认为对方与自己的关系和别人不同，因此有时候会产生认知的偏差，不是认为自己已坠入爱河，就是自己在单恋，或者失恋。一见钟情也就是这种将对方的某些特质与自己梦中情人特质吻合配对的喜欢情感而已，只不过误以为是爱情。这是时下许多青少年的苦恼来源。因为这种感情欠缺相互亲密的成分。

心理学家认为爱情应该从情绪、动机和认知3种因素来探讨，真正的爱情不只是比喜欢更浓烈，它需要涵盖3种因素，才是真正的爱情。一是在情绪上有亲密的感受；另一是在动机方面要有激情，包含生理需求及冲动；第三种是在认知上要有承诺。情绪的亲密感受会使个体产生喜欢接近对方、相互联系、彼此相互感到温暖的感觉，而不是只有单方面才有这种感觉，否则只是单恋或暗恋。在动机方面的热情，则表现在异性间的吸引力，这种因为生理冲动与需求会有激情的感觉，很喜欢接近对方，碰触、抚摸。但需要自尊自重、自我控制，有些人往往因为这种冲动而不能自制，造成进一步的性关系，而无法更进一步的沟通，也就容易造成日后的分手。除了亲密与激情外，还要在认知上能理性地承诺，这种承诺是自己在理性选择下所作的决定，愿意为维持双方关系而作的决定。有人提出爱是付出而非占有，意思指双方要相互尊重对方的决定和意愿，不能勉强。有些人往往自己认为我已经对你付出这么多，你相对的也要对我如何如何，否则的话，我就要对你采取什么动作，这就是一种强求手段，就是误解了感情的含义。因此从爱情的因素组成来看，亲密、激情和承诺都没有就是无爱，只有亲密时那只是喜欢，只有激情，称为迷恋，只有承诺就称为空爱；缺乏承诺的爱情是浪漫的爱；缺乏亲密的爱情是愚蠢的爱；缺乏激情的爱是友谊式的爱。只有亲密、激情与承诺都具备才是完全的爱情。

仔细想一想，你对他（她）的感情究竟是喜欢还是爱。不要把青春期自然萌动的对异性的喜欢或好感与爱混为一谈。这是两种绝对不一样的感觉，是很不同的心理状态。喜欢就像一条小溪，清澈见底；爱则是一片汪洋，浩瀚无边。你需要用心去聆听，才能将二者分辨出来。如果不经过理性的思考，只是跟着感觉走，就会混淆二者，导致判断失误，以致自作多情，甚至自寻烦恼，耽误了青春和学业。

青少年朋友现在还不成熟，考虑问题还不全面，随着日后知识的增长、视野的开阔、心智的成熟，很容易"见异思迁"。其实并不是你"变心"了，而是本来并没有去爱。爱一个人是要求感情专一的，而喜欢则不是，你可以在不同时间喜欢不同的人，甚至可以在同一时间喜欢着不同的人。

所以，不要轻易说你爱谁。只有弄懂了爱的深层含义，你才有资本说出这个字。爱一个人，是要负责任的，问一问自己，已经做好准备了吗？

长大以后再说爱

初恋，在现实中虽然没有结果，但在回忆中它却是朵永远不凋的花朵。

——白石浩一

青少年朋友在面对异性时，经常会有一种情怀，就是喜欢一个人不知如何表达内心的爱恋，我该如何面对异性？我如何去表达？如何让对方知道我对他的爱，爱在心里口难开。面对此种青涩的情怀或是情窦初开的现象，青少年朋友应该冷静地思考：我真的喜欢他吗？他是我的最爱吗？我了解对方吗？对方了解我吗？他有什么优缺点？我能容忍他的任何缺点吗？我能在学业与交异性朋友之间作妥善的安排吗？因为交异性朋友就牵涉"作决定"与"负责任"的问题，什么时候作决定较恰当？什么时候作决定较完美？什么时候交异性朋友较理想等都是必须深入去考虑的问题，在身心尚未发展成熟时就交异性朋友不但对自己的成长没有帮助，相反会影响并阻碍其他各方面的发展。

更重要的是，此时期青少年通常无法为自己作的决定负责，必须由父母或他人来承担后果，一时的激情必须以终生的幸福作为赌注。因此，喜欢一个人要等他长大，也要等自己长大，长大以后再说爱。

青少年朋友常挂在嘴上的口头禅多为："只要我喜欢有什么不可以！我是我自己，父母说左我就要说右！""父母说黑我就要说白！父母说我错，我就要错！"在此种情怀与逻辑推理中，只要男女相爱，永结同心，海誓山盟，在一起有何不可？殊不知，年轻的心是飞扬的心，同时也是脆弱的心，容易受到伤害，而影响一生的发展。

当你做任何事，作任何决定时，除了考虑自己也要顾虑他人，你如此做对自己、对亲人、对他人有无影响？行为的后果如果损己利人或是对大家都有损害等都应该慎重考虑。

青少年朋友真的要弄清楚：我真的爱他（她）吗？难道不是一时冲动吗？以后会不会出现什么变化？看看下面这对父子的对话，相信你会有所启发。

儿子16岁了，上高一，正与一个同班女孩相恋，而且爱得挺认真。男孩的爸爸不赞成他们的事，但并没有棒喝儿子，而是与儿子进行了一次真诚的、朋友式的对话。

父：儿子，你觉得她怎么样？你爱她哪一点呢？

子：我觉得她是我认识的女孩里最好的，她很聪明，很善解人意。

父：爸爸相信你的眼光。但是，你才上高一，你认识的女孩有多少？

子：……

父：你说你将来要出国上名牌大学，想成为一名律师或金融家。你知道你将来会遇上多少好女孩？爸爸并不反对你现在谈女朋友，但是爸爸最反感的是见异思迁。你16岁就有了女朋友，这女朋友是你到目前为止认识的最好的女孩，可是，等将来你遇到更好的，你会不会后悔？你敢保证一辈子都守护她一个人吗？

子：……可是，现在让我离开她，我很痛苦。

父：我给你买的walkman呢？

子：怎么问这个？现在我们都用MP3，谁还听walkman。我把它放在箱子里锁起来了。

父：儿子，这就叫喜新厌旧、见异思迁。以后会不会有一个MP3女孩取代现在的walkman女孩呢？

子：爸爸，您别说了，我明白该怎么做了。

是的，每一个人都会喜新厌旧，会见异思迁。这就是事实。因为你会长大，你会发展，你会走出现在小小的生活圈子，你会遇见更多的人。也许那个最适合你的人仍在远方，需要你长大以后才能与他（她）相识、相恋。

了解必要的性知识

我们虽然逃不过恋爱的烦恼，但却可以事先预防，免于沦为恋爱的玩偶。

——罗曼·罗兰

现在，由于教育模式跟不上社会的发展变化，部分教师思想仍旧保守落后，使得性教育在校园还没正常开展。实际上，这是教育的一个失误。有些家长和教师认为让孩子了解太多关于性的知识，会使孩子"学坏"，这又是一个误区。任何人都会对貌似神秘的事情抱有浓厚的兴趣。性，本来并不神秘，只是我们不敢面对它，谈"性"色变，以为是卑鄙下流的事情，对它总是遮遮掩掩，才将它搞得似乎很神秘。青少年朋友要揭开"性"神秘的面纱，以正确的心态了解健康的性知识。

青少年朋友需要懂得的性知识包括以下3方面。

性生理、心理知识

性生理、心理知识包括男女生殖器官的解剖生理学知识；青春发育期的表现和卫生，第一性征和第二性征的发育；性器官和性生活的卫生，男女性意识、性心理卫生知识，手淫和遗精知识，初潮和月经知识，避孕和计划生育知识，优生知识；性病的防治知识等。

性道德知识

性道德知识包括在两性关系方面应该遵循的准则和规范，养成自尊自爱、自我克制、相互尊重、相互体贴、相互关怀的优良品质，为道德品质的发展和今后婚恋生活打下良好的基础。

性法律知识

性法律知识包括两性关系有关的法律知识，尤其是婚姻法和刑法中的有关内容，了解在两性关系中哪些行为是合法的，哪些是非法的，哪些行为是要受到刑事处罚的，怎样的行为要受到什么样的处罚，等等，以增强法制观念，减少和避免犯错。

现在课堂上通常不能将性知识较为全面地传授给青少年朋友，这就需要你自己去学习。可供选择的方式有许多：可以向父母等长辈咨询，可以查找书本知识，可以查找网络资料。

向父母等长辈咨询，要做到诚恳大方，没有什么值得害羞的。有时候，一些你认为很严重、难以解决的问题到了这些"过来人"那里可以给你提供很好的建议。

查找书本和网络资料时要多加小心，不可是书就读，是网站就进。由于各方面的原因，有些书的内容和质量是不保险的。网站更是如此，往往打着"普及性教育"的旗号肆无忌惮地宣扬不健康的性消息，其中的色情内容过多，如果长期接触，很容易沉迷其中，从而危害到青少年身心的健康成长。

那么，青少年朋友在选择图书和网站时就要学会鉴别，哪些是可读、可看的？哪些是可以看一点的？哪些是完全不能看的？在自己的心里应该有一个平衡杆。如果平衡杆倾斜了，就说明书或网站中的不安全因素超标了，自己就要避开它，去寻找那些内容安全、可靠的资料。

了解健康的性知识，可以使青少年朋友走出"性"的盲区，更客观、更科学地认识性，认识爱与性之间的关系，可以更深刻地理解爱。

了解健康的性知识，摒弃错误的、变态的性知识，可以使青少年朋友的身心得到更健康、更完善的发展，对青少年朋友的行为起到指导、衡量的作用。

了解健康的性知识，对青少年朋友正确价值观和人生观的形成有很大的促进作用。

不因情感而荒废学业

不要只是为了爱——盲目的爱，而将别的人生要义全盘疏忽了。

——鲁迅

如果说传道授业是教师的天职，保家卫国是军人的天职，救死扶伤是医生的天职，那么，青少年朋友的天职就是学习。

学业应是你心中的第一重要事项，没有任何事可以动摇学业在你心中的地位。包括情感。

对于谈恋爱会不会影响学习，众说纷纭。

学生常持的观点是：他们在交往中尽量不影响学习。也有许多恋爱的学生认为，恋爱不会影响他们的学习；更有少部分人认为，恋爱可以促进学习成绩，因为两个人在一起可以互相帮助、共同进步。

然而，家长和老师的观点则是：恋爱会对学习产生不良影响。

现实中，人们也会看到恋爱成为学习的动力的事例，但毕竟是少数，而且少得可怜。人们看到更多的是不愿看到的后果：因为谈恋爱，双方耗费了大量的时间和精力，不能集中注意力到学习上，从此学习成绩一落千丈，一蹶不振。

丽丽高三了，学习成绩一直是班级前10名，考名牌大学本来应该没有问题。但就在大家为了高考而拼命学习的时候，她喜欢上了班长张亮。

张亮为人热情、开朗，成绩与丽丽相仿，而且是个体育健将，篮球场上经常能看到他帅气的身影。

大家都很喜欢张亮，也有其他女生向张亮传递着"喜欢"的信息，但他一概不接受，唯独对文静娇小的丽丽怀有一种特殊感情。他愿意关心和帮助丽丽，丽丽也喜欢被他关心和帮助。

就这样，在黑色的6月来临前不久，张亮开始和丽丽交往了。

老师看在眼里，急在心里。这可是考大学的两棵好苗子，如果因为恋爱而影响成绩，就得不偿失了。

老师开始分别找两人谈话，对他们晓之以理，动之以情，好话赖话说了一箩筐，结果两个人都对老师表态："不会分开，但请老师放心，不会影响成绩。"

从此，篮球场上不见了张亮的影子，操场上多了两个遛操场的人；自习室、饭堂多了两个总坐在一起的人。丽丽开始更加关心张亮的生活，好吃的为他留一份，有时还为他洗衣服。

就这样，大家迎来了高考，又送走了高考。

高考成绩发榜时，老师吃了一惊：张亮的成绩未受影响，而丽丽却与本身水平相差一大截，险些名落孙山。

之后，很自然的，张亮和丽丽去了不同的大学。再后来，两个人就分开了。

看到这个故事，也许你并不陌生。很多学生恋情都会有这样的结果：恋爱对男生的影响要小于对女生的影响。这其中有几方面因素。

一是，由于性格和心理素质的男女差别，情感问题对女生情绪的影响要大于男生。实验表明，女生看待问题更为感性，而男生较为理性一些，所以，遇事时女生的情绪波动比男生大。也可以用此来解释女生在恋爱时会更加影响学习成绩。

二是，每个人的自控能力不同。面对同一件事，不同的人会有不同的反应，每个人平衡生活、学习与其他事物的能力也不尽相同。恋爱也是如此，如果把握好尺度，调配好学习的时间安排和精力投入，就不会对学习产生太大的不良影响；而如果心中没有这个尺度，或不能很有效地控制自己的行为来遵循这个尺度，因恋爱而影响学习的现象也就不奇怪了。

所以，无论是男生还是女生，如果你选择了在未完成学业时谈恋爱，都应该有足够的自制力，将恋爱对学业的影响降到最低。青少年朋友还有很长一段路要走，需要用更多的知识来充实头脑，所以，需要不断学习。学业对于青少年朋友的意义是其他事情所不能取代的，让情感影响学业，注定是最后的输家。

学会情感转移

含情欲说独无处，传于琵琶心自知。

——王安石

当你在不恰当的时候喜欢或爱上了一个人，或因各种原因失恋了，而感到十分痛苦时，你会怎么做？是将自己封闭起来，还是寻找其他发泄的方式？下面这个母亲也许会教你一种排解的方法。

一位母亲发现自己的孩子在早恋，不仅没有斥责儿子，反而比过去更关心儿子，知道儿子喜欢语文，便鼓励儿子参加年级朗诵组，还启发儿子写日记，儿子的写作水平得到了迅速地提高。于是，儿子的习作频频出现在班级的墙报上。儿子渐渐有了成就感，就开始由一对一的交往转向了集体，常为班级做好事，被选入班委。1年后，期末考试排全年级第5名，被评为"三好学生"。学习、集体活动成了儿子的主要活动，当初对异性的爱慕心理渐渐平息、淡化。

这就是情感转移的方法。所谓情感转移，是指通过从认知上和行为上的调整，将那些强烈而持久的消极情绪转移开去的一种心理疗法。情感转移疗法适用于神经症、心身疾病和健康人的情感调整。

　　人们对任何事物都会作出情感的反应，问题是要将这种反应控制在一定的程度之内，而超过了一定的程度就会产生负面的情绪，如果强行将感情压抑在心中，就会造成心理和生理上的伤害。因此，必须把这种不良的情绪转移开去。例如选择一个非常有利于互相交流的场合，向亲朋好友倾诉自己心中的不平情绪，直到被人理解，而在宣泄不良情绪的过程中，还要以理性的观念调整自己的认识，正视自己，消除非理性的观念，这样才可以使不良的情绪得到转移、调整。

　　情感转移疗法除了上述的从认识上转移不良情绪，还应该从行为上实施。通过言语发泄以外，更重要的是做一些力所能及的工作，哪怕成功率是极微小的，但必须体现出自我价值，因为在提倡情绪转移的同时，并不排斥积极健康的情绪的发泄，更不是消极地要求心理平衡，而是在广泛地参加社会活动的过程中，体现出自我价值，从而达到不良情绪的转移。

　　失恋时最好暂时离开你所面临的情境，转移一下注意力，将情感转移到其他活动上去。暂时回避不好的心态，以便恢复心理上的平静，将心灵上的创伤抚平。比如说，去干你喜欢干的事，如写字、打球等，从而将你心中的苦闷、烦恼、愤怒、忧愁、焦虑等情感转移或替换掉。失恋的青少年可以把学习或工作的日程排得满一些，紧凑一些，使自己沉浸在繁忙的学习和工作之中，这也是情感转移的一个方法。

　　青少年朋友可以通过改变生活环境来进行情感转移。到一个新的环境或到大自然中去排解自己的情绪。恩格斯失恋后，选择到阿尔卑斯山旅行，向美丽的大自然倾诉爱情的痛苦。大自然是博大、宁静、慈爱的，经历了无数个世纪的风吹雨打、沧海桑田，它却变得越来越美丽，越来越坚强。让清风、流水、山川、花草树木来抚慰你受伤的心灵，在大自然中，你会发现自己的痛苦是那么渺小，生活中还有那么多美好的事物值得你眷恋、追求，你会感到自己的渺小和脆弱，你会变得心胸开阔，你会找到重新开始的力量。

　　失恋同样可以"化悲痛为力量"。爱情并非人生的全部内容。人不仅有爱与被爱的需要，还有更高层次的需要，那就是自我实现的需要！令你感兴趣的事情或工作也是治疗失恋的良药。"天生我材必有用"，是教师，你就应该继续站在讲台上传道、授业、解惑；是医生，你就应该继续救死扶伤；是学生，就应该以更高的热情投入学习。歌德正是根据失恋的亲身体会，把失恋的痛苦升华为创造的动力，写出了轰动一时的《少年维特之烦恼》。

任何时代都有人饱尝失恋的痛苦，无论是伟人，还是凡人。但是，他们中的大多数常常勇敢地承受这巨大的痛苦。他们往往是些坚强的、有毅力的人，有高度的自尊心和稳定的心理状态。经过失恋的洗礼，他们变得更加坚强，更加成熟，更加懂得怎样去追求真正的爱情。

第六章　合理安排时间，努力提高效率

——时间记录了勤奋者的进步，也记录了懒散者的遗憾

哈佛告诉你

一寸光阴一寸金，寸金难买寸光阴。时间如流水，不会等待迟到的懒惰者。时间就是生命，勤奋则是迈向成功彼岸的唯一途径，只有珍惜时间的人才会勤奋耕耘，才会懂得生命的珍贵。把握了时间你就把握了成功的金钥匙，丢失了它，碌碌无为的一生将会让你感到恼怒与悔恨。

时间在你眨眼时偷偷溜走了

时间的无声的脚步，注注不等我完成最紧急的事务就溜过去了。

——莎士比亚

时间是人们的生命存在的形式之一。生命与时间紧紧相依连，失去了时间，生命便成了虚幻；没有了生命，时间也就丧失了意义。

时间是最长的，它无始无终。新星爆发形成了星云，地球出现了江河，大地萌发了生命，原始森林里走出了人类，时间依然年轻。就时间的过去而言，不知流逝了多少；就时间的将来而论，它永无止境。

时间又是最短的，此时此刻你看了几行字，1分钟便消失了；深吸一口气，又花了半分钟。当你坐在课堂里发呆时，当你和朋友海阔天空地谈论无

聊话题时，当你伸懒腰时，当你眨眼睛时，你可知道时间已经从你身边偷偷溜走了吗？看看下面这个小故事会对你有怎样的启发。

在皮尔森先生的书店里，一位犹豫了将近1个小时的男人终于开口问店员了："这本书多少钱？"

"1美元。"店员回答。

"1美元？"这人又问，"你能不能少要点？"

"它的价格就是1美元。"没有别的回答。这位顾客又看了一会儿，然后问："皮尔森先生在吗？"

"在，"店员回答，"但是，他正忙着一本书的出版工作呢。"

"可我还是要见见他。"这个人坚持一定要见皮尔森。

于是，皮尔森就被找了出来。

这个人问："皮尔森先生，这本书你能出的最低价格是多少？"

"1美元25分。"皮尔森不假思索地回答。

"1美元25分？你的店员刚才还说1美元1本呢！"

"这没错，"皮尔森说，"但是，在你犹豫不决和与我讨价还价时，我的时间流走了，你要为占用我的工作时间付费，你不认为25分已经很便宜了吗？其他的话，我不多说了。"这位顾客惊异了。他心想，算了，结束这场自己引起的谈判吧，他说："好，这样，你说这本书最少要多少钱吧。"

"1美元50分。"

"又变成1美元50分？你刚才不还说1美元25分吗？"

"对。"皮尔森冷冷地说，"我现在能出的最低价钱就是1美元50分。"这人默默地把钱放到柜台上，拿起书出去了。

皮尔森用实际行为给这个男人上了令其终身难忘的一课：时间会在你做无意义的事情时流走，而流走的时间是无价的。

从此，这个男人争分夺秒地学习，最后终于成为一位有名的作家。

时间对人们来说就好比一笔财富。如果你不懂得珍惜，将钱用来买对你毫无价值的东西，起初你不会有所察觉，因为你的财产还有很多。但是，等到有一天，当你发现这笔财产已经被耗费得所剩无几时，想要再珍惜它就已经太晚了！财富的消耗还能引起我们的警觉，因为它是一种有形的东西，但是，时间却看不见、摸不着，是一种无影无踪的东西，如果你不时时提醒自己，它就消逝了，而且根本不会引起你的警觉。

时间总在不经意间溜走，许多青少年对于光阴的流逝却很少在意，但是随着年龄的增长，时间就会越来越引起青少年朋友的警惕，因为自己已经成为"时间强盗"的俘虏。

生活中有很多人甚至包括正在阅读的你，或多或少都有丢三落四的习惯，这种坏习惯所带来的时间浪费值得引起我们的注意。比如，将当天用的课本落在宿舍，取书往返需要 10 分钟，这 10 分钟至少可以记忆 3 个单词。日积月累，丢掉的不只是几个单词、某件事物，而是时间，是知识，是金钱，是生命！

有的青少年喜欢睡懒觉，早晨赖在床上不起来。时间就在这种似睡非睡、迷迷糊糊的状态中流走了。一日之计在于晨，这是我们都明白的道理。早晨睡半小时懒觉的时间，你可以用来做 3 道数学题，朗读 1 篇文章，记下 10 个单词，而且效率要比平时高 30％。这样算来，你浪费的就不只是半小时时间这么简单了。

还有的青少年物品摆放没有规律。写作业时，找书本用去 5 分钟，找钢笔用去 3 分钟，之后又找铅笔、小刀、尺子、橡皮，等东西都找到了，20 分钟过去了。这些时间如果没有浪费，恐怕作业已经做完了。

还有做事磨蹭、发呆、闲聊等，这些都是青少年经常做而且十分浪费时间的事情。这就是我们所说的"时间强盗"。对付这些"时间强盗"最好的办法是：改掉丢三落四的毛病，早睡早起不赖床，将物品摆放整齐有规律，做事果断不拖沓，利用空闲时间做些有意义的事情，珍惜你拥有的每一分钟。

充分利用闲暇时间

珍惜一切的时间，用于有益之事，不搞无谓之举。

——本杰明·富兰克林

如果你总感觉学习或工作的时间不够用，不妨试试将闲暇时间充分利用起来。

闲暇时间也称做零碎时间，是指不构成连续的时间或一个阶段与另一个阶段衔接的空余时间。由于这样的时间不起眼，往往被人们毫不在乎地忽略过去。零星时间虽短，但若一日、一月、一年地积累起来，其总量也是相当可观的。充分利用闲暇时间，短期内也许没有什么明显的效果，但日子久了，一定会有惊人的成效。

我国宋代文学家欧阳修说："余平生所做文章，多在三上——马上、枕上、厕上。"

三国时董遇读书的方法是"三余"：冬者岁之余；夜者日之余；阴雨者晴之余。也就是说充分利用寒冬、深夜和阴雨天，别人休息的时间发奋苦学，他还认为"三余广学，百战雄才"。

看来，闲暇时间里确实蕴藏着伟大的力量，它足以使你成为不同寻常的人。

著名美国作家杰克·伦敦的房间，有一种独一无二的装饰品，那就是窗帘上、衣架上、柜橱上、床头上、镜子上、墙上……到处贴满了各色各样的小纸条。杰克·伦敦非常偏爱这些纸条，几乎和它们形影不离。这些小纸条上面写满各种各样的文字：有美妙的词汇，有生动的比喻，有五花八门的资料。

杰克·伦敦从来都不愿让时间白白地从他眼皮底下溜过去。睡觉前，他默念着贴在床头的小纸条；第二天早晨一觉醒来，他一边穿衣，一边读着墙上的小纸条；刮脸时，镜子上的小纸条为他提供了方便；在踱步、休息时，他可以到处找到启发创作灵感的语汇和资料。不仅在家里是这样，外出的时候，杰克·伦敦也不轻易放过闲暇的一分一秒。出门时，他早已把小纸条装在衣袋里，随时都可以掏出来看一看，想一想。

鲁迅先生说过："我把别人喝咖啡的时间都用到读书和学习上。"他几十年如一日，从不浪费一分一秒，为我们留下了700多万字的著作。就在他重病缠身的日子里，还在抓紧时间工作和学习，在逝世的前1天，还写了他最后的一篇作品《因太炎先生而想起的二三事》，真是惜时到了生命的最后一息。

有人算过这样一笔账：如果每天临睡前挤出15分钟看书，假如一个中等水平的读者读一本一般性的书，每分钟能读300字，15分钟就能读4500字。一个月是135000字，一年的阅读量可以达到1620000字。而书籍的篇幅从6万到10万字平均起来大约8万字。每天读15分钟，一年就可以读20本书，这个数目是可观的，远远超过了世界上人均年阅读量。然而这却并不易实现。

青少年朋友也可以效仿这些成功的伟人，充分利用自己的闲暇时间。已经有青少年朋友开始这样做了，他们将外语单词和语法记在小本子上，将本子随身携带，等公交车时拿出来读一读，排队买饭时掏出来背一背，日积月累，成绩自然会有显著的提高。

你一定不想落后，那就开始行动吧！让自己在闲暇时间里活动起来，相信你可以做到。

时间是"挤"出来的

完成工作的方法是爱惜每一分钟。

——达尔文

有人说过这样一句话："时间像海绵里的水，需要时，挤一挤，它就会出来。"是的，利用时间的一个很好的办法就是去"挤"。

任何事物都有其与众不同之处，时间也不例外，时间从某种程度上说是有弹性的。它"有时过得慢一些，有时过得快一些。又有时，特别敏锐地感到时间的步伐，这时，时间飞驰而去，快得只来得及让人惊呼一声，连回顾一下都来不及；而有时，时间却踯躅不前，慢得像粘住了一样，简直叫人难受，它突然拉长了，几分钟的时间拉成一条望不到头的线"。如果你抓住了它的特点，并善于利用它，那你就把握了运用时间的要领。你想成就事业，不但要养成惜时的习惯，同时也要抓住时间的特点，为自己赢得更多的时间、更多的机会。古今中外的成功者，正是利用时间的这种特征，不断充实时间的容量，充实自己生命的容量。

例如，著名电影艺术家夏衍在看一部片子之前，总会挤出一部分时间，先把影片说明书拿来，了解一下故事情节，然后自己设想：假使这个本子叫我来编，我该怎样介绍人物，怎样介绍时代背景，怎样展开情节，怎样表现人物性格，在心里打下了一个腹稿。而在电影开映之后，一边进行艺术欣赏，一边进行学习。

沈从文曾精辟地说："挤，工作要挤才紧张，时间要挤才充裕。"他还说："不挤才是不正常的，挤才是正常的，应该欢迎挤，要知道，挤是使人进步的一个重要因素。一个人一生多少是要对人民有点贡献的，都是靠挤时间创造出来的。一个人如果常年不挤，而是松松垮垮，他将一事无成，虚度年华，浪费了生命。可见，挤对人没有坏处。"

国外也有许多值得青少年朋友学习的"挤"时间的高手。

有一个人从 26 岁开始，每天都要核算自己所用的时间，每个月底做小结，年终做总结。难能可贵的是，他 56 年如一日，直到 1972 年去世的那一天都没有间断过。

他靠的是记日记。没有什么能打乱他的这一习惯——休息、看报、散步、剃胡须……甚至女儿找他问问题，他都要在纸上做记号，一丝不苟地记下用了多少分钟。

他想方设法充分利用每一分钟的"时间下脚料"：乘电车时复习需要牢记的知识；排队时思考问题；散步时兼捕昆虫；在那些废话连篇的会议上演算习题……读书时间盘算得更细，"清晨，头脑清醒，我看严肃的书籍（哲学、数学方面的）；钻研一个半小时或两个小时以后，看比较轻松的读物——历史或生物学方面的著作；脑子累了，就看文艺作品。"他算自己一个小时的看书进度是：数学书 4～5 页，其他的书 20～30 页。最令他满意的是 1937 年 7 月，"这个月我工作了 316 小时，平均每天 10.53 小时。如果把纯时间折算成毛时间，应该增加 25%～30%。我逐渐改进我的统计。"

他统计自己 1966 年所用的基本科研时间为 1906 小时，超出原计划 6 小时，平均每天工作 5 小时 13 分；与 1965 年相比，则超出了 27 小时。1967 年他 77 岁，他对这一年时间的统计是：读俄文书 50 本，用去 48 小时；法文书 3 本，用去 24 小时；德文书 2 本，用去 20 小时；同朋友、学生往来用去 151 小时……

多么单调、枯燥的记录，像发电报一样乏味，像会计记账一样干巴，除了醒目的加减数字，没有一点人情世故。然而，这些都是这位学者"挤"时间的明证，我们从中可以看到他对待生活、对待事业严肃认真的态度，看到他对时间的无比珍视。

这个牢牢驾驭住了时间，创造出"时间统计法"的人，就是当代杰出的昆虫学家亚历山大·亚历山德罗维奇·柳比歇夫。

你是否已经掌握了自己挤时间的方法？清晨漫步在校园时，边走边听外语广播，既锻炼了身体又训练了听力；休闲时，选择看外语原声电影，在放松娱乐的同时学习外语，是不是很不错的方式呢？

不要让明天为今天"买单"

我以为世间最可宝贵的就是"今"，最容易丧失的也是"今"，因为它最容易丧失，所以更觉得它宝贵。

——李大钊

明日复明日，明日何其多！

我生待明日，万事成蹉跎。

世人皆被明日累，春去秋来老将至。

朝看水东流，暮看日西坠。

百年明日能几何？请君听我《明日歌》。

这是清代钱泳写的一则《明日歌》，相信大家并不陌生。这首歌旨在告诫人们珍惜今日。珍惜当下，不要将事情拖到明日去做，明日复明日，长此以往，万事皆成蹉跎。

明代文嘉文写了一则《今日歌》，内容为：

今日复今日，今日何其少！

今日又不为，此事何时了？

人生百年几今日，今日不为真可惜。

若言姑待明朝至，明朝又有明朝事。

为君聊赋《今日诗》，努力请从今日始。

可以看出，这两位作者所要表达的主旨是相通的。

一日有一日的理想和决断。昨日有昨日的事，今日有今日的事，明日有明日的事。今日的理想、今日的决断，今日就要去做，一定不要拖延到明日，因为明日还有新的理想与新的决断。

拖延在人们的生活中经常会遇到，如果哪天你把一天的时间记录一下，会惊讶地发现，"拖延"耗掉了自己很多的时间。杰出人士能在瞬间果断地战胜惰性，积极主动地面对挑战。而庸人却深陷于"激战"的泥潭，自己被主动性和惰性拉来拉去，不知所措，无法定夺……时间就这样被一分一秒地浪费了。其实拖延就是纵容惰性，如果形成习惯，它会很容易消磨人的意志，使你对自己越来越失去信心，怀疑自己的毅力，怀疑自己的目标，甚至会使自己的性格变得犹豫不决，养成一种办事拖拉的作风。

杰出人士为了打败"拖延"这个敌人，往往会给自己制定一张严密而又紧凑的工作计划表，然后像尊重生命一样坚决地去执行它。

人们问富兰克林："你怎么能做那么多的事呢？""您看看我的时间表就知道了。"他的作息时间表是什么样子呢？5点起床，规划一天事务，并自问："我这一天要做些什么事？"上午8点至11点、下午2点至5点，工作。中午12点至1点，阅读、吃午饭。晚6点至9点，晚饭、谈话、娱乐、检查一天的工作，并自问："我今天做了什么事？"

朋友劝富兰克林说："天天如此，是不是过于……""你想爱生命吗？"富兰克林摆摆手，打断朋友的话，"那么别浪费时间，因为时间是组成生命的材料。"

富兰克林说："把握今日等于拥有两倍的明日。"今天该做的事拖延到明天，然而明天也无法做好的人，占了大约一半以上。不能做好今天的事，就可能无法做大事，也可能永远无法成功。所以，应该经常抱着"必须把握今日去做完它，一点也不可懒惰"的想法去努力才行。歌德说："把握住现在的瞬间，你想要完成的事物或理想，从现在开始做起。只有勇敢的人身上才会赋有天才的能力和魅力。因此，只要做下去就好，在做的过程当中，你的心态就会越来越成熟。那么，不久之后你的工作就可以顺利完成了。"

比尔·盖茨说，凡是将应该做的事拖延却不立刻去做，而想留待将来再做的人总是弱者。凡是有力量、有能耐的人，都会在对一件事情充满兴趣、充满热忱的时候，就立刻迎头去做。

当你对一件事情充满兴趣、热诚浓厚的时候去做，与你在兴趣、热诚消失之后去做，其难易、苦乐是不能同日而语的。因为当你充满兴趣、热诚浓厚时，做事是一种喜悦；而当兴趣、热诚消失时，做事是一种痛苦。

"要做，立刻就去做！""今日事，今日毕。"这是成功人士的格言。也应成为指导你行动的格言。今天有一篇文章要写是吗？那么，离开电视遥控器，到书房去完成它；今天接到一封朋友的来信是吗？那么，立刻打开它，认真阅读，然后回复，不要等到明天。有时，今天事务的重量，明天承受不起。

做个做事不拖延的人，做个对时间负责的人，记住：不要让明天为今天"买单"。

第四篇

百年哈佛教学生克服的
人性弱点

"与我们应取得的成就相比，我们只不过半醒着。"哈佛大学成功的经验和智慧告诉我们，人生成功的关键在于能够克服自身的弱点。嫉妒、盲从、懒惰、贪婪、虚荣……这些人性的弱点影响着我们的品德，决定着我们的思维和行为方式，左右着我们的成败。

哈佛大学用300年的人生智慧指出了学生应清楚认识的人性弱点，并提供了有效克服这些弱点的方法和途径，帮助广大青少年去除人性中的弱点，战胜自我，从而创造幸福美好的人生。

第一章　不自知

——世界上最大的无知

哈佛告诉你

　　聪明的人很清楚自己的短处，愚蠢的人却没有自知之明。一个人是因为愚蠢而没有自知之明，还是因为没有自知之明而变得越来越愚蠢呢？

如此"自知"

聪明的人只要能认识自己，便什么也不会失去。

——尼采

　　正确认识自己，才能使自己充满自信，才能使人生的航船不迷失方向。正确认识自己，才能确定人生的奋斗目标。只有有了正确的人生目标，并充满自信，为之奋斗终生，才能此生无憾。即使不成功，自己也会无怨无悔。

　　有一位老师常常教导他的学生说：人贵有自知之明，做人就要做一个自知的人。唯有自知，方能知人。有个学生在课堂上提问道："老师，您是否知道您自己呢？"

　　"是呀，我究竟是否知道我自己呢？"老师想，"嗯，我回去后一定要好好观察、思考、了解一下自己的个性和自己的心灵。"

　　回到家里，老师拿来一面镜子，仔细观察自己的容貌、表情，然后再来分析自己的个性。

　　首先，他看到了自己亮闪闪的秃顶。"嗯，不错，莎士比亚就有个亮闪闪的秃顶。"他想。

　　他看到了自己的鹰钩鼻。"嗯，英国大侦探福尔摩斯——世界级的聪明大师就有一副漂亮的鹰钩鼻。"他想。

他看到自己具有一张大长脸。"嗨！大文豪苏轼就有一张大长脸。"他想。

他发现自己个子矮小。"哈哈！鲁迅个子矮小，我也同样矮小。"他想。

他发现自己具有一双大八字脚。"呀，卓别林就有一双八字脚！"他想。

于是，他终于有了"自知"之明。

"古今中外名人伟人聪明人的特点集于我一身，我是一个不同一般的人，我将前途无量。"第二天，他这样对他的学生说。但是这个老师的身体组合简直是世界最丑阵容了。

纪伯伦在其作品里讲了一只狐狸觅食的故事：狐狸欣赏着自己在晨曦中的身影说："今天我要用一只骆驼做午餐！"整个上午，它奔波着，寻找骆驼。但当正午的太阳照在它的头顶时，它再次看了一眼自己的身影，于是说："一只老鼠也就够了。"狐狸之所以做了两次截然不同的决定，与它选择"晨曦"和"正午的阳光"作为镜子有关。晨曦不负责任地拉长了它的身影，使它错误地认为自己就是万兽之王，并且力大无穷无所不能，而正午的阳光又让它忍不住对着自己已缩小了的身影妄自菲薄。

大师笔下的这只狐狸为上述故事中的老师那样的人做出了最好的比喻。不能很好地认识自己的人，千万别忘记了上帝为我们准备了另外一块镜子，这块镜子就是"反躬自省"4个字。它可以照见落在心灵上的尘埃，提醒我们"时时勤拂拭"，使我们认识真实的自己，避免在面子的左右下扭曲了原本的外在和内在"镜像"。

没有金刚钻，还揽瓷器活

知人者智，自知者明；胜人者有力，自胜者强。

——老子

不自知还包括不能正确评估自己的能力，觉得自己有把握，或者总觉得自己肯定能做好某件事。

不自知也导致某些人总以为自己是因为没有好运降临才不走运的。一个人在走运的生涯中，有一个最基本的要求，那就是我们只能去做自己能力范围之内的事。如果一个人没有自知之明，贸然去做一些超过自己能力范围的事，不论心理上、体力上、经济上，都会遭受挫折。即使好的机遇降临到他的身上，但因能力不够，也无法留住它！有个人在某个大型的零售公司当经理。他嫌薪资太少，结果跑到比原来工资高的某电讯公司里去担任经理。但由于他本人对电讯事业一窍不通，又没有经过基础的训练，结果不但做得吃力而且还不见成绩。到公司裁员缩编时，他当然成了第一个牺牲者。

有一个轻量级的拳击手，自不量力，挑战一个比自己高一级的对手，不到一回合，就被打得鼻青脸肿，倒地不起。

在我们周围的朋友，或者社会新闻的档案中，这些自不量力的失败案例，实在多得如过江之鲫，令人慨叹不已！

例如某人不懂得炒菜，无意间看到一个正在出让的餐馆地点很好，以为这是绝佳的生财机会，贸然去投资。但是，由于找不到合适的厨师，自己又不能下厨炒菜，结果赔得倾家荡产！

上海有一个年轻的外科医生，在上海外科界，人们给了他一个"上海一把刀"的美誉。他像许多考生一样，死啃托福考试，想到海外去留学。结果英语测验拿到高分，申请到了美国最知名的医科大学，也拿到了全额奖学金。可是到了美国之后，他上课时英语完全听不懂，每门课都不及格。不久，他得到通知：第二个学期所有的奖学金将被取消。他的生活立即陷入困境，进也不是，退也不是，只好先办退学念英文，打工沉沦海外了！

对自己能力的错误评估，做高于自己能力的事，事情的结果可想而知了。毕竟"四两拨千斤"不是每个人都能做到的。因此做自己能力范围内的事永远是个明智的选择。

宽以待己，严于律人

不患人之不能，而患己之不勉。

——王安石

有一个学生问老师："您在我的作文簿上所批的字，实在看不出写的是什么，请老师指教。"

老师说："我只是告诉你，你的字写得太潦草了，以后要写清楚点。"

老师只看见学生的"潦草"，没想到自己也犯了"潦草"的毛病。为什么用和别人一样的错误来指出别人的错误呢？

李纵最大的嗜好就是和朋友在一起侃大山、喝酒、打麻将，下班后，他总是喜欢跑到单位的单身宿舍与同事们搓上几圈或豪饮几盅。久而久之，已成婚的他竟成了单位里那些没家没业年轻光棍们的灵魂人物。喝酒少了他不热闹，打牌少了他没劲，侃大山少了他更是无聊。而他又乐此不疲，很少回家，更别说陪陪妻子了。

刚结婚的妻子十分温顺和善解人意，他们并没因此发生过口角，而且妻子认为这样也好，有利于巩固李纵与同事间的关系。渐渐地，他越发不像话了，不但很少回家，即使回来也是像旅店里的客人一样，仅是借宿而已。大年三十，妻子为了能让他在家里安静地过个年，很早就准备好了一桌丰盛的大餐，刚要上酒的时候，同事又来电话了，说他们几个快乐的单身汉已弄好了一桌酒菜，但他不在，总觉得少了点什么，希望他能体恤兄弟疾苦去一趟。在这样的时候，按理说李纵应该多替妻子考虑考虑，但他挂了电话对妻子说声对不起就走了，弄得妻子一肚子委屈。

万般无聊的妻子喜欢上了跳舞，并一发不可收拾。据说她的舞伴是个温柔体贴的单身贵族，对她颇有好感，她也同样。迫于家庭和道德的约束，他们并没有做出越轨的事情来。在某种程度上，妻子还是爱着李纵爱着这个家的，只不过妻子对他那种对家庭不负责任的做法感到不满，想给李纵一个警告。一天李纵刚刚从外面喝酒回来，妻子指责了他，并佯装提出离婚。此时，李纵若要好好地反思一下自己，然后道个歉也就过去了。但他没有，反而以听到的风言风语来嘲笑妻子，指责妻子的放浪，还一口咬定妻子对他不忠。结果使本已对他不满的妻子大为恼火，最终二人真的离了婚。

对李纵这种人来说，裁判别人比吃家常便饭容易，反省自己却比登天还难。

有位太太，多年来不断嘲笑对面邻居的太太很懒惰："那个女人的衣服，永远洗不干净，看，她晾在院子里的衣服，总是有斑点，我真的不知道，她怎么把衣服洗成那个样子？"甚至有些忍受不了，几乎想冲到别人家里责问人家为什么不认真做家务。

直到有一天，有位明察秋毫的朋友到她家，才发现并不是对面的太太衣服没洗干净。朋友拿了一块抹布，把这个太太家窗户上的污渍抹掉，说：

"看，别人家的衣服是不是变干净了？"

"严以责人，宽以待己"是人性的通病，我们在批评别人之时，往往只看见别人的过失，却看不见自己犯的错误。看不见自己错误的原因就是没有自知之明。

人贵有自知之明

败莫败于不自知。

——吕不韦

曾经有过一项调查，调查的结果显示了一个很有趣的现象：聪明的人很清楚自己的短处，愚蠢的人却没有自知之明。

一个人是因为愚蠢而没有自知之明，还是因为他没有自知之明而变得越来越愚蠢呢？

一家唱片公司旗下有很多歌星，其中一个女孩子，样子虽然不漂亮，但是她的歌唱得很好。那个女孩子在圈中浮沉了许多年，最后还是黯然退出了。那个时候，有人问公司老板：

"她为什么不见了？她的成绩应该可以比现在好一点的。"

老板说："我叫她用心唱歌，不要穿得古灵精怪，她反而跟我说：'我是一半偶像，一半实力。'"

原来她觉得自己很漂亮。她完全不知道自己最大的长处是唱歌。

没有自知之明的人，最终是会毁了自己的。

"人贵自知"这4个字，是金玉良言。这话不是叫你自卑，而是要你清醒。成为别人的笑柄事小，毁了自己事大。然而，没有自知之明的人，也许永远都不会知道自己是没有自知之明的。

还有一种人，认为自己一无是处，看谁都比自己好，自己没有任何优点，自卑自哀，自惭形秽，不敢抬头见人，以至于忧郁、苦闷、不能自拔，他们低瞧了自己。自己能干的事也不去干，看不到自己潜在的能力，本来能有所为，也不敢为，前怕虎、后怕狼，缺乏坚定的信念与必胜的信心，结果丧失了机遇，与辉煌失之交臂。这是缺乏自知的另一种表现。

不管是由愚蠢导致无自知之明，还是由于无自知之明导致愚蠢。无论如何，没有自知之明的人，也许永远都不知道自己是没有自知之明的，因为他们从未想过用聪明智慧，去了解自己！

"自知"，是做人的基石。只有切实做到"自知"，才能把握自己，把握人生。既不好高骛远，妄自尊大，目空一切，又不自卑、自馁，妄自菲薄，丧失自我。只有切实做到"自知"，才能诚诚实实做人，脚踏实地做事。只有客观地认识自己，清楚自己的优点与缺点，明白自己的能与不能，才能发掘自我潜力，进而超越自己。

很明显，自知之明需要从了解自我开始。首先要有自知之明的心灵愿望。能经常反思自我、审视自我、把握自我。"吾日三省吾身"，反思自己的所作所为，所思所想，明了自身的长短优劣，不断矫正自己。同时，要有自知之明的内在主动。人活一世，见不到自己的脊背。这就需要借助别人这面"镜子"来观察自己，通过别人的评价来了解自己，认识自己。当然必须是自己诚心诚实，别人才会真心真意，别人这面"镜子"才会是平面镜，而不是"哈哈镜"，别人对你的评价，才真实、可靠，才有利于你全方位认识自己。

认识自我，具备自知之明是人一生的课题。世界上最难的事，不是别的，就是认识自己。有时，在人生的某个阶段，能比较好地了解自己，到了人生的另一个阶段，它反而会变得模糊，成为自我发展中的一个障碍。所以，对一般人来说，要做到真正认识自己，是很不容易的，需要一生的聪明智慧，需要一生的努力。也因为如此，自知之明才显得更加可贵。

对自己进行"盘点"

一个人一旦明白事理，首先就要做到诚实而有节制。

——德拉克罗瓦

对自己提出下列问题并诚实作答，切勿故意说假话来满足自己的虚荣心，因为这些问题的目的，在于使你发现哪些地方应进行改善，而不是要给什么奖赏。

1. 你订定了明确目标了吗？制订执行计划了吗？每天花多少时间在执行计划上？主动执行或是想到了才执行？

2. 你的明确目标是一种强烈欲望吗？多久振奋一次这个欲望？

3. 为了达到明确目标你做了哪些付出？正在付出吗？何时开始付出？

4. 你采取了什么步骤来组织智囊团？你多久和成员接触一次？你每个月、每周、每天和多少成员谈话？

5. 你有接受一些小挫折作为促使自己做更大努力之挑战的习惯吗？你从逆境中找出等值利益的种子的速度有多快？

6. 你是把时间花在执行计划上或是老想着你所碰到的阻碍？

7. 你经常为了将更多的时间用来执行计划而牺牲娱乐吗？或者经常为了娱乐而牺牲工作？

8. 你能把握每一分钟的时间吗？

9. 你把你的生活看成是你过去运用时间的方式的结果吗？你满意你目前的生活吗？你希望以其他方式支配时间吗？你把逝去的每一秒钟都看成是生活更加进步的机会吗？

10. 你一直都拥有积极心态吗？是大部分时候都保持积极心态或有的时候积极？你现在的心态积极吗？你能使自己的心态立刻积极起来吗？积极之后呢？

11. 当你以行动具体表现了积极心态时，经常会展现你的个人进取心吗？

12. 你相信你会因为幸运或意外收获而成功吗？什么时候会出现这幸运或意外收获呢？你相信你的成功是努力付出所换得的结果吗？你何时付出努力？

13. 你曾经受到他人进取心的激励吗？你经常受到他人的影响吗？你经常真正地以他作为榜样吗？

14. 你何时表现出多付出一点点的举动？每天都多付出或只有在他人注意时才会表现多付出？你在表现多付出一点点的举动时心态正确吗？

15. 你的个性吸引人吗？你会每天早晨照镜子，并且改善你的微笑和脸部表情吗？或者你只是单纯的洗脸刷牙而已？

16. 你如何应用你的信心？你何时奉行得自无穷智慧的激励力量？你经常忽视这些力量吗？

17. 你培养自己的自律能力吗？你的失控情绪经常使你做一些会令你很快就感到遗憾的事情？

18. 你能控制恐惧感吗？你经常表现出恐惧吗？你何时以你的信心取代恐惧？

19. 你经常以他人的意见作为事实吗？每当你听到他人的意见时你会抱着怀疑的态度吗？你经常以正确的思考来解决你所面对的问题吗？

20. 你经常以表现合作的方式来争取他人的合作吗？你在家里？在办公室？在你的智囊团？

21. 你给自己发挥想象力的机会吗？你何时运用创造力来解决问题？你有什么需要靠创造力才能解决的问题吗？

22. 你会放松自己，运动并且注意你的健康吗？你计划明年才开始吗？为什么不现在开始？

这份检讨问题单的目的，在于促使你对自己做番思考。你对于各项事情的运用方式充分反映出你将成功原则化为你生活一部分的程度。如果你对上述问题的回答不能令你满意时，请不要气馁。曾经有好几百万人买过我的书，而且我也对成千上万人举行过演讲。虽然这些人当中有许多人都获得成功；但是没有人是一夜之间就成功的。想要获得成功是需要花时间的。

第二章　嫉妒

——箭欲长而折他人之箭

哈佛告诉你

嫉妒表示你对自己不满而羡慕别人，对自己不满就是羡慕他人的开始。你希望像别人一样有知识，希望比别人更漂亮，或是希望和别人一样有栋大房子、有显赫的权势和比现在更高的地位。你希望比现在更有德性，你希望知道的更多……由于你希望成为一个和现在不一样的人，所以你羡慕别人，嫉妒别人。

宁可变成独眼龙，也要别人失明

有妒忌心的人自己不能完成伟大事业，乃尽量吴低估他人的伟大，贬低他人的伟大使之与他本人相齐。

——黑格尔

有一种人，如果别人有一处比他好的地方，但是凭借自己的力量又没有办法阻止或者破坏掉的时候，他就会铤而走险，不惜任何代价来清除令他眼红之处。甚至不惜失去自己身体的某个部位，来换取别人的双倍损伤。下面例子中的主人公就是这样的人。

两家人看上去相处得很好，但是其中一家的男主人，表面上对另一家新购置的房产欣欣鼓舞，或者为对方的儿子考上大学而击掌庆贺，一到了自己家里，就变得恶狠狠起来：凭什么他这么有钱，凭什么他的儿子就能上大学，而我什么都没有呢？他在心里诅咒，每天都盼望他的邻居倒霉：或盼望邻居家着火，或盼望邻居得什么不治之症，或盼望邻居的儿子出意外……然而，每当他看到邻居时，邻居总是活得好好的，并且微笑着和他打招呼。这时他的心里就更加不痛快了。就这样，他每天折磨自己，身体日渐消瘦，胸中就像堵了一块石头，吃不下也睡不着。

终于有一天，他决定给他的邻居制造点晦气，这天晚上，他在花圈店里买了一个花圈，偷偷地给邻居家送去。当他走到邻居家门口时，听到里面有人在哭，此时邻居正好从屋里走出来，看到他送来一个花圈，忙说："这么快就过来了，谢谢！谢谢！"原来邻居的父亲刚刚去世。这人顿觉无趣，"嗯"了两声，便走了出来。这使他觉得很窝火，不但没有达到目的，反而把自己陷进去了，让别人捞了"好处"。终于，他又等来了一个机会。上帝说：现在我可以满足你任何一个愿望，但前提就是你的邻居会得到双份的报酬。那个人高兴不已。但他细心一想：如果我得到一份田产，邻居就会得到两份田产；如果我要一箱金子，那邻居就会得到两箱金子……他想来想去，不知道提出什么要求才好，他实在不甘心被邻居白占便宜。最后，他一咬牙："哎，你挖我一只眼珠吧。"

这一招是不是很毒呢？这可不是一般人都能做出的决定。嫉妒犹如毒素，其毒让人走火入魔。培根说：嫉妒会使人得到短暂的快感，也能使不幸更辛酸，因而，每个人都应控制住自己的嫉妒心理，合理转移嫉妒情绪，才能与别人一起分享喜悦，使自己超脱不幸和灾难。

巴鲁克说："不要祈求别人遭遇灾难。最好的办法就是不断自我超越。记住，一旦你将目光只放在别人的身上，祈求别人遭遇灾难，也就是承认自己不如别人，害怕别人超越了自己。"

你要想不被别人超越，就要不断自我超越。别人的优秀并不妨碍自己的前进，相反，它可能给你带来前所未有的动力。事实上，一个真正埋头于自己事业的人，是没有工夫去嫉妒别人的。

忘掉嫉妒，你的胸襟会渐渐宽广起来。

嫉妒别人是承认自己不如人

卑劣的人比不上别人的品德，便会对那人竭力诽谤。忌妒的小人背后诽谤别人的优点，来到那人面前，又会哑口无言。

——萨迪

嫉妒表示你对自己不满而羡慕别人，对自己不满就是羡慕他人的开始。你希望像别人一样有知识，更漂亮，或是希望和别人一样有栋大房子、有显赫的权势和比现在更高的地位。你希望比现在更有德性，你希望更接近上帝。由于你希望成为一个和现在不一样的人，所以你羡慕别人，嫉妒别人。

刚刚步入中年的英子每每看见办公室的女秘书小江和单位领导在一起，心中就有一种酸酸的感觉。办公室里的姐妹们也议论，小江现在神气了，跟主任跟得那么紧，把我们姐妹们都忘了。她听着同事们的议论，回忆起最近的一件事，感到的确有些可疑。

有一次，单位出了一点小差错，大家都在加班，干得都很辛苦。可是主任在总结会上，谁也没有表扬，唯独表扬了小江，说小江心细，工作责任心强，为单位挽回了重大损失。同事们心里很不服气，都觉得主任有些偏心眼儿。英子也气愤不过，回家后心情仍不能平静。于是，连夜编造了一封关于主任和小江的"桃色"举报信，第二天邮寄了出去。

过了几天，上级来人把主任叫到会议室谈话。两个小时后，主任走出会议室，满头大汗，眉头紧锁，表情严肃，唉声叹气。英子明白了谈话的原因，躲到卫生间，开心地大笑起来。接着，英子又看到上级单位的人把小江也叫到会议室谈话。一个小时后，英子看到小江出来时好像心事重重的样子，脚步也显得沉重了，内心一阵狂喜。

嫉妒往往来源于和他人的比较，一旦认为他人在某方面比自己强，便会时刻想着如何打击、诋毁他人。这样的人不可能专注于自己的事业，而是把所有的精力都放在关注他人的一举一动上。那个被他所嫉妒的对象就像一个长在他心头的刺，这个刺成了他生活的中心，使他无法掌控自己的人生方向。

嫉妒往往有强烈的排他性，嫉妒心理出现以后，很快就会导致嫉妒行为的产生，例如中伤别人、怨恨别人。而更强烈的嫉妒心理还有报复性，它把嫉妒对象作为发泄的目标，使其蒙受巨大的精神或肉体的损伤。嫉妒心理出现以后，如果不能直接通过某种嫉妒行为达到目的时，就可能会转而等着看嫉妒对象的"好事"，稍有一点挫折或失败出现在嫉妒对象身上时，他们便幸灾乐祸，鼓倒掌、喝倒彩，以此挖苦对方，满足日益膨胀的嫉妒心理需要。如果嫉妒对象遭受到比较大的挫折，他们更是乐不可支，不给予半点同情和安慰。实际上，嫉妒心理及相应的嫉妒行为除了暂时地平衡他们的心理之外，毫无可取之处。一方面，深受其害的嫉妒对象会远离这个"作恶多端"的嫉妒者，旁观者也会对嫉妒者的小人行径不满，嫉妒者以前建立的一些人际关系也可能由此变得紧张起来。另一方面，嫉妒者并不是一个胜利者，他们自己也承受着巨大的心理痛苦，在以后的交往活动中也会裹足不前，不敢与那些条件比自己优越的人交往。

法国作家拉罗什富科曾说："具有某些伟大品质的人最可靠的标志是生来就没有嫉妒。"每一个专注事业的人，是没有工夫去嫉妒别人的，而凡是好嫉妒的人，常常不能把精力集中到自己的生活中，而是投入到一些与自己的生活及工作无关紧要的小事中：比如某个人的生活作风啦，比如某个人的学识啦，比如某个人的穿衣戴帽啦，甚至某个人脸上的几颗雀斑、头上的一根白发，一旦被这些人发现了，他们也会为此而兴奋不已，并且会大惊小怪地议论纷纷：哈哈，原来他也不过如此呀！原来他……嫉妒的人在不断地对别人的打击中寻找乐趣，以求内心平衡，而他们自己的生活却因此而搞得一团糟。正如古希腊哲学家德谟克利特所说："嫉妒的人常自寻烦恼，这是他自己的敌人。"与其说是别人的成功妨碍了他，倒不如说是他自己的关注点发生了偏离，自愿从生活轨道上滑落而自毁前程。

从本质上说，嫉妒是看到与自己有相同目标和志向的人取得成就而产生的一种非正当的不适感。它是由于羡慕一种较高水平的生活，或者是想得到一种较高的地位，或者是想获得一种较贵重的东西却未能得到，而身边的人（或站在同等位置的人）先得到了而产生的一种缺陷心理。

既然已知自己的弱处，既然已看到自己与别人的差距，自强的人就该知耻而后勇，更应注意点滴的积累，而不是看着别人的优势眼红。"箭欲长而不在于折他人之箭"，"天外有天，人上有人"，茫茫人海总有人会在某一面长于自己。自己比别人差，却不甘心，想要比别人强，就不要诋毁、扼杀别人，而是要提高自身的价值与素养。"别人能做到，我为什么不能做到?"只有具备这样的想法，才能迎头赶上，进而后来居上。

对待别人长处的正确方法是，不让别人发觉自己在羡慕他，因为这样显得自己不如别人，应暗暗下定决心，迎头赶上，甚至超越。

在嫉妒中奋起直追

憎恨是积极地不快，妒忌是消极的不快。所以妒忌很容易转化为憎恨，就不足为怪了。

——歌德

嫉妒往往是个人才能与意志缺乏的体现，伏尔泰说："凡缺乏才能和意志的人，最易产生嫉妒。"因为自己技不如人，就只能用嫉妒的心理去排解心中的不平。一旦任由嫉妒心理自由发展，你就会疏远那些各方面比自己强的人，到头来不仅孤立了自己，而且也会阻碍自己的前进。

我们可以适度地利用嫉妒心理的正面作用，激励自己不断地向上奋进，但切不可被嫉妒操控，产生一种畸形的竞争心态。

嫉妒是对别人的行为感到不满的一种思维方式。它产生于自信的缺乏，因为它是由别人引导的活动。嫉妒会导致任何情绪上的低落，约翰·德赖登称之为"灵魂的黄疸"。真正自信自爱的人，并不会嫉妒，更不会允许嫉妒让自己心烦意乱。

有一位名叫卡莱尔的书店经理，在无意中发现了一封店员对他极尽辱骂讽刺的信，说他是个差劲的经理，希望副经理能马上接替他的职务。卡莱尔读了这封信以后，就带着信跑到老板的办公室里。他对老板说："我虽然是一个没有才能的经理，但我居然能用到这样的一位副经理，连我雇佣的店员们都认为是胜过我了，我对此感到非常自豪。"卡莱尔一点也没有嫉妒，而是为自己用了那样能干的副经理而感到自豪。

后来，他的老板不但没有撤换他，反而重用了他。

卡莱尔是一个心胸宽广的人，他对比自己能干的人非但毫不嫉妒，反而大加肯定，为别人感到高兴，这种人的精神着实可嘉。最终他还是得到了老板的信任。

发明家马克西姆曾说："人们想从别人那儿获得的，不外是两种意见：一是'颂扬'，一是'亲爱'。然而立身处世，总要把颂扬抛开，只让别人对你亲爱。因为一经颂扬，就有人嫉妒，嫉妒便造成仇恨了。"为了避免这种可怕的嫉妒扰乱人们的正常生活，就要对它加以消除。事实证明，如果人们除去嫉妒心理，就会更容易获得成功。

嫉妒是一种很正常的情感。看见自己很想做的事别人可以轻易完成，因而出现嫉妒的情绪，这纯属正常且不至于造成别人的困扰。但是，如果你只是一味地嫉妒，让人生充斥着不满的情绪，就无法享有快乐的生活。如果将嫉妒的负面情绪转换成正面，那就成了快乐生活的出发点。

第三章　盲从

——风向就是方向

哈佛告诉你

盲从是一种被动地寻求平衡的适应，是在攀比之风裹挟下的随大流。它源于从众，出于无奈，又有不得已而为之的意味。

为迎合别人而存在

虚心不是一般所谓谦虚，只是表面上接受人们的意见，也不是与人们无争论无批评，把是非和真理的界线模糊起来，而必须保持自己的政治立场，当自己还未了解他人意见时不盲从。

——徐特立

活着应该是为充实自己，而不是为了迎合别人。每个人都应该坚持走为自己的道路，不受他人的观点所牵制。我们无法改变别人的看法，能改变的仅仅是我们自己。

有个人一心一意想升官发财，可是从年轻熬到斑斑白发，却还只是个小公务员。这个人为此极不快乐，每次想起来就掉泪，有一天竟然号啕大哭起来。

一位新同事刚来办公室工作，觉得很奇怪，便问他到底因为什么难过。他说："我怎么不难过？年轻的时候，我的上司爱好文学，我便学着做诗、写文章，想不到刚觉得有点小成绩了，却又换了一位爱好科学的上司。我赶紧又改学数学、研究物理，不料上司嫌我学历太浅，不够老成，还是不重用我。后来换了现在这位上司，我自认文武兼备，人也老成了，谁知上司喜欢青年才俊，眼看我就要退休了，却一事无成，怎么不难过？"

可见，没有自我的生活是苦不堪言的，没有自我的人生是索然无味的，是悲哀的。要想拥有美好的生活，我们必须自强自立，拥有良好的生存能力。一个人若失去自我，也就失去了做人的尊严，就不能获得别人的尊重。

从前，有一个士兵当上了军官，心里甚是欢喜。每当行军时，他总是喜欢走在队伍的后面。

一次在行军过程中，有人取笑他说："你们看，他哪儿像一个军官，倒像一个放牧的。"

军官听后，便走在了队伍的中间，这时又有人讥讽他说："你们看，他哪儿像个军官，简直是一个十足的胆小鬼，躲到队伍中间去了。"

军官听后，又走到了队伍的最前面，又有人又挖苦说："你们瞧，他带兵打仗还没打过一次胜仗，就高傲地走在队伍的最前边，真不害臊！"军官听后，心想：如果什么事都得听别人的话，自己连走路都不会了。从那以后，他想怎么走就怎么走了。

人要是没了自己的主见，经不起别人的议论，那么就会一事无成，最后都不知该怎么办。我们若想活得不累，活得痛快、潇洒，只有一个切实可行的办法，就是改变自己，主宰自己，不再相信"人言可畏"。

我们每个人都不能孤立地生活在这个世界上，很多的知识和信息来自别人的教育和环境的影响，但你怎样接受、理解、加工组合，是属于你个人的事情，这一切都要独立自主地去看待，去选择。谁是最高仲裁者？不是别人，而是你自己！歌德说："每个人都应该坚持走为自己开辟的道路，不被流言所吓倒，不受他人的观点所牵制。"让周围每个人都对自己满意，这是不切实际、应当放弃的期望。

我们周围的世界是错综复杂的，我们所面对的人和事总是多方面、多角度、多层次的。我们每个人都生活在自己所感知的经验现实中，别人对你的看法大多有其一定的原因和道理，但不可能完全反映你的本来面目和完整形象。别人对你的态度或许是多棱镜，甚至有可能是让你扭曲变形的哈哈镜，你怎么能期望人人都满意呢？

如果你期望人人都对你看着顺眼，感到满意，你必然会要求自己面面俱到。只要你认真努力地去尽量适应他人就能做得完美无缺，让人人都满意吗？显然不可能！这种不切合实际的期望，只会让你背上一个沉重的包袱，顾虑重重，活得太累。

跟风之前，先做理性分析

要是没有自信心，那实在糟糕！要是你不相信自己，或者怀疑自己，那就更糟了。

——契诃夫

跟风、随大流是人类的"通病"和习惯，是思维懒汉的"专利"，是我们内心中难以觉察到的消极幽灵，只有痛下决心才能够有所改变。

在一个酷热的夏季，一家水果店前排着长队，人们还相互约束：不许加塞，不许超量抢购。这家店之所以生意如此红火，是因为这里卖的是适时对路的新鲜货。但街对面的服装店却冷冷清清的，因为店里积压了大量的防寒服。因此，老板既羡慕水果店，又为自己着急。于是，想出一个办法：他找来几个熟人，认真向他们介绍商品的特点与优点，并说明价格的合理性，临时雇佣他们当促销员，同时先让他们"争相购买"，造成热销景象。还让几位推销员提来许多水，拼命地往防寒服上泼水，老板不失时机地在店门口醒目处贴上一张广告："房屋漏雨，急促卖出，跳楼甩卖。"

　　几分钟后，一位顾客看到这里商品俏销，就进店了。他看了看防寒服，随即买下一件，又怯生生地问："只能买一件吗？""很抱歉，为了照顾面广一些，每人只能买一件。"老板慢悠悠地答。看到这位顾客磨磨蹭蹭不肯离开的样子，老板额外照顾了两件。过往客人纷纷进来了，这个一件那个两件，争着抢着，好不热闹。有的与售货员套近乎，抱走一大包；有的批评老板的规定，要求多买几件；有的维持秩序，让大家排好队。对面水果店老板也来电话：脱不开身，请留下两件。就这样，滞销品反而成了抢手货。

　　可见，人的思维就有这种习惯和弱点：总认为多数人做就一定有道理，自己何必多加考虑，随大流就是了。在上面的例子中，老板正是利用了人们的这种"从众"的心理来促进销售的。虽然，有时从众的习惯明显存在严重缺陷，可人们仍不愿批评它，依然盲目跟随，从而导致无谓的失败。

　　盲从是可悲的，但这种可悲后面有着一种更可悲的无形因素，那就是人的内心不坚定。

　　每年高考报志愿时，大家都会看到这样的场面：莘莘学子拿着报考志愿表，在选择填报哪个学校与专业时却表现得犹豫不决。大家纷纷想寻找"热门"专业，同时对自己能否考上也心存怀疑，所以难免会发出询问："老师，他们都填报了计算机系，你看我是不是这块料？"

　　在犹豫和怀疑之后，许多优秀学生最终都选择了大家趋之若鹜的"热门专业"。然而，到大学临近毕业时，他们才发现这些"热门行业"其实并不好就业。

　　这种现象，是在职业选择上典型的从众心理，此类错误普遍存在，说明很多人并没有意识到社会需要的一条客观规律：物以稀为贵。

　　一旦千军万马都去挤一条独木桥时，那么就会使桥坍塌的可能性大大增加。相反，如果你能独具慧眼，另辟蹊径，见人之所未见，则往往更能适合社会的需要，也就更容易在社会上生存并取得成功。

　　盲目跟风、从众，必然增加人生的风险。一位老板，几年前听说外地招商引资，就"顺应潮流"到该地投资了上千万元。两年之后，他把所有的钱都亏掉了，最后空手而归。

　　有人问他："你当初为什么要到那里去投资？"他说："那时候，很多同行都争先恐后地去了，群众的眼睛是雪亮的，大家都认为那里的投资条件优越，大有发展前途。如果我不去的话，担心会丧失了发展的机会。"

很多人都有跟风、从众的心理特点和行为取向，这在心理学上被称为"同类互比"。"人们为了达到其理想的生活目标，随时都需要了解自己的现状，尤其需要了解自己在社会上的位置。当缺乏判断信息的标准和有效方法时，就常常通过与他自认为同类的人进行比较，以此来确定自己的现状、社会位置以及应采取的行动。"

同类互比，是社会给个人设置的一个陷阱和圈套。成功者之所以永远是少数，就是因为大多数人掉进了这个陷阱和圈套。人一旦选择了跟风、从众，往往就意味着选择了失败。

其实，在日常生活中"随大流"可能没什么，但在其他许多重要事情上这样做，往往会葬送了自己。所以，请你千万记住一句话：真理常常掌握在少数人的手里，大家都认为是正确的未必正确。在跟风之前，保持清醒，加以理性判断，才能确保你的人生不受损。

不要加入议论人非的群体中

无道人之短，勿说己之长。

——佚名

人与人之间的关系是很复杂、很敏感的。特别是在办公室这种场合，几个人在一起就闲聊起来。有时说到某个人时，还会说出一大串的坏话。在这种时候，很多把持不住的人，也会跟着附和说起某人的坏话来，其结果可想而知，这种坏话不久便添油加醋传到那人的耳朵里，那人不仅对你有了看法，还有可能以其人之道还治其人之身，说你的坏话或打击报复你。

某公司企划科李某升为科长，同一间办公室坐了几年的同事忽然升迁了高位，对每个人来说都是一个刺激与震动。平日不分高下，暗中竞争的同事成了自己的上司，总让人有那么一点酸酸的感觉。企划科李某的几个同事背后嘀咕开了："哼！他有什么本事，凭什么升他的官？"一百个不服气与嫉妒就都脱口而出了，于是你一句我一句，把李某数落得一无是处。

王新是分配到企划科不久的大学生，见大家说得激动，也毫无顾忌地说了些李某的坏话，如办事拖拉，疑心太重等。可偏有一个阳奉阴违的同事A，背后说李某的坏话说得比谁都厉害，可一转身就把大家说李某坏话的事说给了李某。

李某想：别人对我不满说我的坏话我可以理解，你王新乳臭未干有什么资格说我，从此对王新很冷淡。王新大学毕业，一身本事得不到重用，还经常受到李某的指责和刁难，成了背后说别人坏话的牺牲品。

在日常生活中，我们不可避免会遇到别人在你面前说某个人的坏话。此时，你千万要端正自己的态度，不要被他的话左右你的思想，更不要跟着别人去说坏话。最好的办法，别人在你面前说某个人的坏话时，你不要去插嘴，而是微笑示之。

微微一笑，它既可以表示领略，也可以表示欢迎，还可以表示听不清别人的话。当你不插话，只是微笑不语时，既不抵触不得罪说坏话的人，也没有参与说坏话，两边都没有得罪，这是比较好的做法。

有人在你面前说别人的坏话，别人爱怎么说就怎么说，你能不听就不听，能避开最好。实在不能避开，你可以转换话题。

用自己的大脑支配自己的行动

先相信你自己，然后别人才会相信你。

——屠格涅夫

一次，一场多边国际贸易洽谈会在一艘游船上进行。在会议进行到一半的时候，突然发生了意外，游船开始下沉。

船长当机立断，命令大副紧急安排各国谈判代表穿上救生衣，准备离船。大副照做了，可是他的劝说却失败了。

情况十分紧急，船长决定亲自出马。经过船长的劝说，各国的商人很快都弃船而去。这让大副惊诧不已。

船长解释说："劝说其实很简单。我对英国人说，跳水是有益健康的运动；对意大利人说，不那样做是被禁止的；对德国人说，那是命令；对法国人说，那样做很时髦；对俄罗斯人说，那是革命；对美国人说，我已经给他上了保险；对中国人说，你看大家都跳水了。"

这则笑话令我们捧腹之余，不难引发我们对各国文化差异的思索。从中可以看出中国人虽然灵活，但是比较喜欢盲从，不能坚持自己的原则。这个笑话可能有些夸张，但中国人喜欢盲从的特点在现代生活中也不乏实例。

前几年流行事物中最令人惊讶的，是人们对于山地自行车的青睐，该车型适宜爬坡和崎岖不平的路面，对于平坦的都市马路毫无用处。

山地车骨架异常坚实沉重，车把僵硬别扭，转向笨拙迟缓，根本无法对都市复杂的交通做出灵巧的应变；一天折腾下来，腰酸背痛；加上尖锐刺耳的刹车声，真是一个中看不中用的东西。

放着好端端的轻便车不骑，却要弄上一辆如此的蠢拙之物，好像一个人丢下良马，偏要骑那笨牛一样。

时髦先生们头戴耳机，腰挎"随身听"，脚踩山地车，一身牛仔服，表面上自我感觉良好得一塌糊涂，然而，这份潇洒的背后，却有许多无奈。

把时髦比喻成一座令人心摇旌荡的山峰，山地车的功能便昭然若揭了。

追赶时尚，大约就像骑那山地车一样，即便累你半死，也是心甘情愿的。

究其根源："为什么这样？"

必答曰："别人都这样！"

盲从的人会说："看我多机灵，不落后于他人，别人刚这么做，我就也这么做了。"盲从的人失去了原则，往往会给自己带来损失或伤害。

要想在生活中、事业上有所成就，就必须摆脱盲从众人的不良习惯，善于用自己的头脑思索问题，做出正确的人生抉择。

第四章　懒惰

——等着天上掉馅饼

哈佛告诉你 ....

懒惰是索价极高的奢侈品，一旦到期清付，必定偿还不起。懒惰走得如此之慢，以至于贫穷很快就会赶上它。

摆脱懒惰的纠缠

懒惰像生锈一样，比操劳更能消耗身体；经常用的钥匙，总是亮闪闪的。

——富兰克林

我们每个人都喜欢舒适：能站着拿到东西绝对不会跳起来，能坐着拿到东西绝对不会站起来，能躺着拿到东西绝对不会坐起来。有这样一个传说：母亲出远门，给慵懒的儿子的脖子上套上一张极大的饼。10 天之后，她回到家却发现儿子已经死了。原来儿子只吃了嘴边的那块，而懒得动一下手将脖颈后的饼转过来。

懒惰是人的一种劣根性，为了做成某件事，必须与它抗争，超越这种劣根性的钳制。这种抗争和超越，一开始总要由一些外力来强制，进而才逐渐内化为恒定的精神和行为习惯。

一旦养成勤劳的习惯，往往会拥有一份稳定的愉快心情。因为它专注，意念与行为协调归一，所以恶劣的情绪便没有潜入的机会，更没有盘踞的空间。一个进入勤劳状态的人，心中就不会有长久驻足的懒惰。所以，克服懒惰最直接、最有效的方法就是使自己忙碌起来。

业精于勤荒于嬉

懒惰受到的惩罚不仅仅是自己的失败，还有别人的成功。

——米尔·勒纳尔

《颜氏家训》说："天下事以难而废者十之一，以惰而废者十之九。"惰性往往是许多人虚度时光、碌碌无为的性格因素。惰性集中表现为拖拉，就是说可以完成的事不立即完成，今天推明天，明天推后天。"今天不为待明朝，车到山前必有路"，结果，事情没做多少，美好年华却在这无休止的拖拉中流逝殆尽了。

一个人如果想战胜懒惰，勤劳是唯一的方法。对个人来说，勤劳不仅是创造财富的根本手段，而且是防止被舒适软化、消磨精神活力的"防护堤"。

美国某知名公司董事长雅克妮，原本是一位极为懒惰的妇人，后来由于她丈夫的意外去世，家庭的全部负担都落在她一个人身上，而且还要抚养两个子女。在这样贫困的环境下，她被迫去工作赚钱。她每天把孩子们送去上学后，便利用余下的时间替别人料理家务，晚上，孩子们做功课时，她还要做一些杂务。这样，她懒惰的习性就被克服了。后来，她发现很多现代妇女都因外出工作无暇整理家务。于是她灵机一动，花了7美元买来清洁用品，为有需要的家庭整理琐碎家务。这一工作需要付出很大的勤奋与辛苦。渐渐地，她把料理家务的工作变为了一种技能，并成立了专门的公司。后来，甚至大名鼎鼎的麦当劳快餐店也找她代劳。雅克妮就这样夜以继日地工作，终于使订单滚滚而来。

俄国文学家列夫·托尔斯泰年轻时为了克服惰性，采取了两条措施，一是天天做体操，二是每晚睡前写日记。这两条措施，他一直坚持到八旬高龄，日记坚持写到他逝世前四天。正是因为他克服了惰性，养成了毕生勤奋的习惯，才有了《复活》、《安娜·卡列尼娜》等伟大著作，并使他成为文坛巨匠。

"业精于勤荒于嬉"。产生惰性的原因就是试图逃避困难的事，图安逸，怕艰苦，积习成性。人一旦长期躲避艰辛的工作，就会形成习惯，而习惯就会发展成不良的性格倾向。

比尔·盖茨说："懒惰、好逸恶劳乃是万恶之源，懒惰会吞噬一个人的心灵，就像灰尘可以使铁生锈一样，懒惰可以轻而易举地毁掉一个人，乃至一个民族。"这给我们敲响了警钟。

懒惰，从某种意义上讲就是一种堕落，它就像一种精神腐蚀剂一样，慢慢地侵蚀着你。一旦背上了懒惰的包袱，生活将是为你掘下的坟墓。马歇尔·霍尔博士认为："没有什么比无所事事、懒惰、空虚无聊更加有害的了。"

懒惰者是不能成大事的，因为懒惰的人总是贪图安逸，遇到一点儿风险就吓破了胆，另外，这些人还缺乏吃苦实干的精神，总存有侥幸心理。而成大事之人，他们更相信"勤奋是金"。所以在被懒惰摧毁之前，你要先学会摧毁懒惰。现在开始，摆脱懒惰的纠缠，不能有片刻的松懈。

懒惰是学习的大敌，是工作的大敌，是生活的大敌。一个人的懒惰只是个人的不幸，一个民族的懒惰，则是整个民族的悲哀！我们肩负着振兴中华民族的伟大使命，全面建设小康社会，需要我们每个人打起十二分的精神，艰苦创业，勤奋工作。

成功来自勤奋工作

勤劳一日，可得一夜安眠；勤劳一生，可得幸福长眠。

——达·芬奇

早上躺在床上不想起来，起床后什么事也不想干，能拖到明天的事今天不做，能推给别人的事自己不做，不懂的事自己不想懂，不会做的事自己不想做……"懒惰"是个很有诱惑力的怪物，人一生谁都会与这个怪物相遇。它是人类最难克服的一个敌人，许多本来可以做到的事，都因为一次又一次的懒惰拖延而错过了成功的机会。

"勤奋是通往成功的必经之路！"这是古罗马皇帝临终前留下的遗言。当时，农业生产是受人尊敬的工作，罗马人被称为优秀的农业家，因为罗马人推崇勤劳的品质，才使整个国家逐渐变得强大。然而，当财富日益丰富，奴隶数量日益增多，勤劳不再是最受推崇的美德时，罗马便开始走下坡路，有着崇高精神和灿烂文化的罗马帝国没落了。

古罗马人有两座圣殿，一座是美德的圣殿，一座是荣誉的圣殿。他们在安排座位时有一个顺序，必须经过前者的座位，才能达到后者——勤奋是通往荣誉圣殿的必经之路。

人生路上，要想到达成功的圣殿，唯一的一条道路也是勤奋。

张磊是一个公司的速记员，一个星期六的下午，同事们约好了去看球赛，这时公司的一位律师走进来问张磊，去哪儿能找到一位速记员帮忙。张磊告诉他，公司所有速记员都看球赛去了，如果晚来 5 分钟，自己也会走。张磊又说："球赛随时都可以看，工作第一，让我来帮你吧。"

律师问应该付多少钱给张磊，张磊开玩笑地回答："哦，既然是你的工作，那就 10 美元吧。换了别人，我就白帮忙。"律师笑了笑，向张磊表示谢意。

张磊确实是在开玩笑，把 10 美元的事忘得一干二净。但在 6 个月后，律师不但支付了他 10 美元，还邀请张磊到自己公司工作，薪水比过去高一倍。

· 223 ·

张磊只是在不经意间多做了一点点事情，结果却得到如此巨大的回报。这样看来，比别人勤奋一点点，你将会受益匪浅。

一位哲人曾经说过："世界上能登上金字塔顶的生物只有两种：一种是鹰，一种是蜗牛。不管是天资奇佳的鹰，还是资质平庸的蜗牛，能登上塔尖，极目四望，俯视万里，都离不开两个字——勤奋。"

一个人的发展与成长，天赋、环境、机遇、学识等外部因素固然重要，但更重要的是自身的勤奋与努力。没有自身的勤奋，就算是天资奇佳的雄鹰，也只能空振双翅；有了勤奋的精神，就算是行动迟缓的蜗牛，也能雄踞塔顶，观千山暮雪，渺万里层云。成功不单纯依靠能力和智慧，更要靠每一个人孜孜不倦地勤奋工作。

"永不动摇的时间表"

天才就是无止境刻苦勤奋的能力。

——卡莱尔

被媒体誉为"清华神厨"的张立勇，曾经因贫困而高中辍学，开始了漫漫打工路。他先到广州打工，数年后，到清华大学第十五食堂做厨师。为了学习英语，他给自己制定了一张"残酷"的时间表，他的生活就以这张表为准则，一切都服从于它。

他的时间表是这样的：6点必须起床，6点15分到6点30分出去跑步，6点30分到7点背英语，7点到7点10分或者7点15分刷牙、洗脸，然后出发到食堂，7点30分上班；午饭时间控制在8分钟之内，剩下的7分钟背英语；中午1点钟听英语广播；晚上8点下班，学习英语到12点，深夜12点45分到1点15分收听英语广播。

他称这个时间表是"永不动摇的时间表"，为了学习，他往往夜里两三点钟才休息，实在太累的时候，定好的闹铃声听不到，上班就会迟到并挨领导的批评。为了能早起床，他就多买了一个闹钟，再加上朋友送的一个，一共有3个闹钟，上班就不会迟到了。闹钟保证了他的时间表不发生变化，保证了他的学习计划。

就是这张"永不动摇的时间表"，让惰性没有了可乘之机。

张立勇白天上班的时候很辛苦，几乎没有自由时间。但他认为时间就像是海绵里的水，一挤就有了。食堂的工作很紧张，中间休息的时间很短，按规定，在给学生卖饭之前，内部有15分钟时间先吃饭。然而，张立勇却只用8分钟吃饭，在节约下来的7分钟里，就躲在食堂碗柜后面背英语。常常是同事在碗柜这一边吃饭，他在另一边背英语。

为了学习，张立勇饱受着很大的精神压力，有时候是他的父母生病了，有时候是遭到同事的讥讽。每个人都有惰性和依赖性，太累的时候，也会想到偷懒，但是他有很强的理智和自控能力，他在床头写上"克己"、"行胜于言"、"挑战自我"等警句，时时提醒自己："你不能偷懒，至少你目前不能偷懒，你不能喝酒，你不能谈女朋友，你没有时间打牌，你还没有资格享受。"

这张"永不动摇的时间表"更是对一个人毅力和耐心的考验。

张立勇一边工作一边学习，休息时间很少，经常犯困，晚上8点下班后赶到教室，坐下来就想睡觉。但是，无论身体和精神有多累，他都要求自己必须实现自己制定的学习目标。假定一天该看完10页，结果难以控制，趴在桌上睡着了，一页也没看完，面对这种状况，他就打满一杯热气腾腾的开水。别人的水一般是凉了再喝，而他是趁热喝，开水烫得全身打个机灵，舌头痛得不行，然而睡意却马上消失了。这种执行方式几近于"残酷"，却是超强毅力的体现。

张立勇每天的学习任务很明确，有的时候他必须要战胜自己的身体。人都是有惰性的，也特别容易自我放松，如果稍微松懈一下，就会浪费很多时间，学习的连贯性和学习计划都会遭到破坏。古人云："明日复明日，明日何其多。我生待明日，万事成蹉跎。"这大概是最好的警示诗了。他告诫自己，越是在困难的时候越要想办法坚持下来。否则，所有的努力都会化成泡影。

张立勇就是这样"永不动摇"地学习，十年磨炼，终于学有所成。这张"永不动摇的时间表"改变了他的命运。张立勇在清华大学食堂工作了8年，坚持自学英语，通过了国家英语四、六级考试，托福考了630分，被清华大学学生尊称为"馒头神"，被媒体誉为"清华神厨"。

综观古今，惰性是与成功失之交臂的原因。惰性，使人的才华被埋没，使人的潜能被扼杀，使人的希望变得虚无缥缈。如果一个人一生为惰性所控制，那他只有忍受"南柯一梦"的失落，很难有大的作为。只有克服惰性，才能取得更大的成功。

第五章　贪婪

——欲海无边

哈佛告诉你

　　你看见一部车子，一所房子，然后你想拥有它，或是你想达到有钱人的地位，成为被人注目的大人物，这就是欲望。面对欲望，过分放纵固然不可取，但彻底否定自己的欲望也是不对的。也许我们真正想要的不是远离欲望，而是摆脱贪婪所引起的担忧、焦灼和痛苦。

贪婪到极致是虚无

　　贪婪是一种会给人带来无限痛苦的地狱，它耗尽了人力图满足其需求的精力，可并没有给人带来满足。

——弗洛姆

　　物质是生活的基础，对物质的追求是理所当然的。但是，人一旦掉进贪婪的陷阱，就如坠入万丈深渊，万劫不复。

　　以前，有一个国王，王妃为他生了一群白胖的王子。好不容易他最宠爱的一个妃子为他生了一位漂亮的公主。国王对小公主疼爱有加，视如掌上明珠，凡是公主要求的东西，国王从来都不会拒绝。就是她要天上的星星，国王也恨不得攀登天空，为公主摘下来。

　　公主在国王的呵护纵容下，慢慢成长为豆蔻年华的少女，渐渐懂得了装扮自己。有一天，春雨初霁的午后，公主带着婢女徜徉于宫中花园。只见树枝上的花朵，经过雨水的润泽，花苞上挂着几滴雨珠，显得愈发娇艳；翁郁的树木，翠绿得逼人眼睛。公主正在欣赏雨后的景致，忽然目光被荷花池中的奇观吸引住了。原来池水正冒出一颗颗状如珍珠的水泡，浑圆晶莹，闪耀

226

夺目。公主看得入神忘我，突发奇想："如果把这些水泡串成花环，戴在头发上，一定美极了！"

她打定主意，于是叫婢女把水泡捞上来，但是婢女的手刚一触及水泡，水泡便破灭无影。折腾了半天，公主在池边等得愤愤不悦，婢女在池里捞得心急如焚。公主终于气愤难忍，一怒之下，便跑回宫中，把国王拉到了池畔，对着一池闪闪发光的水泡说：

"父王！您一向是最疼爱我的，我要什么东西，您都依着我。现在女儿想要把池里的水泡串成花环，戴在头上。"

"傻孩子！水泡虽然好看，终究是虚幻不实的东西，怎么可能做成花环呢？父王另外给你找些珍珠水晶，一定比水泡还要美丽！"国王无限怜爱地看着女儿。

"不要！不要！我只要水泡花环，我不要什么珍珠水晶。如果您不给我，我就不想活了。"公主哭闹着。束手无策的国王只好把朝中的大臣们集合于花园，忧心忡忡地说道："各位大臣，你们号称是本国的奇工巧匠，你们之中如果有人能够用池中的水泡，为公主编织美丽的花环，我便重重奖赏。"

"陛下！水泡刹那生灭，触摸即破，怎么能够拿来做花环呢？"大臣们面面相觑，不知如何是好。

"哼！这么简单的事，你们都无法办到，我平日如何善待你们？如果无法满足我女儿的心愿，你们统统提头来见。"国王盛怒了。

"国王请息怒，我有办法替公主做成花环。只是老臣我老眼昏花，实在分不清楚水池中的水泡，哪一颗比较均匀圆满，能否请公主亲自挑选，交给我来编串。"一位须发斑白的大臣神情笃定地打圆场。

公主听了，兴高采烈地拿起瓢子，弯下腰身，认真地舀取自己中意的水泡。本来光彩闪烁的水泡，经公主轻轻一触摸，霎时破灭，变为泡影。捞了半天，公主连一颗水泡也没有拿起来。

显然，公主的水泡花环梦想难以实现。我们暂且不说公主失望的表情，先来研究分析一下公主有此梦想的根源：正因为公主生活无忧，物质富足，她才贪婪那些虚无的东西。可以说，这是贪婪的极致。极致的贪婪蒙蔽了公主的眼睛，使她是非难辨，幻想与现实不分，闹出如此笑话。现代生活中的某些人是不是也有着公主的影子呢？过度的追逐，只能陷于痛苦的深渊。然而，世人大都面对金钱爱不释手，面对名利心难清静。更有甚者，为虚无的目标而苦命追逐。然而由于目标不当，有时不仅不会带来快乐，反而会成为烦恼的根源，且白费精力。

贪欲不止，祸流滔天

人为财死，鸟为食亡。

——《昔时贤文》

欲望，永不满足的欲望，一方面是人们不懈追求的原动力，成就了人往高处走，水往低处流的箴言；另一方面也诠释了"有了千田想万田，当了皇帝想成仙""人心不足蛇吞象"的人性弱点。

其实欲望并非万恶之源，它既能使人堕落，又是人类进步的阶梯。尼采认为，意志创造了世界却对人的自身无补，人们永远无法满足自己的欲望，永远受到欲望的煎熬，而这则是人生悲剧的根源。假如每个人都进入无知无欲的状态，那社会以及整个人类都会倒退，甚至再度回到小国寡民的社会之中去。

但是这里所说的人不能没有欲望，并不代表人只有欲望，最关键的是要做到欲与望的平衡。

有一个男人，经过了自己的艰苦努力，终于拥有了自己的事业和家庭，房子、车子在他的生活中样样齐全。而投身商海这么多年，没日没夜地奔波、操劳的他，有一天终于感觉累了，疲倦了，看着渐渐发福的太太，不由得感叹道："太太，在这个社会上，我们也算小富有余了，我想好好休整一年，然后去找个简单的工作。"

太太不满："作为男人，要有远大志向，不能稍富即安，我们离真正的富翁还差得太远。"

太太的话像针一般又深深地扎进男人的心中，男人的尊严在那一刻受到了撞击，人活着究竟为什么，就为那些花花绿绿的钞票吗？他迷茫了。

然而未等再展宏图，他却轰然倒下了，莫名其妙的消瘦，胸部长时间的憋闷，让他不得不走进医院。检查的结果让他目瞪口呆，诊断书清晰地写着两个字：肺癌。他跌坐在椅子上，医生握着他的手，安慰他："慢慢调养，保持快乐的心情。"

回到家中，他感觉房子突然变小了，太太也变得好像不认识了，整天一句话也不说，常常面对着窗外的小鸟发呆，自己再也飞不高了，什么创业，什么人生，什么追求，此刻都失去了意义。于是他扔下一张纸条：我走了，是贪婪毁了我，毁了这个家。

正如宋朝理学大家程颐所讲："一念之欲不能制，而祸流于滔天。"古往今来，贪婪成性的大有人在，因贪婪而身败名裂，甚至招致杀身之祸的人就更是不胜枚举了，而驱使他们做出种种抉择的唯一动力便是贪婪的心态。恩格斯曾鲜明地指出：卑劣的贪欲是文明时代从它存在的第一日起直至今日的动力；财富，财富，第三还是财富——不是社会的财富，而是这个微不足道的单个的个人的财富。这就是文明时代唯一的、具有决定意义的目的。

欲望越小，人生越幸福

人最终喜爱的是自己的欲望，不是自己想要的东西！

——尼采

我们所拥有的并不少，而仅仅是因为欲望太多，才使得自己不满足，甚至憎恨别人所拥有的或期望比别人拥有得更多，以致心里产生失落、愤怒和不平衡。欲望太多，就会导致心理贫穷！

1856 年，俄亥俄州的亚历山大商场发生了一起盗窃案，共失窃 8 只金表，价值 16 万美元，在当时，这是相当庞大的数目。

就在案子尚在侦破中，纽约商人罗森到此地批货，随身携带了 4 万美元现金。当他到达下榻的酒店后，先办理了贵重物品的保存手续，接着将钱存进了酒店的保险柜中，随即出门去吃早餐。

在咖啡厅里，他听见邻桌的人在谈论前阵子的金表盗窃案，因为是当时的新闻，这个商人并没有太在意。

中午吃饭时，他又听见邻桌的人谈及此事，他们还说有人用 1 万美元买了两只金表，转手后净赚 3 万美元，其他人纷纷投以羡慕的眼光说："如果让我遇上，不知道该有多好！"

罗森听到后，却怀疑地想："哪有这么好的事？"

到了晚餐时间，金表的话题居然再次在他耳边响起，等到他吃完饭，回到房间后，忽然接到一个神秘的电话："你对金表有兴趣吗？老实跟你说，我知道你是做大买卖的商人，这些金表在本地并不好脱手，如果你有兴趣，我们可以商量商量。品质方面，你可以到附近的珠宝店鉴定，如何？"

罗森听到后，不禁怦然心动，他想这笔生意可获取的利润比一般生意优厚许多，于是便答应与对方会面详谈，结果以4万美元买下了传说中被盗的8只金表中的3只。

但是第二天，他拿起金表仔细观看后，却觉得有些不对劲，罗森将金表带到熟人那里鉴定，没想到经鉴定，这些金表居然都是假货，全部只值2000美元而已。直到这帮骗子落网后，商人才明白，从他一进酒店存钱，这伙骗子就盯上了他，而他一整天听到的金表话题，也是他们故意安排设计的。

歹徒的计划是，如果第一天罗森没有上当，接下来，他们还会有许多花招准备继续诱骗他，直到他掏出钱为止。

因为贪欲而迷失方向的人比比皆是；因为贪婪而丧失天良的人也随处可见。贪欲不仅可怕，也是导致许多人失败的原因。

有一对即将结婚的未婚夫妻，兴奋地憧憬着未来的美好日子，因为他们中了一张高额彩券，奖金是7.5万美元。

可是，这对马上要结婚的新人，却在中奖后隔天，就为了"谁该拥有这笔意外之财"而闹翻了。两人大吵一架，并不惜撕破脸，闹上法庭。为什么呢？因为这张彩券当时是握在未婚妻的手中，但是未婚夫则气愤地告诉法官："那张彩券是我买的，后来她把彩券放入她的皮包内，但我也没说什么，因为她是我的未婚妻嘛！可是，她竟然这么无耻、不要脸，居然敢说彩券是她的，是她买的！"

这对未婚夫妻在法庭上大声吵闹，各说各话，丝毫不妥协、不让步，让法官也伤透脑筋。最后，法官下令，在尚未确定谁是谁非之时，彩券发行单位暂时不发出这笔奖金！而两位原本马上要结婚的佳偶因争夺奖券的归属而变成怨偶，双方也决定取消婚约。

有人说："结婚，经常不是为了钱；离婚，却是经常为了钱！"

的确，人的私心、贪婪，常使人跌倒，重重地跌在自己恶念的祸害里。

托尔斯泰说："欲望越小，人生就越幸福。"同理，我们也可以说欲望越大，就越容易致祸。的确，古往今来，多少人欲壑难填，多少人被贪婪打败。

所以，生活中，我们一定要减轻欲望，懂得舍弃，只有这样才能从贪婪中解脱，从而获得内心的安宁。

诱惑面前，保持自制

不要试图同诱惑争辩，躲开它，躲得远远的。面对诱惑不动心并不重要，重要的是为了诱惑而动摇自己的良心。

——孟德斯鸠

人的一生当中，会遇到很多陷阱，而这些陷阱之中，最为可怕的一种是自掘的陷阱——贪婪。因为贪心，人们会忽略自己的弱点，不顾一切去满足欲望。这时，即使危险摆在面前，人们也无法去理会、去避让。贪心遮住了你的眼睛，使你无法看到危险所在。

据说东南亚一带，有一种捕捉猴子的方法很是别致，它的奥妙所在，就是利用了一个"贪"字。当地人用一个木箱子，将一些美味的水果放在里面，箱子上开了一个小洞，大小刚好够猴子的手伸进去。

如果猴子抓了水果，手就抽不出来，除非它把手中的水果丢掉，但大多数猴子不愿把手中的东西放下，以致猎人不需要费什么力，就可以很轻易地捉住它们。

人们可能会笑，猴子真傻。但是人们又何曾想到，自己有时的行为正和这些猴子一样。为了一些蝇头小利，人们可能不惜牺牲自己的健康、时间、道德原则，而自己却不自知。

有一个人，偶然在地上捡到一张百元大钞。因为这笔意外之财，他以后总是低着头走路，希望还能有这样的运气。

久而久之，低头走路成了他的一种习惯。若干年后，据他自己的统计，总共拾到纽扣3.9万多颗，针4万多根，钱则只有几百块，可是他却成了一个严重驼背的人。可想而知的是，在低头走路的岁月里，他没能好好地去欣赏落日的绮丽、幼童的欢颜、大地的鸟语花香。

贪婪的可怕之处，不仅在于摧毁有形的东西，而且能搅乱一个人的内心世界。某些本该恪守的原则，都可能在贪心面前垮掉。

有一个走私客特鲁西，由于警方追捕得很紧，一时无处藏身。于是，他灵机一动，带着所有的走私货，躲到一家破旧的教堂中，并且请求教堂里的老牧师答应他把这些走私品藏到教堂的阁楼里。他想警方一定想不到这些东西藏在教堂中，所以万无一失。这位虔诚的牧师当然立即拒绝了特鲁西的要求，并且要此人马上离开，否则他就要报警了。

"我给你一笔钱，以报答你的善行，你看 20 万元怎么样？"特鲁西不死心。

老牧师坚定地说："不！"

"那么 50 万呢？"

老牧师依旧拒绝。

"100 万元？"特鲁西仍不死心。

老牧师突然大发雷霆，用力把那人推到外面去，说道："快给我滚出去，你开的价钱，已经快接近我心里的数目了。"

老牧师还算得上一个有自制力的人。他知道自己的心理底线，也知道自己在重金面前有可能挡不住诱惑。但生活中的你呢，在形形色色的诱惑面前，能保持一颗知足的心吗？

其实，我们每一个人所拥有的财物，无论是房子，还是车子；无论是有形的，还是无形的，没有一样是属于你自己的。那些东西不过是暂时寄存于你，有的让你暂时使用，到了最后，物归何主，尚未可知。所以智者把这些财富统统视为身外之物。

"身外物，不奢恋"是思悟后的清醒。因为即使我们拥有整个世界，一天也只能吃三餐，一次也只能睡一张床，即便是一个挖水沟的工人也可如此享受。许多事实证明，生活中鱼和熊掌难以兼得。

贪婪是怎样形成的

人心不足蛇吞象。

——《山海经》

我们都读过伟大诗人普希金所写的《渔夫和金鱼的故事》。故事中那位老太婆，本来已经得到了金鱼为报恩而给予的诸多好处，但由于她让自己的欲望一再膨胀，有了高大明亮的木房子，还要做世袭的贵妇人，之后又要当至尊无上的女皇，但这些竟然都不能使她满足，等到她贪心不足地要求做要金鱼侍候的"海上女霸王"时，终于遭到了惩罚：恢复到只有破房子和破木盆的原状。这无疑是一个颇具深意的暗示：贪婪者的结局就是竹篮打水一场空。

"贪"的本义指爱财，"婪"的本义指爱食，"贪婪"指贪得无厌，意即对与自己的实际情况不相称的某一目标的过分欲求。

贪婪心理的成因，说简单也简单，说复杂也复杂。客观方面来讲，社会上太多的诱惑和不健康的思想，有时会让人心走向歪门邪道。但更重要的原因，显然在于人们自己的主观因素。人在成长和生活的过程中，很可能会接受或产生一些错误的价值观念，比如认为社会是为自己而存在的，天下之事物应为自己拥有。这种严重的个人主义，就很容易导致人滑向贪婪，使人得陇望蜀，欲壑难填。有了票子，想房子，有了房子，想位子；有了位子，想女人……这样成了习惯，也就被贪婪之心给控制住了。

行为的强化作用也会使贪欲增强。有贪婪之心的人，在初次伸出黑手时，一般也多有惧怕心理，然而一旦得手，在尝到甜头之后，胆子就会越来越大。每一次的攫取成功，都会刺激那颗贪婪之心。

有时，我们可能也会很奇怪，那些所谓的"贪婪者"，其实也是很本分的人，为什么就会陷入贪婪的泥潭而不能自拔呢？这恐怕就是攀比的心理在作怪。有的人在看到原来与自己境况差不多的邻居、朋友、同事或者下属，甚至原来远远不如自己的人，都能比自己过得好得多，心理就会严重失衡，觉得自己活得太败兴，于是一股贪婪之念油然生发出来，慢慢地也就学会了伸出贪婪之手，并且越来越频繁、越来越利索。

除此之外，扭曲的补偿心理也是形成贪婪习性的一种重要因素。有些人原来家境贫寒不堪，或者曾经受过很大的苦难，觉得命运对自己很不公平。一旦地位、身份升级，便利用手中的资源向社会或他人疯狂地索取，蜕变成一个不折不扣的贪婪者。

通过贪婪心理的成因，我们可以看出贪婪是一种病态心理，与正常的愿望相比，贪婪不但没有能够满足的时候，反而是越满足胃口越大，而这往往就导致人的心理失衡，最终无可救药。从这个意义上来讲，贪婪确实可以称得上是一个魔鬼。它会让人失去理智，明明知道是火坑也不由自主地往里跳，还让人自以为既能得到自己想要的东西，又能进退自如。岂不知在伸手的瞬间，贪婪就使他注定落入他人设好的圈套，注定了被设圈套的人牵着走，从此身不由己，说着言不由衷的话，做着违背自己意愿的事，轻则弄得狼狈不堪，重则身败名裂，身陷囹圄。

贪婪的可怕之处还表现在，很多时候有些人为了得到自己想要的东西，殚精竭虑，费尽心机，甚至不择手段地去攫取，到最后也许他真的如愿以偿了，但在整个的追逐过程中，他也已经失去了比所得的更为宝贵的东西，或者留下了永远都无法弥补的人生遗憾。也就是说，贪婪不仅摧毁有形的东西，更能搅乱一个人的内心世界。一个人的理智、自尊乃至未来的所有的希望，都有可能被贪婪这个魔鬼吞噬。

作为人性的原恶之一，贪婪是人的生命中不能承受与回避的重中之重。社会中，一切的丑恶、野蛮、杀戮、欺骗等不堪入目的罪恶，都是以贪婪为发源地的。人一旦显现出了自己灵魂深处的贪婪本性，就等于走上了一条不归路。这不仅仅表现在贪婪是以生命为代价的，而且还是以灵魂为代价的。贪婪就像吸毒，是一项自毁的工程。据巴西科学家研究显示，任何贪官的一生都是在惊恐、惶惑之中度过的，他们的生命不仅比一般人短，而且其心理无时无刻不在受着无可名状的煎熬。

由于贪婪的成因既是隐藏性的，又具有历史和现实双重的复杂性，使得它确实能像一个魔鬼那样无孔不入，几乎在每一个人身上都有停留、生长和爆发的可能。所以说，人活着，就要学会用理智驾驭自己的欲望，明辨是非，认清欲望背后潜在的危险，不可放纵自己的贪婪之心。必要的时候，完全可以使用强制的手段来和自己的贪欲作斗争，用法律的清洗剂彻底清洗自己的灵魂，使其得以再生。

当然，贪婪并非遗传所致，而是个人在后天环境中因各种因素叠加而致，所以，它绝不是不治之症，是每一个人都能够通过正确的方法加以克服和避免的。

第六章　吝啬

——毛不拔的铁公鸡

哈佛告诉你

凡吝啬的人大多都是自私的、贪婪的。这类人总是嫌自己发财速度太慢，总嫌发财"效率"太低，总想不劳而获或者少劳多获，因而挖空心思、不择手段地算计他人、算计集体、算计社会。一般的情况是：在吝啬者口袋里的金钱，或多或少地带有不洁的成分，廉耻、天良、真理，都会沉沦在吝啬者的吝啬之中。

"铁公鸡"的下场

如果你把金钱当成上帝，它便会像魔鬼一样折磨你。

——菲尔丁

齐国有一名叫夷射的大臣，经常为齐王出谋划策"整治"别人，被齐王视为近臣。一次齐王宴请他，由于不胜酒力，有些过量，他便到宫门后吹风。守门人曾受过刖刑，是个无聊之人，欲向夷射讨杯酒吃。夷射天生吝啬，再加上对他很是鄙弃，便大声斥责道："什么？滚到一边去！像你这样的囚犯，竟然向我讨酒喝？"

守门人非常愤恨。这时因下雨，宫门前刚好积一摊水，状如便溺之物，守门人便萌生报复心理。

次日清晨，齐王出门，见门前一摊其状不雅的水迹，心中不悦，急唤守门人道："是谁如此放肆，在此便溺？"

守门人见机会来了，故作惶恐支吾道："我不是很清楚，但我昨晚看到大臣夷射来过这里。"

齐王果然以欺君之罪，赐夷射死。

为一杯酒而丧命的确可悲，但如果没有因他平日为齐王出谋划策，"整治"别人所种下的"祸根"，也不会遭此劫难。一杯酒本不足以挂齿，但正是由于夷射的吝啬，才导致杀身之祸。吝啬的代价是巨大的。有时，别人所求于你的，往往对你是微不足道的，但对他而言，却意义重大。你给了，虽然有点儿细小的损失，但却得到了一颗感恩的心；你不给，虽然看似毫发无损，却在别人的心里种下了嫉恨的种子。俗话说："滴水之恩，当涌泉相报"。古人之所以看重滴水之恩，是因为里面透露了一种人性的善意。不管这滴水之恩是来自于陌生人还是熟人，给予这种恩惠，是人家的好意；不给，也是无可厚非的。因此，滴水之恩，往往是更为值得珍视的恩情。

生活中有人称吝啬的人为"一毛不拔"、"铁公鸡"，这只说明了吝啬行为的一个表象，实质上，吝啬者的吝啬来自于他们内心的冷漠。他们过分看重自己的财物，甚至可以为了蝇头小利而六亲不认。然而，当他们抱着自己辛苦守下来的"财富"时就会发现，自己才是真正的贫穷。

形形色色的吝啬鬼

财富造成的贪婪人，比贪婪造成的富人要多。

——英国谚语

庄子由于家贫，所以不得不经常靠借粮为生。这天，庄子来到了监河侯（官名）的住处，希望能从他那借点粮食，好让自己渡过难关。

监河侯一听说庄子是来借钱的，马上摆出一副笑脸，说道："好说，好说！我非常愿意借给你，可是现在我手上实在没有钱啊！要不你再忍耐两天，等我收了租子之后一定借给你300金，好不好？"

庄子听后气愤地说："昨天我经过这里的时候，听见有个声音在叫我。我回头一看，原来在车轮碾过的沟中有一条鲋鱼。我觉得很奇怪，就问那条鲋鱼：'你为什么会在这呢？'那条鲋鱼可怜巴巴地说：'我是从东海来的，如今被困在这里了，你有一升水救我吗？'我一听是东海来的，就对它说：'你等着，我这就去游说吴越之王，让他开凿运河，引长江之水来救你。'鲋鱼听后生气地说：'你不愿意救我就算了，如果照你说的，你还不如干脆把我卖到鱼店里去算了。'"

监河侯听后满脸通红，半天没有说话。

　　这则寓言讽刺的是那些形式主义、言过其实的人，但它从另一个方面也狠狠地讽刺了"监河侯"这个表面大方，实质吝啬的小气鬼。

　　古今中外，吝啬鬼的形象在文学作品中比比皆是。在世界文学史上，有四大最典型的吝啬鬼形象，他们分别是：莎士比亚戏剧《威尼斯商人》中的夏洛克，一个典型的吝啬商人的形象，最终落得个人财两空；莫里哀喜剧《悭吝人》中的阿巴贡，富甲一方，但却没有亲情，最后死无葬身之地；果戈理长篇小说《死魂灵》中的泼留希金，家财万贯，拥有上千农奴，但却吝啬至极，经常去捡破烂，最后连他的女儿都离他而去；巴尔扎克长篇小说《欧也妮·葛朗台》中的老葛朗台，嗜财如命，连他的女儿都不能碰他的财产，直到临死前每天还都要看一眼他的金子，最后带着"遗憾"死去。

　　中国的文学家也没有放过这些吝啬鬼，最典型的恐怕要数《儒林外史》中的严监生了。严监生临死之前还伸着两个手指头不肯断气，直到妻子道出"天机"，子侄们熄灭了那两根灯草，他才满意地闭上了眼睛。

　　这就是吝啬，一个会使人失去亲情、友情、爱情的人性弱点。

吝啬不分远近

悭吝好比地狱，吞咽得越多就越想吞咽，贪多无厌。

——奥古斯丁

　　罗素说过，吝啬比其他事更能阻止人们过自由而高尚的生活。这就是告诉我们一定要摒弃吝啬的不良习惯。

　　凡吝啬的人一般都是自私的、贪婪的。这类人只是嫌自己发财速度太慢，总嫌发财"效率"太低，总想不劳而获或者少劳多获，因而挖空心思、不择手段地算计他人、算计集体、算计社会，一般的情况是：在吝啬者口袋里的金钱或多或少地带有不洁的成分。廉耻、天良、真理，都会沉沦在吝啬者的吝啬之中。

　　过于吝啬的一个突出表现就是与人交往只索取不奉献。

　　有个勤劳而忠实的男孩叫汤姆，他一个人住在一间小屋子里，并且拥有一座村庄里最美丽的花园。小汤姆有很多的朋友，其中有一个磨坊主叫汤恩。

汤恩是个很富有的人，他总是自称是小汤姆最忠厚的朋友，因此他每次到小汤姆的花园来时，都以好朋友的身份拎走一大篮子美丽的鲜花，在水果成熟的季节还拿走许多水果。

汤恩经常说："真正的朋友就该分享一切。"但是，他从来没有给过小汤姆什么。

冬天的时候，小汤姆的花园枯萎了。"忠实的"磨坊主朋友却没去看望过孤独、寒冷、饥饿的小汤姆。

汤恩在家里对他的家人说："冬天去看小汤姆是不恰当的，人们经受困难的时候心情烦躁，这时候必须让他们拥有一份宁静，去打扰他们是不好的。而春天来到的时候就不一样了，小汤姆花园里的花都开放了，我去他那采回一大篮子鲜花，我会让他多么高兴啊。"

磨坊主天真无邪的儿子问他："爸爸，为什么不让小汤姆到咱们家来呢？我会把我的好吃的、好玩的分给他一半。"

谁想到磨坊主却被儿子的话气坏了，他怒斥这个白白识了字、仍然什么都不懂的孩子，他说："如果小汤姆来到我们家，看到了我们烧得暖烘烘的火炉、我们丰盛的晚饭，以及我们甜美的红葡萄酒，他就会心生妒意，而嫉妒则是友谊的大敌。"

磨坊主的论调无疑是吝啬者自己的堂皇之词。

吝啬者或许金钱、财富都不缺，然而其灵魂、其精神却日趋贫穷。

吝啬果真能给吝啬者带来愉快吗？不能。其实吝啬者的生活是最不安宁的，他们整天忙着挣钱，最担心的是丢钱，唯恐盗贼将他的金钱全部偷走，唯恐一场大火将其财产全部吞噬掉，唯恐自己的亲人将它全部挥霍掉，因而整天提心吊胆、坐立不安，当然永远不会是愉快的。

我们要打破吝啬的樊篱，走出吝啬的灰暗，寻找生命中那一份与人分享的蓝天。

金钱买不到的

有了金钱就能在这个世界上做很多事，唯有青春却无法用金钱来购买。

——莱曼特

　　不知从什么时候开始，人们聊天的内容多了许多金钱、地位的字眼。有些人甚至成了拜金主义者、唯利主义者，在他们看来，别的什么都无所谓，钱才是好东西。为了钱，为了私利，有的人可以不择手段，甚至不惜犯法，铤而走险。

　　殊不知，也有金钱买不到的东西，甚至金钱多了也会是一件很烦恼的事情。

　　从前有个特别爱财的国王，一天，他跟神说："请教给我点金术，让我伸手所能摸到的都变成金子，我要使我的王宫到处都金碧辉煌。"

　　神说："好吧。"

　　于是第二天，国王刚一起床，他伸手摸到的衣服就变成了金子，他高兴得不得了。然后他吃早餐，伸手摸到的牛奶也变成了金子，摸到的面包也变成了金子，他这时觉得有点不舒服了，因为他吃不成早餐，得饿肚子了。他每天上午都要去王宫里的大花园散步，当他走进花朵时，他看到一朵红玫瑰开放得非常娇艳，情不自禁地上前抚摸了一下，玫瑰立刻也变成了金子，他感到有点遗憾。这一天，他只要一伸手，所触摸的物品全部变成了金子，后来，他越来越恐惧，吓得不敢伸手了，他已经饿了一天了。到了晚上，他最喜欢的小女儿来拜见他，他拼命地喊着，女儿别过来，可是天真活泼的女儿仍然像往常一样径直跑到父亲身边伸出双臂来拥抱他，结果女儿变成了一尊金像。

　　这时国王大哭了起来，他再也不想要这个点金术了，他跑到神那里，向神祈求："神哪，请宽恕我吧，我再也不贪恋金子了，请把我心爱的女儿还给我吧！"

　　神说："那好吧，你去河里把你的手洗干净。"

　　国王马上到河边拼命地搓洗双手，然后赶快跑去拥抱女儿，女儿又变回了天真活泼的模样。

　　著名史学家范晔说："天下皆知取之为取，而不知与之为取。"人世间的事情，总是有了付出才有收获，而得与失之间互为转化的效果，有时也并不是马上就可以见到的，但懂得其中奥妙的人，会掌握取舍的主动权，让它发挥出意想不到的效果。

　　战国时，齐国的孟尝君是一个以养士出名的相国。由于他待士十分诚恳，感动了一个叫冯谖的落魄人，此人为报答孟尝君的礼遇，而投到他的门下为他效力。

一次，孟尝君叫人为他到其封地薛邑讨债，问谁肯去。冯谖自告奋勇地说自己愿去，但不知将催讨回来的钱买什么东西。孟尝君说，就买点我们家没有的东西吧。冯谖领命而去，到了薛邑后，他见到老百姓的生活十分穷困，听说孟尝君的使者来了，均有怨言。于是，他召集了邑中居民，对大家说："孟尝君知道大家生活困难，这次特意派我来告诉大家，以前的欠债一笔勾销，利息也不用偿还了，孟尝君叫我把债券也带来了，今天当着大家的面，我把它烧毁，从今以后再不催还。"说着，冯谖果真点起一把火，把债券都烧了。薛邑的百姓没料到孟尝君如此仁义，人人感激涕零。

冯谖回来后，孟尝君问他买了何物，冯谖如实回答，孟尝君大为不悦。冯谖对他说："你不是叫我买家中没有的东西吗？我已经给你买回来了。这就是'义'。焚券市义，这对您收归民心是大有好处的啊！"

数年后，孟尝君被人谮谄，齐相不保，只好回到自己的封地薛邑。薛邑的百姓听说恩公孟尝君回来了，倾城而出，夹道欢迎。孟尝君感动不已，终于体会到了冯谖"市义"的苦心。

总而言之，你如果要做一个快乐的人，一定要记住：金钱不是万能的，它只是用来达到目的的一种工具罢了。若你只知道赚足自己的钱包而不顾别人死活，甚至为金钱不顾亲情、友情和道义，那将是一种多么枯燥的生活。因为也许你能买到宫殿，买到豪华游轮，但你买不到宫殿里亲人的欢笑，买不到海上的宜人风景，买不到朋友之间畅饮的淋漓。

第五篇

哈佛家训金典

"对于哈佛大学来说，重要的不是出了 7 位总统和 30 多位诺贝尔奖获得者，而是让进哈佛的每一颗金子都发光。"哈佛靠什么打造了这些巨人？他们的教育中有什么深藏未露的秘密？哈佛取得如此巨大的成就，并不完全是学校教育的结果，这其中也有学生家长的功劳。他们成功的教育方法和理念、他们培养孩子成才的坚定信心和严谨态度，以及他们将教育孩子作为人生重要目标的信念，都是哈佛精英教育的重要组成部分。

第一章　真爱

——开启生命的源泉

上帝创造了人类，同时将爱赋予了这个万物精灵。爱是生命的源泉，拥有了爱也就拥有了一切。很多人千方百计地想要得到财富和成功，却把爱远远地扔在一边，到最后两手空空，什么也没得到。要知道，连爱都不曾拥有的人，注定是要错过一切的。

如果爱

真正有爱的人没有什么爱得多爱得少的，他是把自己整个人都给他所爱的人的。

——罗曼·罗兰

20世纪20年代，印度的某个地区发现了两个狼童，一个2岁，一个8岁。因为从小与狼生活在一起，她们的生活习性完全异化了，两只狼一样的耳朵经常会动，双手已经不能像人一样抓东西，只会爬行。到了晚上的时候，总是会发出狼一样的嚎叫声。

9年后，经过人类文明的教导，2岁的狼童已慢慢适应了人类的生活。而8岁的狼童因为在狼群中待太久了，已无法成为真正的"人"，17岁时死去了。

由此不难看出，周围的环境对人的成长影响是很大的。心理学家曾经这样生动形象地描述环境与成长行为的关系：

如果人生活在批评的环境中，他就学会指责埋怨；

如果人生活在敌意的环境中，他就学会打架斗殴；

如果人生活在嘲笑的环境中，他就学会害羞内向；

如果人生活在羞辱的环境中，他就学会自轻自贱；

如果人生活在鼓励的环境中，他就学会勇敢向上；

如果人生活在赞扬的环境中，他就学会自信自强；

如果人生活在公平的环境中，他就学会拼搏竞争；

如果人生活在安全的环境中，他就学会相互信任；

如果人生活在赞许的环境中，他就学会自尊自爱；

如果人生活在互相信任和友好团结的环境中，他就学会在这个世界上去寻找爱，发现爱，奉献爱。

蒙台梭利说："环境就像人类的头部，影响着一个人一生的成长与发展。"一个人在成长过程中会遇到很多的人，经历很多的事，也要面对不同的环境。当然，很多时候，周围的环境也不是由自己所决定的，这时就需要你用爱去影响周围的环境。让我们大家一起用爱来营造一个温馨的花园。有了爱，世界才有了阳光般的活力！

小狗的主人

真正的爱世上只有一种，而模仿出来的爱却又千种万种。

——拉罗什富科

宠物市场上，一个30多岁的男人手里举着一块牌子："出售小狗"。身旁有6只毛茸茸的小狗，其中一只小狗紧紧地贴在他的脚边，呜呜低声叫着。

一会儿，一个小男孩慢慢地走到了男人的面前。

"先生，你的小狗卖多少钱？"小男孩问道。

"20美元。"

"能让我先看看它们吗？"

小男孩蹲下身来逗这些活泼可爱的小狗。他看到了那只呜呜叫着的小狗。

"这只小狗怎么了？"小男孩好奇地问道。

"它的一条腿瘸了，生了一场病就变成这样了。"

"我想买这只小狗。"

"这条小狗不卖。"男人想了一下，说，"如果你很想要，我可以把它送给你！"

"不！"小男孩认真地看着对方，一字一句地说："我不需要你的赠予。这只小狗应该和别的小狗一样值 20 美元！"

"它的腿不好，不可能像别的小狗那样蹦蹦跳跳地陪你玩。"

小男孩低着头，轻声说道："我自己也不能蹦蹦跳跳了。这只小狗需要一个理解它的人，给它一份关爱。"说完，他卷起裤脚，露出一条严重畸形的小腿。

作为一个生命，每一个人的地位都是平等的，每一个人的价值都是一样的。不要用这样那样的标准把你我分隔开，因为人生没有高低贵贱之分，尊重对方也就是尊重自己。当然，也不需要把自己和他人区别地对待，因为这样会让快乐和幸福从自己的身边溜走，留给自己的只有烦恼和不幸。

把爱请进来

真正的爱，应该超越生命的长度、心灵的宽度、灵魂的深度。

——佚名

郊区的一间小茅屋里，一家三口正坐在一起准备吃晚餐。他们的粮食已经不多了，干净的旧木桌上只放着几个馒头，这就是他们全部的晚餐。

"咚！咚！咚！"有人在敲门。女主人打开门一看，只见三个陌生的年轻人站在门口，一副风尘仆仆的样子。她礼貌地打招呼："请问你们找谁啊？"

"你家男主人在吗？"三个年轻人问。

"在呀！"

"事情是这样的。"一个年轻人开口说道，"上帝知道你们是一个幸福的家庭，听说你们的生活遇到了困难，特地派我们来帮助你们的。"

年轻人接着说："我叫成功，另外两个叫爱和财富。在我们三个之间，你们只能选择一个，而且只有一次机会！"

屋里的男主人听见了他们的谈话，惊喜地叫了起来："快，我们就把财富请进来吧！"

女主人反对这样做："亲爱的，为什么我们不选择成功呢？有了成功，就有鲜花和掌声，就有了一切！"

这时，坐在桌子旁边的小男孩开口了："爸爸妈妈，我们还是把爱请进来吧！有了爱，我们不就更加幸福吗？"

夫妻俩相互看了一眼，觉得儿子的话很有道理："对！我们还是把爱请进来吧！"

奇怪的是：等爱走进门的时候，财富和成功也跟了进来。

女主人疑惑地看着他们问："我们只是说把爱请进来，你们怎么全都进来了？"

三个年轻人异口同声地回答道："哪里有爱，哪里就有财富和成功。这就是上帝的旨意！"

记住这一个真理：爱是生命的源泉，拥有了爱也就拥有了一切！

很多人总是想着千方百计地得到财富和成功，把爱远远地扔在一边，最后他们什么也得不到。要知道连爱都不存在的地方，连爱都不拥有的人，财富和成功还会理睬他吗？选错了一次，所有的一切都会错过。而上帝给每一个人选择的机会也就只有一次！

你是上帝的妻子吗

爱，信任一切，绝不欺骗。爱，盼望一切，绝不沦亡。爱，无求于一己之利，奋勇之前。

——祁克果

寒冷的街头，一个衣衫破烂的丹麦小女孩站在一家蛋糕店的门前，看着橱窗里的大蛋糕眼睛都直了。她已经在寒风里站了很久，还是没有离去。

这时，蛋糕店的门被推开了，走出了一个漂亮的女店员。她问门前的小女孩："小妹妹，你是在这里等人吗？天快黑了，还是赶紧回家吧！"

"不，我是在向上帝祷告，请他赐给我一块又漂亮又美味的大蛋糕。"小女孩认真地抬起头问，"姐姐，你说上帝能够听见我的请求吗？"

"会的！"女职员认真地点点头，接着，她把小女孩带进了蛋糕店。小女孩看着五颜六色的蛋糕和光亮的蜡烛，一脸的美慕与陶醉。

一会儿，女职员端来了一盆热水，拿了一条毛巾。她把小女孩带到一边，开始给小女孩洗手洗脸。小女孩的脸已经在外面被寒风冻得通红了，她睁着一双大眼睛看着这位女职员在她身边忙着，一脸的疑惑。

到了最后，女职员用碟子端来了一块大蛋糕，上面放着许多亮晶晶的果仁。小女孩迟疑地接过了大蛋糕，看了看女职员，眼眶里蓄满了泪水。

女职员对着小女孩笑了笑，说："小妹妹，还有什么需要吗？"

"我可以吻你一下吗？"小女孩亲了一下女职员，然后俯在她的耳边轻轻地问了一句："姐姐，你是上帝的妻子吗？"

上帝无处不在。可是我们的肉眼无法看见上帝的肉身，更别说时刻陪伴在上帝的身边了。可是，只要我们每一个人都拥有博爱之心，用自己的行动去关爱周围的人，你就会发现自己离上帝的距离不再远了。

最高奖赏

爱是一种心情，是要把所爱的对象置于自己的跟前、身边，希望自己与对方协同一体。

——今道友信

1963 年，一个小女孩写信给一家报纸的总编，因为她遇上了一件麻烦的事情：她帮妈妈摘回了一篮子草莓，妈妈只是夸了她一句"好孩子"，却给调皮贪玩的弟弟一个大苹果。她想问一下热心的总编先生：这个世界是公平的吗？难道她和她周围的好孩子都被上帝遗忘了吗？

总编收到小女孩的来信，看了以后心里十分难过。可是他也不知道该如何回答这一个问题。

就在第二天，一位朋友邀请他参加了一场婚礼。就在这场婚礼上，总编找到了问题的答案。

事情的经过是这样的：牧师主持订婚仪式，新娘和新郎开始互赠戒指，或许是他们太激动了，两人都阴差阳错地把戒指戴在了对方的右手上。旁边的牧师看见了，幽默地插了一句："右手已经够完美了，我想你们还是用它来装饰左手吧。"

牧师的话让总编觉得眼前一亮，他想："右手本来已经非常完美了，没有必要再用饰物装点右手了。同样，那些有美德的人，之所以常常被大家忽略，不就是因为他们已经非常完美了吗？"

总编终于找到了小女孩要的答案："上帝让右手成为右手，这就是对右手的最高奖赏；同样，上帝让好孩子成为好孩子，也就是对好孩子的最高奖赏。"

总编发现这一真理后，兴奋不已，当天晚上立即给小女孩回了一封信。他在信中安慰小女孩说：

"……你不要烦恼，不要忧愁，上帝让你成为一个好孩子，就是对你的最高奖赏！"

好人有好报。其实有很多时候并不是这样，常常是自己付出了，却得不到一点回报，哪怕一句赞美的话。这也许是你弄错了，做好人并不是要求回报的，只要你对这个世界付出了爱，用爱去关心身边的人就行了。

10 美元的肖像画

在父母的眼中，孩子常是自我的一部分，子女是他理想自我再来一次的机会。

——费孝通

大收藏家拥有大量珍贵的艺术品和一个年轻、充满活力的儿子，过着幸福美满的生活。后来，儿子应征入伍参加了保家卫国的战争，不幸战死在沙场上。而父亲还不知道这一点。

圣诞节的早晨，日夜思念儿子的老人打开房门，看见一位陌生的年轻士兵站在面前，手里还提着一个大包裹。士兵向老人敬礼："您好，我是您儿子的战友。他已经为国英勇捐躯了，这是他留给你的一幅肖像画。"

老人用颤抖的双手打开了儿子的肖像画，把它挂在客厅的正中央，每天早上起来之后都要默默地对着它看上半天。老人再也没有心思去打理自己那些珍贵的收藏品，儿子的这幅肖像画已经成了老人心中最为珍贵的财产了。

第二年秋天，可怜的老人得了一场大病，不久就去世了。老人留下遗愿：所有的收藏品，都拿出来拍卖。消息传出以后引起了轰动，世界各地的收藏家们聚集到了拍卖现场，都想从这位老人的收藏中得到一些稀世珍品。

出人意料的是，拍卖会是从一件非常普通的作品开始的，那就是老人挂在客厅正中央的儿子的肖像画。拍卖师介绍了这幅画的来历后，然后问道：

"有人愿意出价200美元买下这幅画吗?"没有人回答。

"100美元呢?"拍卖师又问。

这时,人群中有人开始抗议了:"谁会对那幅粗劣的画像感兴趣?快点,我们需要的是他的珍品!"

"对!对!"大家十分赞同。

"不,必须先拍卖这一幅,这是老人临终前的要求。"拍卖师坚决地摇头。

"谁愿意买下这幅肖像?"拍卖师再一次问道。

"10美元可以吗?因为我身上只有这么多钱……"在旁边站了很久的老仆人难为情地举起了自己的右手说,"这是老主人最喜爱的肖像画,如果行的话我愿意买下它。"

"还有没有人高出10美元?"拍卖师大声问道。

没有人回应。"10美元一次!10美元二次!10美元三次!好,成交!"拍槌重重落了下来。

接着,拍卖师扫视了一眼拍卖厅,郑重地宣布:"今天的拍卖到此结束!"

"为什么?为什么?难道今天的拍卖会只拍卖这一幅普通的肖像画吗?还害得我们不远千里赶过来,这不是在愚弄人吗?"拍卖厅里的人群顿时像炸开了锅一样,群情激愤。

"不!不止这些!按照收藏家的遗嘱,谁买下了他儿子的肖像画,"拍卖师顿了一下,盯着众人说,"谁就可以同时得到他收藏的所有珍品!"

你能正确估量出爱的价值吗?愿意为爱买单吗?

爱是无价的。用心去爱别人永远都不要期望得到一次意外的回报,如果有了这样的想法,那么我们所付出的就不是爱了,而是一种赤裸裸的贪婪。这个时候,你已经亵渎了自己那一份朴素真挚的感情了。

每个孩子都是天才

互相信赖、尊重、真诚相待——这些是真爱赖以建立的基础。

——菲·纳谢德金

爱因斯坦是一个伟大的科学家,一生取得了举世瞩目的成就。可是他小时候的表现却不被人看好，4 岁的时候才会说一些含糊不清的话语，周围的邻居都说："这孩子呆头呆脑的，长大了可怎么办啊？"

上学的第一天，小爱因斯坦来到教室里，可是没有一个同学愿意和他坐在一起，因为他看上去就像一个小可怜虫。上课的钟声敲响了，在课堂上老师提了一个简单的问题，点名让爱因斯坦站起来回答。

"我，我……"爱因斯坦说了半天还是没有说出一个字来，他的脸已经涨得通红了。

同学们看见他的模样反而觉得更加可笑，哄堂大笑："笨蛋！笨蛋！"

放学回到家里以后，小爱因斯坦背着书包坐在家里的门槛上发呆。细心的父亲注意到孩子的沉默，拉着他的手问："亲爱的，你怎么啦？"

小爱因斯坦哭着扑到了父亲的怀抱里："同学们都说我是一个小笨蛋！"

"不！"父亲擦掉了小爱因斯坦脸上的泪水，严肃地说："亲爱的，你弄错了。上帝曾经在睡梦中偷偷地告诉过我：每一个孩子都是天才！"

"真的吗？上帝真的是这样对您说的吗？"小爱因斯坦满脸期待地问父亲。

父亲坚定地点了点头，小爱因斯坦的脸上露出幸福自豪的笑容。

后来，每当爱因斯坦取得一点点的进步，父亲都会给他送上一阵热烈而真诚的掌声鼓励他。慢慢地，爱因斯坦相信了父亲的那一句话，"每个孩子都是天才"，他的内心充满了希望，并通过努力最终成为了科学巨匠。

英国心理学家托尼·布赞门说过："婴儿出世的那一刻，就真的已经是才华横溢了。仅仅两年时间，他就学会了语言，比任何一位哲学博士都要好，并且在 3 到 4 岁时，他在语言方面就是一个高手了。"

每一个孩子都是天才，要么是一个期待发展的天才，要么就是一个正在成长的天才。用爱浇灌他们心中的希望之花，细心地呵护他，就一定能结出丰硕的果实。

看重坏孩子

世界上的一切光荣和骄傲，都来自母亲。

——高尔基

自从母亲死了以后，他变成了一个调皮的孩子。只要谁家的牛走失了，或者是后院的树莫名其妙被砍倒了，大家都认为是他做的坏事。甚至父亲和哥哥都是这么想的。渐渐地，他也变得无所谓了。

有一天，父亲打算第二次结婚了，家里的孩子们都担心新妈妈会是什么样子。他也打定主意，不把新妈妈放在眼里。最后，新妈妈终于走进家门，来到每个房间，愉快地向孩子们打招呼。当新妈妈走到他面前时，他像枪杆一样站得笔直，双手交叉在胸前，偏开头看着一边，一点欢迎的意思也没有。

新妈妈回头看了父亲一眼，眼里有些疑惑。

"这就是我跟你说的那个孩子，"父亲懒洋洋地说，"全家最坏的孩子。"

仿佛是为了印证父亲的这一番话，他冷冷地瞪着新妈妈，满脸的倔强。

然而，令他猝不及防的是，新妈妈说出了一番让家里所有的人都吃惊的话，包括他自己。她把手放在他的肩上，看着他，眼里闪烁着光芒。"最坏的孩子？"新妈妈说，"一点也不，他是全家最聪明的孩子，我愿意拿出我所有的积蓄跟你赌一赌。"

20年以后，他成了一位著名的企业家。当有人问到他成功的力量来自何处时，他自豪地回答："是妈妈赐给了我无穷无尽的爱！"

爱是一切力量的源泉。有了真爱，可以让干涸的心灵长出嫩绿的新叶，开出鲜艳的花朵，在阳光下怒放着生命的芬芳。在母亲的眼里，只有一种孩子：一个好孩子，或者是一个正在准备做好孩子的孩子，就这么简单。

两个预言

不知节制的爱不能持久。它像溢出杯盖的酒浆的泡沫，转瞬便化为乌有。

——泰戈尔

他是诺贝尔和平奖获得者，在国际上享有很高的声誉。他之所以能够取得今天的成功，用他自己的话说，是来源于母亲的鼓励与期望。他来自一个贫穷的家庭，父亲早早就离开了他和母亲，可母亲给予他厚爱，同时也对他寄予了厚望。她对孩子情深意切，利用一切机会，用孩子可以理解的语言启发他，教育他。她总是对孩子说："孩子，你是一个坚强的人，也是一个对社会有用的人!"

由于母亲的教育与熏陶,他从小就给自己树立了一个远大的目标。他考入哈佛大学以后,就决心要做一个不畏强暴,为全世界人民伸张正义、谋求利益的人。

与此相反,有一位做大学校长的父亲,他拥有一个幸福的家庭和一个聪明可爱的孩子。可这位父亲怎么也不相信自己的孩子有潜在的能力,稍微看着不顺眼,就要打骂自己的孩子,更要命的是没完没了地训斥:"你天生就不是成才的料。我早就看透了这一点!"结果弄得孩子失去了信心,最后,在父亲的唠叨声中,他真的成了一个无用的人。

更可悲的是,做校长的父亲就像一个伟大的预言家,每天仍然少不了对自己的儿子得意洋洋地吹嘘:"说对了吧!我早就说过,你不行的!"

不断地唠叨,不断地打骂,滋生的只有绝望;多一份启迪,多一份鼓励,伴随的就是希望。孩子成长的每一步都是伴随着对世界的认识而前进的,免不了要犯一些幼稚的错误,不要把这些错误夸大成为不可饶恕的"罪行",要相信孩子的能力,不要做他命运的代言人,让他去主宰自己的命运,去放开脚步大步向前走!

最不可思议的称赞

世界上一切其他都是假的,空的,唯有爱才是真的,永恒的,不灭的。

——印度谚语

心理学家来到一所学校给孩子们上课。

每次提问的时候,其他的孩子都高高地举起自己的小手,只有一个孩子总是低着头不吭声。心理学家发现了这一点,他决定帮帮这个孩子。

"我遇到了一个难题,想请一个小朋友帮帮我。"心理学家的话刚一落,大家就举手响应了。他故意扫视了一下全班同学,然后走到那孩子的身边说:"孩子,你能帮我吗?"孩子刚要摇头拒绝时,心理学家及时地拉他站起来,轻声地对他说:"孩子,老师相信你是天下最棒的孩子!不要紧张,你仔细看一看,仔细数一数老师这只手到底有几个手指?"

孩子缓缓地抬起头，涨红了脸，盯着他的五个手指，认真地数了半天，终于鼓起勇气说："四个。"

没想到的是，心理学家竟然高声地大叫了起来："哎呀，太好了，你简直太了不起了！一共才少数了一个。"

他的这一句话就像天上洒下的甘霖，孩子的眼睛一下子放出了异样的光彩。

积极的心志对一个人的成长影响很大。一个自以为自己不如别人的人，总是倾向于别人说他不行，而当周围的人也这样看待他的时候，他的自卑心态就会被强化，从而走向自我失败。

人在成长的过程中总免不了犯错，一句善意的赞美，其力量远远大于一万句严肃的批评。

看得见的上帝

母爱是一种巨大的火焰。

——罗曼·罗兰

半夜里，孩子被窗外的雷电惊醒了，他在黑暗中吓得大叫："爸爸，快来，我害怕！"爸爸急忙来到孩子的床前，安慰他说："哦，孩子，不要害怕，上帝会保护你的。"孩子摇摇头说："我知道上帝爱我，可现在我需要的是一个看得见的上帝来保护我。"

在日常生活中，父母无声的行动有时比话语更能够体现对孩子的爱和赏识，也更容易让孩子感受到父母的爱和温暖。父母是孩子看得见的上帝。

一位父亲问儿子："在你的记忆中，最难忘的一件事情是什么？"

儿子大声地回答："是去年夏天的一个晚上，你来到乡下的姥姥家接我回去。在路上，我看见了草丛里一只亮晶晶的萤火虫，你停下汽车帮我捉住那一只萤火虫，放到我的掌心里……"

有很多时候，生活中的一个小小的细节常常让你我感动。

它只是不经意之中的一个小动作，一句话，一个微笑，甚至只是一个不易察觉的眼神，都能打动人的心。因为它来得突然，又来得自然，就在一刹那间胸中激情涌起，被爱彻底地征服，然后感动得掉下了眼泪。

地上的孩子怎么了

世界上有一种最美丽的声音，那便是母亲的呼唤。

——但丁

夫妻俩开着小汽车去学校接女儿回家。半路上，坐在前排的两个大人为了一点小事吵了起来，谁也不肯罢休。"你不要太过分了！""我早就受够了你，每次都是这样。"声音越吵越大，最后他们干脆把车停在路边，讨论起离婚以后财产的分割问题。4岁的女儿坐在后排一直没有说话。

这时候，妻子想起了坐在车上的孩子。她回头一看，发现女儿居然在后排坐着画画：画面上有两个大人在打架，在他们的脚下还躺着一个小女孩。

"地上的小孩怎么了？"妈妈奇怪地问她。

"死了！"她说。

"两个大人是谁？"

"是她的爸爸和她的妈妈。"

"她怎么会死的？"

"因为她的爸爸和她的妈妈离婚了，不要她了……"女儿趴在后座的靠背上哭了起来。

夫妻俩沉默了，他们没有想到自己的行为会在无意中给孩子造成这么大的伤害：一次亲情的分离，对孩子来说竟然是一场死亡！

周围的环境对孩子的成长影响很大。单亲家庭中长大的孩子总是落落寡合，因为父母的分离，对于他们来说，就好像是被抛弃在一个荒原上，没有阳光，没有温暖，没有完整的生命。给孩子完整的爱，别让他们头上苍翠的大树枯萎。

秘密职业

使你的父亲感到荣耀的莫过于你以最大的热诚继续你的学业，并努力奋发以期成为一个诚实而杰出的男子汉。

——贝多芬

　　大富翁与儿子共进晚餐。他高兴地问儿子："你长大以后希望自己当什么呢？"

　　6岁的儿子看着餐桌上香喷喷的甜点，眨巴着眼睛对父亲说："我想当一个世界上最棒的糕点师！"大富翁被逗乐了，却没有把儿子的话放在心里。

　　时光过得飞快，当年的儿子变成了一个英俊少年。高中毕业的时候，他收到了许多名牌大学的报考材料。

　　身为大富翁的父亲以为儿子一定很高兴，没想到儿子却坚定地摇摇头说："我想考烹饪学院，以后当一名很棒很棒的糕点师。"

　　这时，父亲想起了当年儿子在餐桌上说的那一句话，原来这个愿望早在儿子的心里生根发芽了。说真的，他希望自己优秀的儿子能够继承他的事业，或者再退一步来说，也可以成为其他领域里的佼佼者，比如说政治家、艺术家等，可他就是不希望看到自己的孩子去做一个糕点师。

　　看着孩子一脸的认真，父亲只是平静地拍了拍他的肩头说："那就好好地努力吧！"

　　于是，儿子满怀信心地报考了几所优秀的烹饪学校。可是从所有的学校传来的都是坏消息，他的成绩考得不理想，简直就是糟糕极了。他不肯相信自己真的如专业老师所说的那样"没有一点烹饪的资质"。

　　这对一直一帆风顺的他来说实在是一个不小的打击，他把自己关在屋子里。几天以后，他沮丧地打开房门，看见父亲就站在门外，脸上满是怜惜："我的好孩子，一切都会过去的。"他扑进父亲温暖的怀抱里，伤心地哭了起来……

　　几天以后，儿子重新报考父亲推荐给他的名牌大学，并顺利地通过了。

　　几年以后，儿子以优异的成绩从大学毕业，然后进了父亲的公司工作。他不仅很快熟悉了业务，而且干得比父亲更加出色。

　　看着儿子一天一天地成熟起来，父亲欣慰地笑了。他退休在家，开始安度他的晚年。可是，他又觉得在儿子坚强的脸庞下总是隐藏着一丝忧郁，他一直想不透，难道儿子还在寻找什么吗？

　　一个周末的晚上，家里的佣人都回家了。父亲想到厨房里弄一点热咖啡，可是他却发现厨房里亮着灯，还传出轻微的响声。他有些紧张地走过去，却意外地见到了儿子正在厨房里摆弄着什么。

　　儿子动作熟练地将奶油、巧克力、香草精、新鲜鸡蛋分类化开、混合，又将雪白的面料和苏打粉一起均匀搅拌，然后倒入模具放进电烤箱。他的神情专注，仿佛在创作一件艺术品。

"嗨，你在干什么?"父亲好奇地问，他从不知道儿子还会这么一手。儿子回头看了一眼父亲，说:"爸爸，明天是您的生日，我在给您做一块大的生日蛋糕。"

过了一会儿，儿子从烤箱里拿出烘焙好的蛋糕。棕色的糕体散发着巧克力香味，看上去松软可爱。儿子捧着蛋糕，恭恭敬敬地来到父亲的面前鞠了一躬，脸上满是期待的神情。

那种期待的神情是父亲很久不曾见过的。小时候，每当儿子想要得到自己的东西时，总是抬起头用这种眼神看着父亲。可后来……

父亲的眼睛湿润了，他接过蛋糕，认真地问儿子:"这些年以来，你一直过得不快乐，是不是?"儿子呆了一下，低着头不敢看父亲的眼睛:"可我一直干得很出色。"

父亲没有说话，咬了一口蛋糕，细细地咀嚼着，很久才说:"我一直为自己拥有一个出色的儿子自豪，但是吃了你亲手做的蛋糕，我才发现，原来拥有一个快乐的儿子更重要。"

接着，父亲带着儿子到书房，他从保险柜里拿出当年儿子考烹饪学院的成绩单，上面全部是"优"——当年是父亲用金钱买了一份假成绩单，隐瞒了这件事情的真相。

大人总喜欢把自己的想法强加在孩子的身上，给他设计出一堆关于未来的宏伟蓝图，可从来没有想过这是不是孩子所需要的，是不是孩子的兴趣所在?

其实，只有大人用一种平等相处的眼光来看待孩子，给他一个自由选择的空间，使他顺其自然地发展，才是最深切的爱。

母亲眼中的儿子

母爱是世间最伟大的力量。

——米尔

三个邻居正站在水井边提水，她们都在议论自己可爱的孩子。

一个母亲自豪地说："我的孩子会翻斤斗，长大以后一定是一个成功的杂技家，他也一定能给这个家庭带来许多的财富和幸福。"

"我的儿子天生就是当歌唱家的料，他有美妙动听的歌声！"另一个母亲接着说。

第三个母亲没有说话。

"你为什么不谈谈自己的儿子呢？"两个母亲问她。

"有什么好说的呢？"她平淡地说了一句，"我只有一个普通的儿子，他没有什么特别的本领！"

接着，她们装满水桶开始回家了。一路上走走停停，她们已经觉得累了，手里提着的水桶也变得更沉了。

这时，迎面跑来了三个男孩。其中一个男孩翻着斤斗过去了，她母亲的脸上露出得意的神色；另一个男孩边走边唱，像一只夜莺一样欢快地唱着，也没有在自己的母亲旁边停下来；第三个男孩跑到自己的母亲跟前，从她手里接过两只沉重的水桶，提着就走了。

两个母亲问第三个母亲说："怎么样？我们的儿子怎么样？"

"呵，他们在哪儿？"第三个母亲认真地看了四周一眼说，"我只看到我的儿子！"

父母为了孩子们的成长付出了很多，但他们对孩子所要求的并不多，他们不要求自己的孩子带给他们多大的财富，或者是铺天盖地的荣誉和掌声，或者是吃好的穿好的。他们所要求的只是自己的孩子能够在心里想着父母，念着父母，给他们爱，哪怕仅仅是帮助他们做一点儿小事。

我有两个愿望

> 慈母的胳膊是慈爱构成的，孩子睡在里面怎能不甜？
>
> ——雨果

他是一个6岁的孩子。

上学的第一堂作文课，语文老师出了一道题：《愿望》。他趴在桌子上想了半天，然后写下了两句话，高兴地交给了语文老师：我有两个愿望，第一个愿望是妈妈每天笑眯眯地看着我，说："你真聪明。"第二个愿望是老师每天笑眯眯地看着我，说："你一点也不笨。"

语文老师被他的作文打动了，给了他班上最高的分数，还在他的作文本上写下了两句话："你很聪明，你写的作文非常棒。老师很喜欢你，你的妈妈一定也很喜欢你，大家一定都很喜欢你。"

他拿着作文本，高高兴兴地回家了。然而他并没有马上把作文交给妈妈看，他在等待一个美好时刻的到来。那个美好的时刻终于来到了。一个阳光灿烂的早晨，他早早地起床，把自己的作文本装在一个精美的大信封里，并在信封上画了一个咧着嘴笑的男孩。然后，他来到妈妈的房间。等妈妈睁开眼睛的时候，他笑眯眯地走到妈妈跟前说："妈妈，今天是您的生日，我要送给您一份珍贵的礼物。"

妈妈笑了："什么礼物？快让妈妈看一看！"

他笑了一笑："我的作文。"说着双手恭恭敬敬地递上那个大信封。

孩子的感情最容易打动大人的心。因为他们的感情是最真的，也是最热烈的。不爱就是不爱，可过不了多久他们又会爱上你，认认真真地，稀里糊涂地，到了最后你在心里不得不老老实实地接受他们的爱：哦，原来爱人也可以这样去爱的。

我仍然爱着你

人的嘴唇所能发出的最甜美的字眼，就是母亲，最美好的呼唤，就是"妈妈"。

——纪伯伦

女儿与母亲大吵一顿之后离家出走了，期间再也没有回来过一次。母亲为此伤心极了，她不分白天黑夜地在城里的每一条街道寻找自己的女儿，每次都要拉住过路的行人问一问。一年过去了，她还是没有发现女儿的踪影。

一天，一个失神落魄的女孩走进了一家救助站，正在排队领取一份免费午餐。突然，她的眼睛牢牢地盯住了告示栏上的一张奇怪的寻人启事，上面贴着一张面带微笑、满头白发的母亲的相片，下面还有一行手写的字："女儿，快回来吧！妈妈仍然爱着你……"

"哦，我亲爱的妈妈……"女孩看了之后掩面痛哭。原来这是她母亲贴的寻人启事，她正是上面那位母亲要找的女儿。

女儿开始不顾一切地往家里赶，等她走到家门口时，已经是半夜时分。就快要见到自己的母亲了，她会原谅我吗？女儿有些犹豫不决。最后，她还是上前敲门，奇怪的是门却自己开了。

"不好！一定是有小偷进来了！"女儿想到了正在家里的母亲，一下就冲到了妈妈的卧室，却呆住了：房间里亮着灯，妈妈正坐在床头抱着女儿的相框掉眼泪。女儿的响声惊动了正在发呆的母亲，她回头看见了女儿，简直不敢相信自己的眼睛。母女俩紧紧地抱在了一起。

女儿擦干眼泪问妈妈："门怎么没有关上？妈，您不怕小偷进来吗？"

"不，我不怕小偷进来，就怕我的女儿半夜回家进不了门。"母亲慈祥地笑了，"自从你离开家以后，家里的门就一直是虚掩着。"

孩子总是免不了要犯错，这时大人需要宽容他们，用一颗爱心去呵护他们受伤的心灵，这样才能让他们感受到温暖。如果只是一味地批评指责，那么你的孩子就会离你越来越远，最后连家都不敢回了。

女儿的算命袋

在孩子的嘴上和心中，母亲就是上帝。

——英国谚语

刚吃过晚饭，母亲正在厨房里忙着。她女儿不时推开哥哥的房门进进出出，样子还挺神秘的。不一会儿，儿子就有些显得不耐烦了。

"你今天真讨厌，人家还要做功课呢，难道你不知道自己去问妈妈吗？"

女儿有些低声下气地央求着哥哥："不行啊，这件事情绝对不可以让妈妈知道。"

过了没多久，女儿两手背在身后，笑眯眯地来到母亲的面前说："妈妈，明天就是您的生日了，我做了一个算命袋送给您。它很灵的，可以预测您以后的命运哦！"

接着，女儿递给母亲一个厚纸板做成的袋子。袋子上有 3 个用红色彩笔写成的字"算命袋"，字的旁边还画了几朵小花儿。在袋子里放着 5 支折叠得严严实实的纸签。

"妈妈您抽抽看嘛，试一试运气好不好？"女儿有些急不可待地对母亲说。

母亲看着女儿认真的表情，不忍拒绝她，顺手抽了一支，拆开来一看："你以后会有一个非常体贴你的丈夫。"

"哇！"母亲故作惊喜地叫了起来，"这可是我一生中最期待的事情，没想到真的变成了现实。果然十分灵！"

女儿听了母亲的话，满脸的兴奋，她拉着妈妈的手又说："妈妈加油哦，说不定还有更好的运气在后面等着您的。"

于是，母亲亲手一张一张地打开了女儿算命袋里的纸签：

"你将来会有一幢漂亮的房子。"

"你会年轻美丽，并且永远永远永远都不会变老。"

"你会活到 100 岁。"

当母亲拆开最后一张纸签时，她的眼睛开始湿润了："你的女儿一定非常非常孝顺你。等你很老很老的时候，牙齿全部掉光了，她会用小火慢慢地 ao 稀饭给你吃。"

这时，女儿的脸更红了，头低得看不见："我不会写那个字，哥哥也不告诉我，所以只好用拼音代替了。"

当你老了，满头白发地坐在炉火边打盹的时候，有人给你端来一碗热气腾腾的稀粥，此时的你无疑是世界上最幸福的人了。因为即使到了天荒地老的时候，还有你深爱的人、深爱着你的人陪伴在你身边，为你熬稀粥。从这一点来说，故事中的母亲无疑是天底下最幸福的母亲了。

1996 年的情人节

爱情之中高尚的成分不亚于温柔的成分，使人向上的力量不亚于使人萎靡的力量，有时还能激发别的美德。

——伏尔泰

1942 年寒冬，纳粹集中营内。

一个孤独的男孩正从铁栏杆向外张望。恰好此时，一个女孩从集中营前经过。看得出，女孩同样也被男孩的出现所吸引。为了表达她内心的情感，她将一个红苹果扔到铁栏里男孩的脚下。

男孩弯腰拾起红苹果，一束光明照进了他那尘封已久的心田。第二天，男孩又到铁栏边，倚栏杆而望，手里拿着红苹果。

接下来的几天，寒风凛冽，雪花纷飞。两位年轻人仍然如期相约，通过红苹果在铁栏的两侧传递绵绵情意。铁栏内外两颗年轻的心天天渴望重逢：即使只是一小会儿，即使只有几句话。

有一天，男孩突然对心爱的姑娘说："明天你就不用再来了。他们将把我转移到另一个集中营去。"说完，他便转身而去，连回头再看一眼的勇气都没有。

从此以后，女孩那恬静的身影便常常出现在他的脑海中。她的明眸，她的关怀，她的红苹果，所有这些都在漫漫长夜给他送去慰藉，带去温暖。战争中，他所有的亲人都不在了，唯有这女孩的音容笑貌留存心底，给予他生的希望。

1957 年的某天，美国的两位移民无意中坐到一起。

"大战时您在何处？"女士问道。

"那时我被关在德国的一座集中营里。"男士答道。

"哦！我曾向一位被关在德国集中营里的男孩递过苹果。"女士回忆道。

男士猛吃一惊，他问道："那男孩是不是有一天曾对你说：明天你就不用再来了，他将被转移到另一个集中营去？"

"啊！是的，可您是怎么知道的？"

男士盯着她的眼："那就是我。"

好一阵沉默。

"从那时起，"男士说道，"我再也不想失去你，愿意嫁给我吗？"

"愿意。"她说。他们终于忘情地拥抱在了一起。

1996 年情人节。在一个向全美播出的电视台节目中，男主人公在现场向人们表示了他对妻子 50 年忠贞不渝的爱。

"在纳粹集中营，"他说，"你的爱温暖了我；这些年来，是你的爱，使我获得滋养。可我现在仍如饥似渴，企盼你的爱能伴我到永远。"

在感情的世界里，不用言语，一切的思想，一切的愿望，一切的希冀，都在无声的注视中共享、珍藏了。真正的感情是无形无声的，但它的力量却可以排山倒海。

父亲留给女儿的遗书

心灵不在它生活的地方，但在它所爱的地方。

——英国谚语

亲爱的女儿：

再来和爸爸玩一次捉迷藏的游戏，好吗？我知道你比爸爸厉害，爸爸和你玩了好几次捉迷藏，每次都一下子就被你找了出来。

不过这一次，爸爸要躲很久很久才会让你发现。你先不要急，等你18岁（再吃完14次生日蛋糕）的时候再问妈妈，爸爸到底躲在哪里，好不好？

爸爸要躲这么久，你一定会想念爸爸，对不对？不过，既然我们事先说好了，爸爸自然不能随便跑出来，不然就输了。如果还是很想爸爸，爸爸会念咒语变魔法出现在你面前。因为是魔法，不犯规，所以爸爸还没有输。

好的，让爸爸告诉你，我的魔法就是：等你睡觉的时候，跑到你的梦里和你一起玩游戏；在你画爸爸的时候，不管画得好不好，你只要觉得是爸爸，那就是爸爸；当你看着爸爸的照片时，爸爸也在偷偷地看你……要记得，爸爸一直都陪伴在你的身边。还有，我的咒语是："宝宝宝宝，我爱你！"

不过我不能经常用，那样就会不灵了。

你已经是4岁的大姑娘了。爸爸要拜托你一件事，要你照顾和孝顺爷爷、奶奶和妈妈，看你能不能比爸爸做得更好？

我们这一次捉迷藏要玩这么久，爷爷、奶奶、妈妈有时候看不到爸爸，他们一定会偷哭。他们偷哭，你就要逗他们笑，如果你忘记逗他们了，他们一定会哭得更厉害。

这次比赛爸爸一定要想办法赢你，想让你看一看到底是你厉害，还是爸爸厉害。

准备好了吗？亲爱的女儿，游戏马上就要开始了……

这位父亲可谓用心良苦，即使是到了生命的最后一刻，也要把痛苦隐藏，把快乐和希望留给自己的孩子。他希望用一种游戏的方式来让孩子接受和父亲永久的分离。在这个游戏当中，女儿是最无知游戏规则的，而她又是最幸福的人，因为父亲把最后的爱都留给了她一个人。读来辛酸，掩卷深思，谁解其中味？

第二章　梦想
——天才飞翔的翅膀

哈佛告诉你

人要有梦想，没有梦想的人生，是没有希望的人生。人活在这个世界上，扮演着各自不同的角色，有着各自不同的身份地位，但无论你是谁，扮演着什么样的角色，有着怎样的社会地位，都一定在心中存有各式各样的梦想。

人类因梦想而存在，而不断进步、不断发展。世界也因人类的梦想而变得美好起来。

穷人的野心

梦想绝不是梦，两者之间的差别通常都有一段非常值得人们深思的距离。

——古龙

法国的一位亿万富翁去世后，他的律师在报纸上刊登了他的遗嘱："我由一个身无分文的穷人变成了亿万富翁，去世之前，我不想把我成为富人的秘诀带走，现已委托我的代理人把它保存在银行的保险箱里。现在，如果谁能回答——穷人最缺少什么，我就把我的秘诀和200万法郎无偿赠送给他。"

遗嘱刊出之后，他的律师收到大量的信件，里面说了各种各样的答案。

大家都十分肯定，穷人最缺少的是金钱，除此之外还能缺少什么？有一部分人认为，穷人最缺少的是机会，一些人之所以穷，就是因为没遇到发财的机会。另一部分人则认为，穷人最缺少的是技术，一些人之所以成为穷人，就是因为学无所长。还有的人认为，穷人最缺少的是关爱，因为有钱人都不愿意在关键的时刻拉他们一把。还有一些其他的答案，比如：穷人最缺少的是一份安定的工作，是家族丰富的遗产……总之，答案千奇百怪。

后来，律师按亿万富翁生前的交代，打开了那只保险箱，发现在所有的信件中，只有一位小女孩的答案跟亿万富翁的秘诀是一样的：穷人最缺少的是野心。

有人好奇地问年仅 6 岁的小女孩，为什么想到是野心，而不是其他的答案？

小女孩说："每次，我和姐姐分享母亲的礼物时，她总是警告我说：'不要有野心！不要有野心！'我想，也许野心可以让人得到自己想得到的东西。"

人有野心，这是一件再正常不过的事情。

因为人一旦有了野心就会不满足于现状，才会产生改变现状的想法，激发内在向上的动力和热情，并且开始有条不紊地按照自己的计划去做每一件事情。这样对于一个人的生命来说才是最有意义的。

当然，有了野心还需要通过自己的辛勤努力去实现自己的梦想，不能为了达到目的而不择手段。

一块石头的梦想

梦想一旦被付诸行动，就会变得神圣。

——阿·安·普罗克特

在法国的乡村，有一位尽职尽责的邮递员每天奔走于各个村庄，为人们传送邮件。有一天，他走在一条山路上不小心摔倒了，不经意发现脚下有一块奇特的石头，看着看着，他有些得意，最后他把那块石头放进了邮包里。

村子里的人们看到他的邮包里还有一块沉重的石头，都感到很奇怪："把它扔了吧，你还要走那么多路，这可是一个不小的负担。"

他取出那块石头晃了晃，得意地说："你们有谁见过这样美丽的石头？"

人们摇了摇头："这里到处都是这样的石头，你一辈子都捡不完的。"

他并没有因大家的不理解而放弃自己的想法，反而想用这些奇特的石头来建一座奇特的城堡。

此后，他开始了另外一种全新的生活。白天，他一边送信一边捡这些奇形怪状的石头；到了晚上，他就琢磨用这些石头来建城堡的问题。

所有的人都觉得他是疯了，这根本就是不可能的事。

20 多年以后，在他住处出现了一座错落有致的城堡，可在当地人的眼里，他是在干一些如同小孩建筑沙堡一样的游戏。

20 世纪初，一位著名的旅行家路过这里发现了这座城堡，这里的风景和城堡的建造格局令他慨叹不已，为此写了一篇文章。文章刊出后，邮差和他的城堡就成为人们关注的焦点。现在，这个城堡已成为法国最著名的风景旅游点。

在城堡入口处的一块石头上还刻着邮差的一句话："我想知道一块有了梦想的石头能走多远。"而这块石头就是邮差当年捡起的第一块石头。

奇迹总是在不经意间诞生的。就如一座神奇的城堡，邮差最初的想法是想知道一块石头拥有了梦想之后，在它的前面等待着它的是什么。正是梦想的力量才把成千上万块石头改造成了邮递员心目中神圣的理想殿堂。

给非洲孩子挖一口井

一切活动家都是梦想家。

——詹·哈尼克

电视上正在播放非洲孩子因为没有水喝而渴死的报道，主持人在节目结束的时候呼吁大家："只要捐上 70 美元就能给这些非洲孩子挖出一口水井，请大家热心地帮助这些可怜的人吧！"电视机前的小男孩看到这里伤心地哭了。他拉着妈妈的手央求道："妈妈，我要捐 70 美元给非洲的孩子挖一口井。"面对他的请求，妈妈根本就没当回事，小男孩只好沮丧地走开了。可是一整天，他脑子里都在想着这一件事。

晚饭时，小男孩又向爸爸妈妈提起了这件事。"不，"妈妈说，"光是 70 美元并不能解决问题。况且你也是个孩子，你没有这个能力！"小男孩把求助的目光投向了爸爸。

"这是个可笑的想法，我的孩子……"爸爸还想说下去，小男孩哭着叫道："你们根本就不明白！那里的人们没有干净的水喝，孩子们正在死去，他们需要这笔钱！"

小男孩每天都要向父母请求，小男孩的爸爸妈妈不得不认真地讨论这件事，然后，他们告诉小男孩："如果你真的想要，你可以通过自己的劳动凑齐这一笔钱，比如打扫房间、清理垃圾，我们会给你报酬。"

小男孩的第一份"工作"就是帮助妈妈打扫客厅的卫生，最后，他从妈妈那里得到了2美元。

小男孩的爷爷知道了这件事情之后，有些心疼自己的孙子，就对孩子的爸爸说："你们为什么不直接给他这一笔钱呢？还要这样来对待自己的孩子？"小男孩的爸爸说："这样做主要是锻炼他的劳动能力。他很快就会厌烦的。"妈妈也附和道："一个6岁小孩的想法太可笑了，简直不可思议……谁会认真对待这种胡思乱想呢？"

可一年过去了，小男孩非但没有放弃，反而干得更加卖力了。每当爸爸妈妈劝他放弃时，小男孩就说："我一定要赚到足够的钱，为非洲的孩子挖一口水井！"

附近居住的人知道了小男孩的梦想，他们被小男孩的执著感动了，纷纷帮助他。不久，小男孩的故事上了报纸和电视台，他的名字也传遍了整个国家。

一个月后，在小男孩家的邮筒里出现了一封陌生的来信，里面有一张30万美元的支票，还有一张便条："但愿我可以为你和非洲的孩子们做得更多。"

在不到两月的时间里，就有上千万元的汇款汇来支持小男孩实现梦想。四年过去，这个梦想竟成为有上万人参加的一项事业。如今，他的梦想已基本实现，在缺水最严重的非洲乌干达地区，有56％的人能够喝上纯净的井水。

有人问他："你为什么要这样做呢？"小男孩说："这是我的梦想，我坚信这个世界上没有什么事情是不可能的，只要你想做，你就能成功！"

人活着，首先应该给自己一个梦想。有些人不能成功就是因为他们过分地夸大了自己与成功的距离，自己给自己的前进之路设置了障碍，连一个想法都不曾拥有过，最后就把自己隔离在成功的大门外。其实，只要你敢想，至少就离成功又近了一步。

寻找戴维

人的一生就是这样，先把人生变成一个科学的梦，然后再把梦变成现实。

——法国谚语

老教师就要退休了，他开始整理自己办公室里的文件。他拉开一个抽屉，被里面的一叠小学生作文吸引住了，作文的题目是《我的梦想》，孩子们都在作文本上写下了自己的梦想。

一个学生写道：我以后一定要当一艘超级巨轮的船长，因为有一次在海里游泳时，我喝了3升海水都没被淹死。一个学生说：我将来必定是法国的总统，因为我能背出29个法国城市的名字，而同班的其他同学最多只能背出9个……最让老师觉得不可思议的是一个叫戴维的学生，他说他一定要成为英国的一位内阁大臣，因为在英国还没有一个盲人进入过内阁。

总之，孩子们都在作文中认真地描绘着自己的未来，五花八门，各种各样的想法都有。

老师读着这些作文，突然有一种冲动：他想写信给这些孩子们，看25年后的现在他们是否都实现了自己最初的梦想。

很快，他就收到了学生们的回信，他们都向老师致谢，感谢老师仍然保存着他们年幼时的梦想，并且他们希望得到那本作文簿，重温儿时的梦想。这中间有商人、学者及政府官员，更多的是普普通通的人。

老师满足了他们的愿望。但他觉得奇怪的是：只有那个叫戴维的盲学生没有来信。

一年过去了，老师仍然没有收到戴维的来信，老师想，或许那个叫戴维的人已经不在人世。毕竟25年了，25年间是什么事都会发生的。

就在老师准备把这个本子送给一家私人收藏馆时，内阁教育大臣寄来了一封信："我是您当年的学生戴维，感谢您还为我们保存着儿时的梦想。不过我已经不需要那个本子了，因为从那时起，我的梦想就一直在我的脑子里。我现在已经实现了那个梦想。我一直相信只要不让年轻时的梦想随岁月飘逝，成功总有一天会出现在你的面前。"

作为英国第一位盲人大臣，戴维用自己的行动证明了一个真理：假如谁能把儿时想当总统的愿望保持30年，那么他现在一定已经是总统了。

有一位名人曾经说过这样的一句话：终生去做一件事，便可成功。

梦想也是一样，只要你咬定青山不放松，坚持自己当初的梦想不放弃，不因为面临各种压力而放弃，坚持到最后你就可拥有一个精彩的人生了。成功的定义就是这么简单：坚持，坚持，再坚持！

让我飞给你看

青春的梦想，是未来的真实的投影。

——英国谚语

山坡上，父亲正带着两个儿子放羊。这时，天上飞过一只老鹰。

小儿子问父亲："老鹰为什么会飞得那么高呢?"

"因为它有一双强健的翅膀。"父亲回答。

"要是我们也能像老鹰一样飞起来就好了，那我就要比老鹰飞得还要高。"大儿子看着在天上翱翔的老鹰，一脸的羡慕。

"做只会飞的老鹰多好啊! 可以飞到自己想去的地方，那样就不用放羊了。"小儿子眨着眼睛，满脸的陶醉。

父亲想了一下，然后对儿子们说："如果你们想，你们也会飞起来的。"两个儿子兴奋地试了试，但并没有飞起来。

"让我飞给你们看吧。"父亲一边说一边展开双臂做飞翔的动作，但也没有飞起来。"可能是因为我的年纪大了才飞不起来，你们还小，只要不断努力，就一定能飞起来，"父亲这样对他的两个孩子说。

后来，孩子们怀着飞翔的梦想长大了，通过努力他们终于飞上了天——他们就是造出飞机的莱特兄弟。

梦想就像是一颗种子，只要在从小的时候把它种入土里，细心地呵护它，用辛勤的汗水浇灌它，就能在阳光春风中发芽、开花并茁壮成长，最后结出丰硕的果实。所以，在年少的时候别忘了播种你的梦想。

山本的英语成绩

没有理想的鼓舞，人就会变得空虚而渺小。

——车尔尼雪夫斯基

在一堂作文课上，孩子们正在大声地讨论自己的梦想。有的想当医生，有的想当作家，大家说了很多很多。这时候，有一个叫山本的孩子站起来大声地对老师说："我想做比尔·盖茨第二！"有人在下面小声嘀咕："能做到吗？"

回到家里，山本开始正式跟父亲谈起了自己的理想，一副信心十足的样子。这个时候，父亲也非常乐意做个忠实的听众，跟孩子一起分享他对未来的憧憬。听着听着，父亲最后也被他感动了。

有一次山本的英语考试只得了59分，回家后他不敢把试卷拿出来。父亲知道后并没有责备他。但是，在很长一段时间里，山本不再谈论自己的那一个理想了。

于是，每天睡觉前，父亲跟孩子一起躺在床上谈彼此的梦想。父亲告诉儿子，爸爸、妈妈都为他拥有这样的梦想而自豪，也相信他一定会实现自己的梦想。有一天，山本对父亲说："我一定要把英语学好，比尔·盖茨第二的英语可不是蒙人的。"

后来，父亲给他买来英语课外读物，经常跟他一起阅读，并鼓励他每天用英语写一篇短小的作文，坚持了一段时间后，山本的期末英语考试还得了满分。

在人生的路途上，有很多东西可以舍弃掉，唯独梦想不能放弃，放弃了梦想等于是放弃了希望。没有了希望，没有了目标，这等于把一个人放在了一片没有生命力的荒原上，没有阳光，更没有指明前进方向的指路灯，那将是一件多么可怕的事情。

犹太人的赞美

赞美是美德的影子。

——塞·巴特勒

周末，一位犹太人和他的朋友搭车去伦敦。下车时，这个犹太人对司机说："谢谢，搭你的车十分舒适。"司机听完愣了，好久才问了一句："你是在嘲笑我吗？"

"不，司机先生，我很佩服你在交通混乱时还能沉住气。"司机没再说什么，便驾车离开了。

"你为什么会这么说？"朋友有些不解。

"我想让人间多点人情味。"这个犹太人答道。

"靠你一个人的力量怎么办得到?"

"我相信一句小小的赞美能让那位司机一天都心情愉快。如果他今天载了10位乘客,他们受了司机的感染,也会对周围的人和颜悦色。这样算来,我的好意可间接传给500多人,不错吧?"

"但你怎么知道司机会照你的想法去做呢?"

"我并没有寄望于他,"犹太人回答,"我习惯多对人和气,多赞美他人。"

"但是你这样做有什么效果呢?"

"就算没效果我也毫无损失呀!开口称赞那司机花不了我几秒钟。如果那人无动于衷,那也无妨,明天我还可以再称赞另一个司机呀!"

"我看你脑袋有毛病。"

"不!你错了。我曾调查过邮局的员工,他们最感沮丧的除了薪水微薄外,就是欠缺别人对他们工作的肯定。"

"但他们的服务真的很差劲呀!"

"那是他们觉得没人在乎他们的存在。我们为何不多给他们一些鼓励呢?"

他们边走边聊,途经一个建筑工地,犹太人问旁边的建筑工人:"这栋大楼盖得真好,你们的工作一定很危险、很辛苦吧?"工人并没有回答他。

"工程何时完工?"犹太人继续问道。

"半年。"一个工人才回应了一声。

"这么出色的成绩,你们一定很引以为荣。"

离开工地后,犹太人对朋友说:"这些人也许会因我这一句话而更起劲地工作,这对所有的人何尝不是一件好事呢?"

"但光靠你一个人有什么用呢?"

"我常告诉自己千万不能放弃,让这个社会更有人情味原本就不是一件简单的事,我能影响一个就一个,能两个就两个……"

批评别人,说出刻薄的话语伤害别人很容易,只要一句话就可以让别人痛苦一辈子。赞美别人,诚心诚意地发现别人内心深处的美,这很难,因为很多人显得太自我,根本不在乎别人的存在,更别说去发现别人身上的闪光点了。而把赞美别人当成一种信念,一种改变人际关系的美好愿望,就更加困难了,因为它需要一种博爱的精神,需要拥有上帝一样宽广的胸怀。但学会赞美别人是很有必要的。

乞丐的三个愿望

梦想家的缺点是害怕命运。

——斯·菲利普斯

贫民窟里住着一个老乞丐，他每天站在街口乞讨，到了晚上总免不了向上帝祈祷：希望他的诚心能够感动上帝，创造奇迹让他发财。

一天，当他祈祷完毕，抬头一看，竟然有一位天使站在眼前。天使对他说："上帝被你的虔诚打动了，他可以帮助你实现三个愿望。"

老乞丐心中大喜，立刻许下了第一个愿望：要变成一个有钱人。刹那间，他就置身于一座豪华的大宅院中，身边有无数的金银财宝。接着老乞丐马上又向天使许下第二个愿望：希望自己能年轻50岁。果然，一阵轻烟过后，老乞丐变成了20岁的年轻小伙子。这时，他兴奋到了极点，说出了第三个愿望：一辈子不需要工作。

天使点了点头，他立刻又变回了那位老乞丐。

乞丐奇怪地叫道："这是为什么？天使，你是不是弄错了？"

天使的声音从天边遥遥地传了过来："工作是上帝给你最大的祝福。想一想，如果你整天无所事事，那是多么可怕的一件事！只有投入工作，你才有生命的活力。现在你把上帝给你的最大的恩赐放弃了，当然就一无所有了！"

愿望不是空想，关键在于行动。如果只是一味地想着去得到什么东西，却没有实际行动，不愿努力与勤奋，那就什么都不会得到。成功是需要付出的，只有付出才会有收获。付出多少，就会得到多少，这是一种最公平的劳动。

抓住凶手

一个崇高的目标，只要不渝地追求，就会成为壮举。

——华兹华斯

他是一个年轻有为的警察，精明强干，美好的人生正在前面等待着他。

可惜，在一次追捕行动中，他被凶手用枪射中了左眼和右腿膝盖。3个月后，从医院里出来时，他完全变了个样：英俊小伙现已成了一个又跛又瞎的残疾人，他曾经深爱着的姑娘也离开了他。

这时，电视台记者采访了他，问他以后将如何面对现在遭受到的厄运。

面对镜头，他一板一眼地说："我只知道凶手直到现在仍然逍遥法外，我一定要亲手抓住他！"

记者看到，他那只完好的右眼上透射出一种令人震撼的坚定。

从那以后，他不顾任何人的劝阻，参与了抓捕那个凶手的无数次行动。他几乎跑遍了整个美国，甚至有一次为了一条微不足道的线索独自一人乘飞机去了非洲。

10年后，那个凶手终于被抓获了。

他立下了头功。在庆功会上，他再次成了人们议论的焦点，许多媒体称赞他是全美最坚强、最勇敢的英雄。

但是不久，他在卧室里开枪自杀了。

在他的遗书中，他对人们这样说："这些年来，支撑我活下去的信念就是抓住凶手……现在，凶手被判刑了，任务也完成了，我前面的目标也消失了。面对自己的伤残，我从来没有这样绝望过，因为我再也不知道自己该为什么而活了……"

追求是无止境的，成功的乐趣就在于超越人生中一个又一个的目标，只有这样才能不断地产生前进的动力和激情，只有这样你才能真正享受到人生的乐趣。要想成为一个成功的人，你不能满足于眼前的一切，如果沉醉于目前的成就，那么你又会迷失了自己的方向，再也没有目标来为你指引前途了。这时的你也就无异于慢性自杀。

工人的梦想

赢得好射手美名并非由于他的弓箭，而是由于他的目标。

——莉莱

炎热的夏天，一群铁路工人冒着烈日正在铁路线上挥汗如雨地作业。

这时，旁边的一条铁轨上缓缓地停下了一辆豪华列车，有人打开了其中一扇窗户朝对面的一个工人喊道："嗨，杰克！"

于是，一个工人走近了这辆豪华列车旁边，靠着窗户和对方热情地聊了起来。他们不时还发出一阵爽朗的笑声，直到列车启程时才握手道别。

其他同伴问杰克那是谁，杰克笑了笑，有些不好意思地说："那是我的朋友，20年以前我和他一起在铁路上干过，现在他是铁路公司的总裁了。"

"难道他是交了什么好运吗？"有人不解地问。

"不！"杰克望着远去的列车低下了头，"当初我是为了每天的薪水而工作，他却是为这一条铁路而工作。"

同样的人生就是因为各自不同的想法才有了不同的结局。

三个工人正在工地上忙着。有人问其中一个工人说："你在做什么？"第一个工人没好气地说："没看见吗，我在砌墙！"

这个人转身问第二个人："你在做什么呢？"第二个人说："我在建一幢大楼！"

他又问第三个人，第三个人擦去额头上的汗珠，高兴地说："我在建一座美丽的城市。"

当一个人觉得自己的目标并不重要时，他为达到目标所付出的努力就没有什么价值。如果他觉得自己的目标很重要，情况就会截然相反。人们必须把目标建立在自己的理想上。

当你处在正确的道路上的时候，就会有很强的目标感。

你有很坚定的信念，知道你正在前进的方向是通往你理想的正确方向。你向着一个积极的方向前进，你就会感觉到每一天都是崭新的。

命运是公平的。在成功面前，每一个人都站在同一起跑线上，只是因为每一个人的目标不同才会产生不同的结果。有的人想着远处的风景，不停地跋涉，不断地努力，得到了自己应该得到而别人却得不到的东西。而有的人只满足于现状，在原地踏步走，日复一日，碌碌无为，到头来仍然在为生存而作无谓的挣扎。

第三章　细节

——成就完美的魅力

"泰山不拒细壤，故能成其高；江海不择细流，故能就其深。"大礼不辞小让，细节决定成败。小事因其小而常常被人忽略，然而它却很可能造成大问题，给人们的生活带来意想不到的大麻烦。所以，我们提倡善于从小事做起，从而使自己的命运得到彻底的改观。

被马掌钉打败的国家

小事成就大事，细节成就完美。

——戴维·帕卡德

国王的马夫牵着一匹战马来到铁匠铺。

"快点给它钉掌。"马夫对铁匠说，"国王要急着出征呢。"

"你得等等。"铁匠回答。

"我等不及了。"马夫不耐烦地叫道，"敌人正在向我们的国土推进，我们必须早日出发。"

铁匠开始埋头干活，钉了三个掌后，他发现没有钉子来钉第四个掌了。

"我这需要一个钉子，"他说，"得需要点时间。"

"我告诉过你我等不及了，"马夫急切地说，"我听见军号了，你能不能凑合？"

"我能把马掌钉上，但是不能像其他几个那么结实。"

"能不能挂住？"

"应该能，"铁匠回答，"但我没把握。"

"就这样吧，"马夫叫道，"快点，要不然国王会怪罪到我头上的。"

于是，国王骑上他的战马出发了。两军交上了锋，国王率领部队冲向敌阵。

可是国王还没走到一半，一只马掌掉了，战马跌翻在地，国王也被抛在地上。

国王还没有来得及抓住缰绳，惊恐的战马就跳起来逃走了。士兵们突然看不见国王在前面骑马指挥了，顿时乱了阵脚，纷纷转身撤退，敌人的军队迅速包围了上来。

国王无力地哀叹道："一匹马，我的国家倾覆就因为这一匹马。"

成大业若烹小鲜，做大事必重细节。这个故事告诉大家，无论做什么事情，千万不可忽视细节的存在，否则就有可能付出极其惨重的代价。其实，细节是一种创造，也是一种征兆，从中可以看出一个人的命运走向和事情的成败。

一个没有注意到的细节可能引起矛盾，一个被忽视的小问题就有可能导致危机，每一个大问题都是由一系列的小问题构成的。

在这个因细节制胜的时代，任何一件事情都是做出来而不是喊出来的，特别是青少年们，在学习和生活中更要把小事做精做细。

漂亮的女秘书

天下难事，必做于易；天下大事，必做于细。

——老子

总统办公室新来了一位漂亮的女秘书，人虽长得不错，但工作中却常粗心出错。

一天早晨，总统看见秘书走进办公室，便夸她说："今天你穿的这身衣服真漂亮，正适合你这样年轻漂亮的小姐。"

这句话出自总统口中，简直让默默无闻的秘书受宠若惊。总统接着说："我希望你的公文处理也能和你的人一样漂亮。"果然从那天起，女秘书在公文上很少出错了。

总统夫人知道了这件事，就问总统："这个好方法你是怎么想出来的？"

总统得意洋洋地说："这很简单，你看见过理发师给人刮胡子吗？他要先给人涂肥皂水，为什么呀，就是为了刮起来使人不痛。"

善于从细节上抓住闪光点的人往往就能抓住主要矛盾，这样的人往往具有伟大的品格，既能从大处着手，又能在细小的方面狠下工夫。

形象的价值

大礼不辞小让，细节决定成败。

——汪中求

形象是一个人仪表、气质、性格、内心世界的综合反映。更多的时候，人们没有机会去了解你的内在，只好凭借外在的形象做一定的判断。所以，聪明的人，都会在乎仪表、衣着等起到的作用。

戴尔一向很注重形象。他清楚地认识到，商业社会中，一般人是根据一个人的衣着来判断对方实力的，因此，他首先订做了三套昂贵的西服，然后他又买了一整套最好的衬衫、衣领、领带、吊带等，而这时他的债务已经达到了700美元。

于是，戴尔就开始自己的第一次创业。

每天早上，戴尔都会身穿一套全新的衣服，在同一个时间、同一个街道同某位富裕的出版商"邂逅"。戴尔每天都和他打招呼，偶尔还聊上一两分钟。

这种例行性会面大约进行了一星期之后，出版商开始主动与戴尔搭话："你看来混得相当不错。"

接着出版商便想知道戴尔从事哪种行业。因为戴尔身上所表现出来的这种极有成就的气质，再加上每天一套不同的新衣服，已引起了出版商极大的好奇。这正是戴尔盼望发生的情况。

戴尔于是很轻松地告诉出版商："我正在筹备一份新杂志，打算在近期内争取出版。"

出版商说："我是从事杂志印刷及发行的。也许，我也可以帮你的忙。"

这正是戴尔所期待的。

出版商邀请戴尔到他的俱乐部，和他共进午餐，在咖啡和香烟尚未送上桌前，已"说服"了戴尔答应和他签合约，由他负责印刷及发行戴尔的杂志。戴尔甚至"答应"允许他提供资金并不收取任何利息。

杂志所需要的 3 万美元资金和购买衣物的 700 美元都是通过戴尔的形象换来的。

成功的人善于捕捉机遇，他会独具慧眼，处处留心。在生活中，每一个人都需要仔细留心身边的每一件小事，这每一件小事当中都可能蕴藏着相当的机会，成功的人绝不会放过每一件小事。他们对什么事情都极其敏感，能够从许多平凡的生活事件中发现很多获得成功的机遇。

盲人打灯笼

致广大而尽精微。

——《中庸》

漆黑的小路上，一个年轻人小心翼翼地走着，他刚才摔了一跤不小心把手中的火把弄灭了。忽然前面出现了一点光亮，待到他走近时，才看见一个人提着灯笼也在前面赶路。奇怪的是这人提着灯笼走路也是小心翼翼的，年轻人仔细一看才发觉对方是一个盲人。

年轻人十分奇怪地问："你本人双目失明，灯笼对你一点用处也没有，你为什么要打灯笼呢？"

盲人听了，慢条斯理地回答说："我打灯笼并不是为了照路，而是因为在黑暗中行走，别人往往看不见我，我便很容易被人撞倒。而我提着灯笼走路，灯光虽不能帮我看清前面的路，却能让别人看见我。这样，我就不会被别人撞倒了。"

有人说，一滴水可以折射出整个太阳的光辉，一件小事可以看出一个人的内心世界。良好的品德，并不仅仅是体现在大是大非面前，而是体现在细微的小事中。

细节无处不在。盲人在帮助别人的同时也帮助了自己免遭别人碰撞之苦，可见他也是一个心细的人。

两张车票

泰山不拒细壤，故能成其高；江海不择细流，故能就其深。

——李斯

日本东京贸易公司的董事长吩咐办公室助理给德国一家公司的商务经理购买往来于东京、大阪之间的火车票。

在这次旅途中，德国公司的经理注意到了一个小小的巧合：去大阪时，他的座位在列车右边的窗口，返回东京时又是靠左边的窗口。

经理问助理其中缘故，助理笑答："车去大阪时，富士山在你右边，返回东京时，山又出现在你的左边。我想，外国人都喜欢日本富士山的景色，所以我替你买了不同位置的车票。"

德国经理深受感动，后来成了这家东京贸易公司的长期客户。

有些人总认为要成大事就不能拘小节，否则就会被小节拖累，其实这种想法是不妥的。注重细节对事情的周密安排，是一种负责的表现，体现了一种人文关怀。

致命的冰柜

在艺术的境界里，细节就是上帝。

——米开朗基罗

福克斯是一个恪守职责的铁路公司调车员。不过他有一个缺点，就是对人生过于悲观。

一天下午，福克斯不小心把自己关在了一辆冰柜车里。他在冰柜里拼命地敲打着、叫喊着，可全公司的职员早已下班回去了，根本没有人在。福克斯的手掌敲得红肿，喉咙叫得沙哑，也没人理睬，最后只得绝望地坐在车上喘息。

他愈想愈可怕，冰柜里的温度在零下 20℃ 以下，如果再出不去，一定会被冻死。他摸索出身上的纸和笔绝望地写下遗书。

第二天早上，公司里的职员陆续来上班。他们打开冰柜，发现福克斯倒在里面。他们将福克斯送去医院，医生说他早就已经死了。

大家都很惊讶，因为冰柜里的冷冻开关并没有启动，这巨大的冰柜里也有足够的氧气，而福克斯竟然莫名其妙地被"冻"死了！

从福克斯的身上可以得知，人们在生活中，绝望时也不要放弃一丝的希望，或许一个小小的细节就可以改变事实的本身。所以，不要忽视细节的存在，有时候发现细节就能抓住希望。

教授遛狗

成功是细节之子。

——哈维·费尔斯通

一位教授带着自己喜爱的小狗到公园散步，没想到迎面碰到了巡逻的警察，他心中一怔：这次要出麻烦了。

教授不等警察开口就先说："警察先生，你已当场抓住了我，我犯了法没有借口了，上个星期你曾警告过我，再带小狗出来而不戴口罩就要被罚。"

谁料，警察的反应竟非常温和："哦，我知道，在没有人的时候，谁都忍不住带这么一条小狗出来。"

警察想了一下，又接着说："你已经承认了错误，这很好。这样吧，把小狗带过那小山到我看不见的地方，这事就算了。"

人与人之间的交往，往往就体现在一些细小的方面，正是因为这些小的方面，决定了同一件事有不同的反应。故事中的教授看重了这一点，主动地承认自己的错误，以一个细心的举动博得了警察的谅解。

邮局职员的发型

勿以恶小而为之，勿以善小而不为。

——刘备

有一次，心理学家正在街口一家邮局排队寄一封挂号信。心理学家发现那个邮局的职员，对自己的工作感到很不耐烦——称信件、卖邮票、找零钱、发收据，年复一年重复工作。心理学家对自己说："我要使他喜欢我。显然，要使他喜欢我，我必须说一些好听的话，不是关于我自己，而是关于他。"心理学家在思考一个问题："他真有什么值得我欣赏的吗?"有时候这是个不容易回答的问题，尤其是当对方是陌生人的时候。

当邮局职员在称心理学家的信件的时候，心理学家却热情地说："我真希望能有你这种头发。"

邮局职员抬起头，有点惊讶，面孔露出微笑。

"嗯，不像以前那么好看了!"邮局职员谦虚地说。心理学家对他说："虽然你的头发失去了一点原有的光泽，但仍然很好看。"邮局职员高兴极了，他们愉快地谈了起来，而他对心理学家谈的最后一句话是："相当多的人称赞过我的头发。"

对一个人的关注程度不能只停留在嘴上，要从一些细小的方面注意对方身上的闪光点，发现对方不一般的地方。这样才是一种真心关注人的表现，才能迅速得到别人的友情并成为他的朋友。

关注别人的优点，看似简单的一句话，做起来真的很难。每个人都有优点，但是在别人的眼里，缺点似乎多一些。

让我们换位思考一下，关注别人的优点的目标在于取长补短，相互学习，其根本就是提高自己，使自己多一个闪光点。

你关注别人多一些，你得到的支持也会多一些。关注别人的优点实际上就是积累财富!

小图书管理员

祸患常积于忽微，智勇多困于所溺。

——欧阳修

一个四年级的小男孩利用自己的业余时间自愿到学校图书馆帮忙。

第一天，小男孩早早地来到图书馆。管理员先给他讲了图书分类法，然后让他把已归还的却放错了位的图书放回原处。

小男孩问："整理放错的图书，感觉不就像是当侦探吗？"管理员回答："那当然。"接着，男孩兴奋地在书架的迷宫中蹿来蹿去，下班时，他已找出了三本放错地方的图书。

第二天他来得更早，而且更加努力。干完一天的活后，小男孩正式请求管理员让他担任小图书管理员。又过了两个星期，小男孩突然邀请管理员上他家做客。吃晚餐时，孩子母亲告诉管理员他们要搬家了，到附近一个住宅区。临走前，小男孩一脸担心地对管理员说："我走了，谁来整理那些站错队的书呢？"

没过多久，小男孩又在学校的图书馆门口出现了，并欣喜地告诉管理员，那边的图书馆不让学生干，妈妈把他转回这边来上学，由他爸爸用车接送。

小男孩认真地说："如果爸爸不带我，我就走路来。"

管理员没想到这个小家伙这么有责任感，他相信小男孩长大后会很有出息。果不其然，小男孩长大以后，成了信息时代的天才——微软公司的开拓者。他就是世界首富比尔·盖茨。

事无巨细，再小的事也能反映出一个人的全部素质，比尔·盖茨之所以能够有今天这么大的成就，主要是他在每一件小事上比别人肯下工夫。生活中，能够关注细节的人肯定是很细心的人，注重细节作为一种素质，能通过一件普通的事情反映出来。

尽职的信差

魔鬼存在于细节之中。

——密斯·凡·德罗

布莱曼是小区里一名出色的信差，颇受大家的欢迎。一天，小区内刚搬来一位旅行家。布莱曼上门找到旅行家索要一份全年行程表。旅行家很奇怪："您有什么用？"

布莱曼认真地说："以便您不在家时，我暂时代为保管您的信件，等您回来再送过来。"

这让旅行家很吃惊，因为他从未碰到过这样的邮差。

"没必要这么麻烦，把信放进信箱就好了，我回来再取也是一样的。"

布莱曼解释说："这样可不安全，窃贼经常会窥探住户的邮箱，如果发现是满了，就表明主人不在家，那住户就可能要深受其害了。"

布莱曼想了想，接着说："这样吧，只要邮箱的盖子还能盖上，我就把信放到里面。塞不进邮箱的邮件，则搁在房门和屏栅门之间。如果那里也放满了，我把其他的信留着，等您回来。"布莱曼的建议无可挑剔，旅行家欣然同意了。

两周后，旅行家回来，发现门口的擦鞋垫跑到门廊的角落里，下面还遮着个什么东西。

原来事情是这样的：在旅行家出差期间，一家速递公司把他的包裹投到别人家了。布莱曼看到旅行家的包裹送错了地方，就把它捡起来，送回旅行家的住处藏好，还在上面留了张纸条，解释事情的来龙去脉，并费心地用擦鞋垫把它遮住，以避人耳目。

能够把一件简单的小事做好的人往往不简单，他能够从眼前的小事做起，培养自己良好的习惯，这说明他能认识到细节的重要性，懂得以细节取胜，赢得别人无形中的敬重，这种行为为他积累了良好的社会人际交往的资本。

紧急降落

一个不经意的细节，注注能体现一个人的修养。

——佚名

1981 年春，当时身为副总统的乔治·布什正在飞机"空军 2 号"上飞往外地。突然他接到国务卿黑格从华盛顿打来的电话："出事了，请你尽快返回华盛顿。"几分钟后的一封密电中告知他里根总统已中弹，正在华盛顿大学医院的手术室里接受紧急抢救，于是飞机调头飞向首都华盛顿。

飞机在安德鲁斯着陆前 45 分钟，布什的空军副官来到前舱为结束整个行程做准备。飞机缓缓下滑时，副官突然想出了主意，他说："如果按常规在安德鲁斯降落后，再换乘海军陆战队一架直升机，飞抵副总统住所附近的停机坪着陆，再驾车驶往白宫，要浪费许多宝贵时间。不如直接飞往白宫。"

布什考虑了一下，决定放弃这个紧急到达的计划，仍然照常规行事。

"我们到达时，市区交通正处高峰时期，"副官提醒道，"街道上的交通很拥挤，坐车到白宫得多花10～15分钟的时间。"

"但是我们必须这样做。"布什解释道，"只有总统才能在南草坪上着陆。"布什坚持着这条原则：美国只能有一个总统，副总统不是总统。

从一个细节可以看出一个人的内心，看出一个人的人格魅力。假如布什总统在当时的紧急状况下急降白宫也无可厚非，但他却提醒自己注意一点：这样做是放弃了自己的原则，也是不尊重总统的表现。

列宁眼中的纽扣

细节体现艺术，也只有细节的表现力最强。

——佚名

有一次，列宁发现办公室一个工作人员的上衣口袋上掉了一颗纽扣。列宁看到了，没有出声，走了过去。碰巧第二天列宁又遇见了他。一看，他上衣口袋上还是没有纽扣。到第三天也还是没有。只是到了第四天列宁才看到纽扣缝上了。

"总算缝上了。"列宁很高兴，甚至连情绪都不知道为什么提高了。

当时俄国粮食特别困难，城市和工人区都缺少粮食。农村有粮食，但是农村里的富农把粮食藏起来了。

为了保证城市的粮食供应，列宁往国内各地派出了粮食征集队。列宁办公室那位工作人员也被推举担任一个粮食征集队的队长。列宁犹豫不决。人们对列宁说："他是个能干的人。"

列宁想要提纽扣的事，但没有出声。那位工作人员带了粮食征集队出发了。

过了一段时间，列宁接到报告：那位工作人员不胜任工作，不但如此，富农还把粮食征集队收集的粮食给烧了。

有人为他开脱："列宁同志，这是偶然事故。"

列宁只是听着，手里还拿着一支笔在一张纸上画着什么东西。等列宁走后，大家往纸上一看，只见上面画着一颗纽扣。

从一个人身上的一个小缺点可以看出这个人性格中的缺陷，这话并不假。因为一个人的行为总是受他的思想、性格指导，无意之中的一个举动就能暴露一个人性格中最真实的一面，所以了解一个人最好从他生活中的小事开始。

美味的泡面

细节是一种创造，细节表现修养，细节隐藏机会。

——佚名

他与妻子离婚了，独自抚养一个 6 岁的小男孩。每当孩子和朋友玩耍受伤回来，他心里总不免非常难过。

一天，他出差到外地要赶火车，没时间陪孩子吃早餐，便匆匆离开了家。一路上他担心孩子有没有吃饭，会不会哭，心老是放不下。即使抵达了出差地点，也不时打电话回家。可孩子总是很懂事地要他不要担心。

等他匆匆赶回这座城市自己的家里时，孩子已经熟睡了，他这才松了一口气。旅途上的疲惫让他全身无力，他仰身倒在了床上。突然发现棉被下面，竟然有一碗打翻了的泡面！

"这孩子！"他在盛怒之下朝熟睡的儿子的屁股一阵狠打。

"为什么这样调皮，把棉被弄湿要给谁洗？"这是他第一次体罚孩子。

"我没有……"孩子抽泣着，"我没有调皮，这……这是给爸爸吃的晚餐。"

原来孩子知道爸爸晚上要回来，特地泡了两碗泡面，一碗自己吃，另一碗给爸爸。可是怕爸爸那碗面凉掉，所以放到了棉被底下保温。

爸爸听了，不发一语地紧紧抱住孩子，泪流满面："谢谢，谢谢你，儿子！谢谢你给爸爸的美味的泡面。"

孩子因为担心爸爸的泡面凉掉，就放在了棉被底下藏着保温，虽然他这个举动略显可笑，可就是这样一个小小的细节感动了爸爸，它比任何语言，任何行动更加来得真实。发自内心的举动更加具有征服一切人的力量。

死亡的距离

不积跬步，无以至千里，不积小流，无以成江河。

——荀子

有一个探险家一心一意要征服世界第一高峰。在经过多日的准备之后，他独自开始了艰难的旅程。他开始向上攀爬。天已经很晚了，他非但没有停下来准备帐篷露营，反而继续向上攀登，直到四周变得非常黑暗。

就在离山顶只剩下几米的地方，他滑倒了，并且迅速地跌了下去。他不断地下坠着，就在他十分害怕地等待死亡来临时，突然间，他感到系在腰间的绳子重重地拉住了他。他整个人被吊在半空中，而那根绳子是唯一拉住他的东西。

他感到自己上不着天，下不着地，只好大声呼叫："上帝啊！快来救救我！"

突然间，从天上传来了低沉的声音：

"你要我做什么？"

"上帝！快来救救我！"

"你真的相信我可以救你吗？"

"我当然相信！"

"那就割断系在你腰间的绳子。"

在一番痛苦的思考后，探险家决定继续全力抓住那根救命的绳子。

第二天，搜救队找到了探险家被绳子拉住的遗体，而尸体离地面的距离只有1米高。大家都想不明白探险家为什么不割断绳子落地自救。

短短1米的距离就决定了一个人的生死，这不能不说是一个悲剧，假如他能够听从上帝的忠告或许就可以得救了。从中我们不难发现，有些时候决定你命运的并不是什么神秘的力量，而在于你对细节的重视与否。

细节构成内涵

1％的错误会带来100％的失败。

——佚名

在众多面试者中，大酒店的经理选中了一个年轻人负责这家酒店的管理工作。

"我想知道，"一位朋友问他，"你为什么喜欢那个年轻人，他既没带一封介绍信，也没任何人推荐。"

"你错了，"老板说，"我早就注意到了他。他在门口蹭掉脚上的土，进门时随手关上了门，说明他做事小心仔细；当看到那位残疾老人时，他立即起身让座，表明他心地善良、体贴别人；进了办公室，他先脱去帽子，回答我提出的问题干脆果断，证明他既懂礼貌又有教养。"

"其他所有的人都从我故意放在地板上的那本书上迈过去，而这个青年却俯身拾起那本书，并放在桌上。当我和他交谈时，我发现他衣着整洁，头发梳得整整齐齐，指甲修得干干净净。难道你不认为这些足以说服我让他做酒店的管理者吗？"

生活的大海往往都是由一些小小的溪流组成的，一些小小的细节累积构成了生命的内涵。生命中，那些看来微不足道的事情中都蕴藏着巨大的机遇，而成功者与一般人的最大区别往往体现在对待这些微不足道的小事的态度上。

第四章　快乐
——无悔人生的音符

哈佛告诉你

快乐存在于我们的心中，存在于周围的环境中，它可以是一滴栖息于枝头的露珠，可以使浩瀚的夜空中一颗寂寞的星星，可以是一片随波逐流的落叶，也可以是一只负着食物匆匆而行的蚂蚁。只要你是一个快乐的人，总能在这个世界上找到快乐，就算是孤独寂寞的荒原上也能构筑一座宏伟的快乐城堡。

穷人与富人

我们曾经为欢乐而斗争，我们将要为欢乐而死。因此，悲哀永远不要同我们的名字连在一起。

——伏契克

一天，富翁带着儿子去乡下旅行，想让他见识一下穷人是怎么生活的。他们在一个农户家里呆了一天一夜。回来的路上，富翁问儿子："旅行怎么样？"

"好极了！"

"这回你知道穷人是怎么过日子的了？"

"是的！"

"有何感想？"

儿子回答："我发现咱家里只有一条狗，可是他们家里却有四条狗；咱家仅有一个水池通向花坛的中央，可他们竟有一条望不到边的小河；我们的花园里只有几盏灯，可他们却有满天的星星；还有，我们的院子只有前院那么一点儿，可他们的院子却有一大片！"

儿子说完，富翁哑口无言。

最后，儿子感叹了一句："感谢父亲让我明白了我们是多么贫穷！"

快乐是一种心态，它不要求物质上占有什么，以及物质的丰富程度如何，关键在于你如何看待眼前的世界。如果你是一个富翁，可在精神上却是极度的贫乏，那么你就是不快乐的，你的人生也是不幸的。有钱的人并不一定快乐，但快乐的人一定是幸福的。

拖鞋的力量

做好事是人生中唯一确实快乐的行动。

——西德尼

"我一定要断然拒绝他们的要求。"出门之前，老富婆这么想。

这一天下着很大的雨，她在这样的天气却不顾一切地跑出来，目的是想赶快让这件烦心事尽早结束。

老富婆平时以慈善家闻名。到目前为止，她帮助了很多需要帮助的人。可是，大家希望她捐出祖传的土地来建造孤儿院，她无法同意。她对祖宗传下来的那一片土地有无限的感情，何况此后的主要收入来源，就靠那块土地。说得严重一点，她若失去这一块土地，她的生活马上就要受到影响。

"不管对方如何恳求，也不能起一丁点同情心，否则……"老富婆更加坚定了自己心里的想法。

雨越来越大，风也吹得更起劲了。不多久，她到了一家慈善机构。她推开大门，想在门口寻找一双干拖鞋换掉脚上的湿鞋。

"请进！"这时候，一位女办事员出现在她眼前。女办事员看到她没有找到拖鞋，立刻毫不犹豫地脱下自己的拖鞋给老富婆。

"真抱歉，所有的拖鞋都给别人穿了。"那位小姐还向她恳切地道歉。

老富婆看到对方脱下鞋之后踩在地板上，刹那间袜子就给沾湿了。

老富婆感动莫名。就在那一瞬间，她才感悟到"施与"的真正意义。

她想："平时，我被大家称为慈善家，可是我捐出来的，全是自己不再使用的旧东西，再就是挪用多余的零用钱。真正的施与，应该是拿出对自己来说是最重要的东西，那才有莫大的价值呀！"

老富婆突然决定捐出那块祖传的土地给这个慈善机构，为可怜的孩子们建立一个设备完善的孤儿院。

老富婆微笑着对那位女办事员说："好温暖的拖鞋。"

女办事员红了脸："对不起，实在是没有干净的拖鞋让您换上。"

老富婆连忙打断她的话："不，不，我不是这个意思，我是说你的善心令人感到温暖……"

快乐的人总是以自己能够给别人带来多少快乐作为快乐的标准。他看重的不是占有，而是对别人的奉献，在奉献的同时去感受别人的快乐，并从别人的快乐中找到自己的快乐。与人为善，助人为乐，这才能活出人生的境界。

第三局的胜利

一个人如能让自己经常维持像孩子一般纯洁的心灵，用乐观的心情做事，用善良的心肠待人，光明坦白，他的人生一定比别人快乐得多。

——罗曼·罗兰

辛普森的公司一下垮了，债主纷纷找他要钱。为了躲避，他只有早早地回到家里。

5岁的儿子放学回来，高兴地向父亲大声宣布："爸爸，我有个好消息告诉您！"

"是吗？我的孩子。"辛普森漫不经心地回答。

聪明的儿子看出了父亲的不快，问道："哦，爸爸，您为什么不高兴？是打球输了吗？"儿子刚刚加入学校网球业余培训班，对网球非常感兴趣。

"差不多，我输给了对手。"辛普森苦笑着说。

"那有什么关系！"儿子说，"我刚进业余班那阵，连球拍都不会握，可我盯住了班上的冠军，非要跟他拼拼不可。每天训练一完，我就找他挑战，当然我从来没赢过，心情非常沮丧，所以我非常同情您，爸爸，您的对手是冠军吗？"

"那不见得！"辛普森不想在儿子面前失掉自信。

"哇！"儿子叫了起来，"连冠军都不是，那就更不应该输给他。您知道我是如何战胜冠军的吗？"

"如何？"

"我给自己打气，经过一段时间准备后，我又去向骄傲的冠军挑战。当然，第一局我输了。"

"第二局呢？"

"也输了。"

"那你真的又输了。"

"可是，爸爸您知道吗？我在第三局赢了他。"

"可你最终还是输给了他。"

"不，爸爸。"儿子自豪地说，"记住这一点：第三局我赢了他，我终于打败了他一回。爸爸，您失败了几次？"

"一次！"

"爸，您真笨，才一局您就认输了，您应该来五盘三胜制，彻底打败对手。"

"五盘三胜制？这主意真好！"父亲觉得孩子的话可真有道理，这时，他像是记起了什么，便问儿子："你刚进门时说有好消息告诉我，是什么好消息？"

儿子认真地答道："就是我在第三局终于战胜了对手呀！"

"这也算好消息吗？"辛普森奇怪了。

"当然啦！"儿子一脸的自豪，"在五盘三胜制里，我还有两次战胜对手的机会啊！"

快乐不是凭空产生的，也不是上天的施舍，而是靠你自己用一双智慧的眼睛去发现。从一件平凡的小事中，从一个不为人注意的角落里，从匆匆擦肩而过的人身上找到它，用心地去感受快乐的真谛，那么，你的人生就是快乐的，你的未来也是幸福的。

耶稣的安排

快乐没有本来就是坏的，但是有些快乐的产生者却带来了比快乐大许多倍的烦扰。

——伊壁鸠鲁

一个小镇的教堂里有一尊耶稣被钉在十字架上的塑像，每天来教堂里祈祷的人络绎不绝。

教堂里的看门人看十字架上的耶稣每天要应付这么多人的要求，觉得他一定很累，他希望能分担耶稣的辛苦。有一天他祈祷时，向耶稣表达了这份心愿。这时，他突然听到一个声音："好啊！我下来为你看门，你上来钉在十字架上。但是，不论你看到什么、听到什么，都不可以说一句话。"

看门人觉得这个要求很简单。于是耶稣走了下来，看门人上去像耶稣被钉在十字架般地伸张双臂，本来塑像就雕刻得和真人差不多，所以来膜拜的群众并不怀疑，看门人也依照先前的约定，聆听信众的心声。大家的祈求有合理的，有不合理的，千奇百怪不一而足。但无论如何，看门人都强忍着不说话，因为他必须信守先前的承诺。

有一天来了一位富商，他祈祷完后，竟然忘记手边的钱袋便离去了。看门人看在眼里，真想叫这位富商回来。接着又来了一个穷人，他祈祷耶稣能帮助他渡过生活的难关。当他要离去时，发现了先前那位富商留下的袋子，穷人高兴得不得了，认为耶稣有求必应，万分感谢地离去。

十字架上伪装的看门人看在眼里，想告诉他，这不是你的。但是，约定在先，他仍然憋在心里没有开口。接下来，一位要出海远行的年轻人来祈求耶稣降福保佑他平安。正要离去时，富商冲了进来，抓住年轻人的衣襟，要年轻人还钱，年轻人不明白是怎么回事，两人吵了起来。

这时，十字架上伪装的看门人终于忍不住开口说话了。既然事情清楚了，富商便去找那个穷人，而年轻人则匆匆去搭船。

最后，耶稣出现了，指着十字架上的看门人说："你下来吧！你已经没有资格站在上面指引众生了。"看门人说："我把真相说出来，主持公道，难道不对吗？"

耶稣痛心地说："你懂什么？那位富商并不缺钱，可是对穷人来说，却可以挽回一家老小的生计；最可怜的是那位无辜年轻人，如果富商一直缠下去，延误了他出海的时间，他还能保住一条命。而现在，他所搭乘的船正沉入海中……"

不要去刻意追求什么，不要去改变什么，在平平淡淡的生活中，保持一种平和宁静的心态，无论何时何地你总是快乐的。

三条规则

牙齿痛的人，想世界上有一种人最快乐，那就是牙齿不痛的人。

——萧伯纳

曾经有一段时间，在宾夕法尼亚州，大家最痛恨的就是洛克菲勒，充满火药味的信件如雪花般涌进他的办公室，威胁要取他的性命。为此，他雇用了许多保镖，防止遭人杀害。他自傲地说："你尽管踢我骂我，但我还是按照我自己的方式行事。"可生活在这样的环境中，他的意志开始慢慢地崩溃了。身体开始不行了，疾病从内部向他发动攻击。失眠、消化不良、掉头发、烦恼等病症让他措手不及。最后，他的医生把实情坦白地告诉他，他只有两种选择：必须在财富和死亡之间做一抉择。

洛克菲勒选择了退休。医生们开始挽救洛克菲勒的生命，并为他立下三条规则——这是他以后奉行不渝的三条规则：避免烦恼，在任何情况下绝不为任何事烦恼；放松心情，多在户外做适当运动；注意节食，随时保持半饥饿状态。

洛克菲勒遵守这三条规则，因此而挽救了自己的性命。退休后，他学习打高尔夫球、整理庭院、和邻居聊天、打牌、唱歌等。但他同时也做别的事。他开始反省，曾经一度停止去想他能赚多少钱，开始思索那笔钱能换取多少人类的幸福。

后来，洛克菲勒开始考虑把数百万的金钱捐出去。可是，当他向一座教堂捐献时，全国各地的传教士齐声发出抗议："腐败的金钱！"但他继续捐献。在获知密歇根湖岸的一家学院因为抵押权而被迫关闭时，立刻展开援助行动，捐出数百万美元去援助那家学院，将它建设成为目前举世闻名的芝加哥大学。

当著名的十二指肠虫专家史太尔博士说："只要价值五角钱的药品就可以为一个人治愈这种病——但谁会捐出这五角钱呢？"洛克菲勒得知此事后，马上就捐出数百万美元消除十二指肠虫，消除了这种疾病。然后，他又采取更进一步的行动，成立了一个庞大的国际性基金会——洛克菲勒基金会，致力于消灭世界各地的疾病，扫除文盲等工作。

洛克菲勒的善举在拯救别人的同时，也拯救了自己，他开始了自己崭新的生活。

拒绝烦恼就是不要去斤斤计较眼前的利益，不要太计较自己的得失，要更多地爱护和关心身边的人，给一切需要帮助的人送去你的温暖和祝福。用自己的心去追寻生命中的博爱、宁静、空灵，这个时候你就会发现快乐已经长驻心底。

养生之道

人生最大的快乐不在于占有什么，而在于追求什么的过程。

——本生

英国皇家园林有一个行为古怪的园丁，每次他一生气就绕着自己的花园跑三圈。后来，他的花园越来越大，而一生气，他仍要绕着花园跑三圈，哪怕累得满头大汗，疲惫不堪。当园丁很老了，走路已经要拄拐杖了，他生气时还要坚持绕着花园跑三圈。

一次，他为了一件小事生气了，拄着拐杖走到太阳已经下山了还要坚持，邻居问："老先生！您一生气就绕着花园跑，难道这里面有什么秘密？"

园丁对邻居说："年轻时，我一和人吵架、生气，我就绕着自己的花园跑三圈，我边跑边想——自己的花园这么小，哪有时间和精力去跟人生气呢？一想到这里，我气就消了，我就有了更多的时间和精力来开垦自己的花园了。"

邻居又问："老先生！您年老了，不愁吃不愁穿，为什么还要绕着花园跑呢？"

园丁笑着说："老了生气时我绕着花园跑三圈，边跑我就边想——我的花园这么大了，又何必为了一点小事去和别人斤斤计较呢？我应该学会珍惜眼前的一切，包括我的快乐心情。一想到这里，我的气就消了。"

快乐是一种胸怀。快乐的人不会为眼前的小事所烦恼，他会找到各种各样的办法把眼前的烦恼转化成快乐的契机。他能用一种平常的眼光看待事物的发展，所以快乐不曾从他身边溜走。

无形杀手

快乐，使生命得以延续。快乐，是精神和肉体的朝气，是希望和信念，是对自己的现在和未来的信心，是一切都该如此进行的信心。

——果戈理

他生性残忍，是国王手下出了名的刽子手，因为他总是喜欢用各种各样的怪方式来折磨死刑犯。

一位犯人被告知明天将被处极刑，行刑的方式是在他手臂上割一个口子，让他流尽鲜血而亡。犯人哀求刽子手给一个痛快的结果，但遭到了拒绝。

第二天，犯人就被带到一个房间中，锁在一面墙上，墙上有个小孔，刚好可以把一条胳膊穿过去。刽子手把他一只手从孔中穿过去，固定在墙的另一边，用刀子在他的手上割开一个口子，在手下边还放着一个瓦罐来盛血。

犯人只感到自己手臂上一痛，眼睛一闭，心里哀叹这次是完了。"嘀嗒、嘀嗒……"血开始一滴滴地滴在瓦罐中，四周静极了。犯人就这样静静地听着自己的血滴在瓦罐中，他感觉到自己的血液一点点地从手臂上的那个伤口涌出，越来越快地流进瓦罐。不一会儿，他无力地倒下来——死了。

其实，在墙的另一边，他手上的那个口子早就不流血了，刽子手在身边的桌子上放着一个大水瓶，水瓶中的水正通过一个特制的漏斗软管往下边的瓦罐中滴，那致命的"嘀嗒"声就是水滴进瓦罐的声音。杀死他的不是别人，而是他的心理。

人生最大的痛苦不是肉体上的痛苦，而是施加在精神上的痛苦。这种痛苦是最残酷的，它是由人自己给自己制造一种莫须有的危机并通过在心理上的不断强化来加重危机的力量，直到最后把自己的意志压垮，整个人完全地崩溃。所以，保持一个好的心态对人的成长和发展都是至关重要的。

35 张贺卡

快乐不在于事情，而在于我们自己。

——理查德·瓦格纳

"六一"儿童节快到了，儿子放学回到家，告诉妈妈他想为班里的每一个同学做一份礼物。

妈妈的心有些难过，她发现每次放学回家，儿子总是一个人孤零零地走在最后面，他的同学们说着笑着一起回家，可从来没有一个人注意到儿子的孤单。尽管如此，她还是决定满足孩子的心愿。她买回了做卡片的硬纸、胶水和彩色蜡笔。一连三个星期，儿子费尽心思做好了 35 张精美的卡片。

"六一"终于来了，儿子别提有多高兴了，早上起床他小心翼翼地把卡片叠好，放进一个袋子里，飞快地跑出了家门。妈妈决定为他烤他最爱吃的甜饼，准备在他放学回家的时候，把这些美味可口、热气腾腾的甜饼连同一杯牛奶一起端放在餐桌上。妈妈想到儿子可能在节日来临时什么礼物都得不到，不禁感到心痛。

下午，妈妈把甜饼和牛奶端到桌上。一听到孩子们的声音，她就向窗外望去。是的，孩子们放学回家了。而儿子依旧走在后面，妈妈注意到孩子的手里空空的，一件礼物也没有。儿子推门进来了，她赶紧擦掉脸上的泪水。

"妈妈给你准备了甜饼和牛奶。"她说，可孩子却好像没有听见，只是继续大步走过她的身旁，脸上放着光，嘴里不停地说着："一个也没有，一个也没有。"

最后，儿子拉住妈妈的手说："妈妈，我把自己的卡片全部送给了同学，一个也没有忘记，一个也没有落下！"

快乐是不要求回报的，它并不是指一个人在带给别人快乐的同时，要求对方给自己带来同样的快乐。快乐的人是以自己能给别人带来快乐为乐，以能给人送去快乐为荣，他能够从对方的快乐中感受到自己的存在，能够给这么多的人带来快乐而高兴、满足。

选择

欢乐来自你潜能的发挥。

——威尔·舒尔兹

美国某个小镇的郊外有一间奇特的房子：房屋的构筑材料完全由自然物质组成，并且需要随时向房间里人工灌注氧气来维持房主的生存。

住在这间房子里的主人叫妮娜。1985 年，妮娜在医科大学就读，有一次到山上散步，带回一些蚜虫。她拿起一种试剂为蚜虫去除化学污染，却感觉到一阵痉挛，原以为那只是暂时性症状，谁料到自己的后半生就毁于一旦：试剂内含的化学物质使妮娜的免疫系统遭到破坏，她对香水、洗发水及日常生活接触的化学物质一律过敏，连空气也可能使她支气管发炎。这种"多重化学物质过敏症"是一种慢性病，目前尚无药可医。

患病头几年，妮娜睡觉时口水流淌，尿液变成了绿色，汗水与其他排泄物还会刺激背部，形成疤痕。她不能睡经过防火处理的垫子，否则会引发心悸。她周围的生活环境开始让她觉得难以忍受了。

后来，她的丈夫用钢与玻璃为她盖了一个无毒的空间，妮娜所有吃的、喝的都经过特殊选择与处理，她平时只能喝蒸馏水，食物中不能有任何化学成分。

8年来，妮娜没有见到一棵花草，听不见悠扬的歌声，感觉不到阳光、流水。她躲在小屋里，饱尝孤独之余，还不能放声大哭。因为她的眼泪跟汗一样，可能成为威胁自己的毒素。

而坚强的妮娜并不在痛苦中自暴自弃，她不仅为自己，也为所有化学污染物牺牲者争取权益而奋战。1986年，妮娜创立"环境接触研究网"，致力于此类病变的研究。1994年另创"化学伤害资讯网"，保障人们免受威胁。目前这一"资讯网"已有来自32个国家的5000多名会员，不仅发行刊物，还得到美国、欧盟及联合国支持。

虽然一直生活在这寂寞孤独的无毒世界里，妮娜却感到自己的生活过得很踏实。因为在痛苦与欢乐之间，流泪与微笑之间，她选择的都是后者。

人如果不快乐，注定是要与痛苦为伍。在快乐与痛苦之间，人只有一种选择。与其选择痛苦，度过凄惨不幸的人生，不如选择快乐，给自己生命带来阳光的同时，也能给周围的世界带去对幸福的祝福。这样的人生才是积极的人生，才是强者的人生。

两种态度

真正的快乐是内在的，它只有在人类的心灵里才能发现。

——布雷默

有位哲学家喜欢坐在村口的河边晒太阳，并不时和过路的人们拉拉家常。

一天，他刚坐下来，一个风尘仆仆的中年男人过来打听情况。

中年男人问："这个小镇还行吧！"

哲学家慢慢抬起头来问："你来自怎样的城镇？"

中年男人说："在我原来住的地方，人人都很喜欢批评别人。邻居之间常说别人的闲话，总之那地方很不好住。我真高兴能够离开，那不是一个令人愉快的地方。"

哲学家对中年男人说："那我得告诉你，其实这里也差不多。"

过了没多久，一对旅行的父女俩又过来问路。

父亲问："住在这小镇不错吧！"

哲学家又问："你原来住的地方怎样？"

父亲说："我原来住的城镇每个人都很亲切，人人都愿帮助邻居。无论去哪里，总会有人跟你打招呼，说谢谢。我真舍不得离开。"哲学家转过来脸看着父亲，脸上露出和蔼的微笑："其实这里也差不多。"

等到那家人离开后，旁边一个人奇怪地问哲学家："老先生，为什么您告诉第一个人这里很可怕，却告诉第二个人这里很好呢？"

哲学家平淡地说："不管你搬到哪里，你都会带着自己的心情，那地方可怕或可爱，全在于你自己！"

快乐是一种互相帮助，互相满足的精神状态，它所要求的永远都是你能够给予别人多少，只有这样你才能得到别人给予的快乐。快乐不是相互指责，不是相互批评，快乐也不是冷漠与无情。有快乐存在的地方，就永远有微笑，有阳光，有最好的朋友。

幸福的黑面包

快乐，是人生中最伟大的事！

——高尔基

他是一个典型的犹太人，通过自己的风雨拼搏后拥有了亿万财产。有记者问他："在你的一生当中，你经历的最幸福的一件事是什么？请你谈谈对幸福的认识。"他的回答是："幸福是一块黑面包。"

这个答案出乎记者的意料，犹太人讲了自己亲身经历的一件事——小时候家里穷，他从小学到初中一直生活在封闭落后的村庄，从未出过远门，也没见过城市是什么样子。有一天，父亲带他进城，看见许多城里的孩子吃着刚烤制好散发着香味的面包，他馋得直流口水，央求父亲给自己买一块面包。父亲用身上仅有的 2 角钱给他买了一块放了几天的又黑又干的面包。

吃完那块面包，犹太人懂得了奋斗的意义，顿时感觉自己是世界上最幸福的人，从此暗下决心：一定要努力拼搏，为自己的父亲能天天吃上黑面包而奋斗。

有追求的人永远是快乐的。

他能把匆匆而过的时间紧紧地握在手心里，认认真真、踏踏实实地过好生命中的每一天。在前进的路上，他不会为挫折而烦恼，始终如一地朝着自己的目标前进。在不断的拼搏进取中，他感受到的始终是对希望的拥有和对成功的期待。这样的人无疑活得精彩，也活得快乐。

光明日记

人们需要快乐，就像需要衣服一样。

——玛格瑞特·科利尔·格雷厄姆

他曾经是日本最大零售集团的总裁。当他 72 岁时，苦心经营的集团倒闭了。一夜之间，他变成了一文不名的穷光蛋。

可是没过多久，他又办起了一家网络咨询公司并迅速崛起。他就是日本商界的不倒翁和田一夫。后来有人问和田一夫为什么能这么快就调整心态，他说他靠的是两大秘诀：一个是光明日记，一个是快乐例会。

原来，和田一夫从 20 岁开始，就坚持每天写一篇日记，与众不同的是，他只拣快乐的事情记，他把这种日记叫做"光明日记"。此外，他在公司里每个月都要召集一次例会，要求所有与会者在谈工作之前，必须用 3 分钟时间向大家讲述自己本月内最快乐的事情，他把这种例会叫做"快乐例会"。

快乐的心态需要培养，它不可能一两天的时间就可以做到，而是一个不断积累的过程。在日常生活中，只要我们能够从一些小事中找到快乐，摒弃不愉快所留下的阴影，那么即使我们面对更糟糕的环境也依然能够保持快乐的心情和旺盛的斗志。

与蜗牛散步

保持快乐，你就会干得好，就更成功、更健康，对别人也就更仁慈。

——马克斯威尔·马尔兹

上帝交给天使一个任务，让他牵一只蜗牛去散步。可是蜗牛爬得实在太慢了。天使又是催促又是吓唬又是责备，可蜗牛拼命地爬也跟不上天使的脚步。

天使又气又急，真想丢下蜗牛不管，但又担心没法向上帝交代。他只好耐着性子，让蜗牛慢慢爬，自己则以一种接受蜗牛的速度跟在后面。

这时，天使突然闻到了花香，他烦躁的内心突然平静下来了，原来他们经过了一座花园。接着，他听见了鸟叫虫鸣，感到微风拂面的舒适。后来，天使还看到了美丽的夕阳、灿烂的晚霞以及满天的星斗。

这一刻，天使终于领悟到了上帝的良苦用心："他不是让我牵蜗牛去散步，而是让蜗牛牵我去散步呀！"

面对这个世界，我们一开始总想着要按照自己的想法去改造世界，让世界按照自己的意愿而存在、发展。其实这是不可能的，远非人力所能达到的事情，结果只会让自己伤心不已、心力交瘁。可我们还可以适应这个世界，顺其自然，不也照样能让自己感受到生存的快乐吗？

死于苍蝇

所有快乐中，最伟大的快乐存在于对真理的沉思之中。

——托马斯·阿奎那

1865 年 9 月 7 日，世界台球冠军争夺赛在美国纽约举行。美国选手的得分一路遥遥领先，只要再胜一局便可稳拿冠军了。

最后一场决赛开始了，美国选手突然发现一只苍蝇落在主球上，于是挥杆将苍蝇赶走了。可是，当他俯身准备击球的时候，那只苍蝇又飞了回来。

他再一次赶走了苍蝇，却惹来了观众的哄堂大笑。

美国选手的情绪已经被这只讨厌的小动物破坏了，而且更为糟糕的是，它好像是有意跟他作对，等他一回到球台，苍蝇就又飞落到主球上，最后连对手也用异样的眼神盯着他看。

美国选手的心境恶劣到了极点，终于失去理智，愤怒地用球杆去击打苍蝇。不幸球杆碰动了主球，裁判判他击球，因此他失去了一轮机会。

美国选手方寸大乱，接着连连失手，而他的对手却一步步赶超了他，最后夺得了冠军。

第二天清早，人们在河里发现了美国选手的尸体，一个本来是冠军的人的命运就这样被一只小小的苍蝇葬送了。

人有些时候想不开，并不是因为眼前穷途末路没有崛起的机会，而是自己给自己设置了障碍，让心中的乌云遮住了头顶的太阳，最后把自己逼上了绝路。这种人心中所感受到的永远只有无尽的痛苦，根本看不见一点快乐的踪迹。

不幸的人生

快乐应该是美德的伴侣。

——巴尔德斯

他20岁时被人陷害，坐了18年的牢。后来冤案告破，他终于走出了监狱。

出狱后，他开始了年复一年的诅咒："我真不幸，在最年轻有为的时候竟遭受冤屈。那样的监狱简直不是人居住的地方，狭窄得连转身都困难。唯一的细小窗口里几乎看不到阳光，冬天寒冷难忍；夏天蚊虫叮咬……真不明白，上帝为什么不惩罚那个陷害我的家伙，即使将他千刀万剐，也难以解我心头之恨啊！"

10年后，他因病终于卧床不起。这时，牧师来到他的床边祷告："可怜的孩子，去天堂之前，忏悔你在人世间的一切罪恶吧……"

牧师的话音刚落，病床上的他马上大声抗议："我没有什么需要忏悔，我需要的是诅咒，诅咒那些施予我不幸命运的人……"

牧师长叹了一口气："可怜的人，您真是世上最不幸的人，对您的不幸，我真的感到万分同情和悲痛！当你走出监牢本应获取永久自由的时候，您却用心底里的仇恨囚禁了自己的后半生。"

一个人遇到了不幸的困境，这本身就是一种不幸。可是不幸过后，如果一味地沉浸在对不幸的诅咒与责难中，那么就再也看不到生命中的阳光了，这才是最大的不幸。人世间最大的快乐就会让自己给葬送了。

快乐的种子

对于那些内心充溢快乐的人们而言，所有的过程都是美妙的。

——罗莎琳·德卡斯奥

上帝把一包快乐的种子交给命运之神，并问她："你准备把它们撒在什么地方呢？"

命运之神胸有成竹地回答说："我准备把这些种子放在最深的海底，让那些寻找快乐的人经过大海惊涛骇浪的考验后，才能找到它。"

上帝却微笑着摇了摇头。

命运之神想了一会儿，继续说："那我就把它们藏在高山上吧，让寻找快乐的人通过艰难跋涉才能发现它的存在。"

上帝听了还是摇头。

命运之神没有办法了。

这时，上帝意味深长地说："你选择的这两个地方都不难找到。你应该把快乐的种子撒在每个人的心底。因为人类最难到达的地方，就是他们自己的心灵。"

在生活中，很多人感受不到生命中的快乐，于是就会想尽办法去寻找快乐，可是走遍天涯海角，心力交瘁之后依然没有发现快乐的影子。要想快乐很简单，只要自己的内心充满快乐，那么再去看这大千世界的一切，会觉得都是快乐的。快乐是一颗种子，种在心田里需要细心地呵护才能开花结果。

第五章　社交礼仪

——精通行之有效的处世之道

哈佛告诉你

　　有时，礼仪往往是为人处世中最有用的东西。它在给予别人之后，会给人以好感。它是疲倦者的休息，失望者的希望，悲哀者的阳光，又是大自然排解患难的良剂。所以，如果你想早日获得成功，就一定要精通几种行之有效的社交礼仪。

礼节为你赢得一切

礼貌是最容易做到的事，也是最珍贵的东西。

——冈察尔

　　天逸子说："以礼敬于人，人们就服从你；以礼敬于神，神就保佑你；以礼敬于天，天就会相助你。"礼节经常可以替代最高贵的感情，不用花钱，却能为你赢得一切。

　　1930 年，传教士西蒙·史佩拉每日习惯于在乡村的田野之中漫步很长的时间。无论是谁，只要经过他的身边，他都会热情地向他们打招呼问好。

　　其中有个叫米勒的农夫是他每天打招呼的对象之一。米勒的田庄位于小镇的边缘，史佩拉每天经过时都看到他在田里勤奋地工作。然后这位传教士总会向他说："早安，米勒先生。"

　　当传教士第一次向米勒道早安时，这个农夫只是转过身去，像一块石头般又臭又硬。在这个小乡镇里，犹太人和当地居民处得并不太好，成为朋友的更是绝无仅有。不过这并没有妨碍或打消史佩拉传教士的勇气和决心。一天又一天过去，他持续以温暖的笑容和热情的声音向米勒打招呼。终于有一天，农夫向传教士举举帽子示意，脸上也第一次露出一丝笑容了。

　　这样的习惯持续了好多年，每天早上，史佩拉会高声地说："早安，米勒先生。"那位农夫也会举举帽子，高声地回答道："早安，西蒙先生。"这样的习惯一直延续到纳粹党上台为止。

作为犹太人的史佩拉全家与村中所有的犹太人都被集合起来送往集中营。史佩拉被送往一个又一个集中营，直到他来到最后一个位于奥斯维辛的集中营。从火车上被赶下来之后，他就等在长长的行列之中，静待发落。在行列的尾端，史佩拉远远就看到营区的指挥官拿着指挥棒一会儿向左指，一会儿向右指。他知道发派到左边的就是死路一条，发派到右边的则还有生还的机会。他的心脏怦怦跳动着，愈靠近那个指挥官，就跳得愈快。很快就要轮到他了，什么样的判决会轮到他？左边还是右边？

他离那个掌握生死的独裁者还有一段距离，但是他清楚这个指挥官有权力将他送入毒气室中。这个指挥官到底是个什么样的人？怎么能在一天之中将千百人送入枉死城中？他的名字被叫到了，突然之间血液冲上他的脸庞，恐惧消失得无影无踪了。然后那个指挥官转过身来，两人的目光相遇了。史佩拉平静地对指挥官说："早安，米勒先生。"米勒的一双眼睛看起来依然冷酷无情，但听到他的招呼突然抽动了几秒钟，然后也平静地回答道："早安，西蒙先生。"接着，他举起指挥棒指了指说："右！"他边喊还边不自觉地点了点头。"右！"——意思就是生还者。

在生死攸关的时刻，习惯性的礼节问候甚至战胜了专制与残酷，即使是刽子手也被这礼节的春风所唤醒，那么还有什么是它所不能摧毁的？

酒桌上的礼仪

不学礼，无以立。

——孔子

我们都知道，宴会作为一种交际媒介，在洽谈业务、迎宾送客、聚朋会友、彼此沟通、传递友情等方面，发挥了独特的作用，它代表了个人，乃至集体、公司的形象，因此有必要引起各方面的大力关注。其中酒桌上的礼仪又是宴会上一个突出的问题。据说一位老总为了表示与客户合作的诚意，一杯杯地喝那"合作酒"，结果把自己喝到桌子底下，把对方也全喝趴下了。酒醒后，客户把本来准备好的合作意向取消了，因为他们不相信合作伙伴能把工作搞好。这位老总的主要错误在于他没能很好地掌握酒桌上的礼仪，敬酒、劝酒过度，给人留下了一种极差的印象，以至于让人误会了他的"热心肠"。

敬酒也是一门学问。一般情况下，敬酒应以年龄大小、职位高低、宾主身份为序，敬酒前一定要充分考虑好，分清主次。与不熟悉的人在一起喝酒，要先打听一下身份或是留意别人如何称呼，这一点心中要有数，避免出现尴尬或伤感情的局面。敬酒时一定要把握好敬酒的顺序，如果有求于某位客人，在席上，对他自然要倍加恭敬。但是要注意，如果在场有更高身份或年长的人，则不应只对能帮你忙的人毕恭毕敬，也要先给尊者长者敬酒，不然会使大家都很尴尬。

酒桌上不可避免地要劝酒，劝酒体现了主人的好客、热情，所以劝酒即使过一点也无妨。有些人自己不爱喝酒，觉得喝多了没有好处，因此席间劝酒有顾虑，担心让人家喝多了似乎不怀好意。其实，劝酒是件热闹事，劝酒时要劝到点子上，有叫得响的理由，说得对方高兴了，喝两杯也痛快。但特别注意的是劝酒与喝酒不是对等的。作为主人，一定要尽地主之谊，热情相劝，至于客人喝不喝、喝多少并不重要，不必较真，请对方自便。但是，有的人总喜欢把酒场当战场，想方设法劝别人多喝几杯，认为不喝到量就是不实在。"以酒论英雄"，对酒量大的人还可以，酒量小的就犯难了，有时过分劝酒，还会将原有的气氛完全破坏。

虽说席上劝酒要热情，但还要以少喝为佳，不论主客都一样。不劝不热闹，但劝了就喝、喝多了也不好。劝酒人不知道你的酒量，你自己应该明白。不管对方如何劝，自己要把握自己。他劝你喝，你也可以劝他喝。切记：酒席以劝为主，不是以喝为主，一劝就喝同没有人劝自己喝一样都是没有情趣的。

无论是敬酒还是劝酒都少不了要说话，酒桌上的语言交流可以显示出一个人的才华、学识、修养和交际风度，有时一句诙谐幽默的语言，便会给客人留下很深的印象，使人无形中对你产生好感。所以，在酒桌上你应该知道什么时候该说什么话，语言得当、诙谐幽默很关键。

大家都记得《红楼梦》中刘姥姥进大观园那一节，在酒桌上，刘姥姥的话语诙谐幽默，以致贾府上下都很快活，因此对她就另眼相看，待她甚好。现在的日常礼仪也好、商务礼仪也罢，要想说笑话，就要既无伤大雅，又能活跃气氛才行。曾有一度酒桌上十分流行低俗下流的笑话，这在宴会上是很不妥当的，尤其在商务宴会中更是不可取的，它会将你原本的好形象毁于一旦，根本无助于你事业的发展。

吃喝的礼仪

在宴席上最让人开胃的就是主人的礼节。

——莎士比亚

在宴会上要遵守一定的礼仪规范，这可不像你在家吃饭喝茶那样随便。优雅的举止既体现了你的道德修养，树立起你的好形象，也表现出你对别人应有的礼貌。

有一次，一位外国人在家里举办一个小型宴会，宴会上有几名亲朋好友，当然也包括他的几个合作伙伴。宴会开始后，在座的各位都显得彬彬有礼，但是当他们进餐时，席间有一位李总不知何故，把汤喝得"吱溜"响，惹得别人都看他而他却浑然不觉，只沉浸在汤的美味之中了。从此以后，这位外国人对李总就很冷淡了，生意上也是对他"另眼相看"，不像原来那样热情。可见宴会中吃喝礼仪给别人的印象是何等重要，因此就要多多了解关于吃喝的礼仪。

吃的礼仪

吃饭时，最忌讳显出贪吃的样子。饭前眼睛直勾勾地盯着餐桌上的菜，进餐时狼吞虎咽等，这些都是不规范的行为。正确的做法是：入席落座后，菜没上齐之前，可与大家聊聊天；进餐时，应细嚼慢咽，这不仅有利于品味和消化，也符合餐桌上的礼仪要求。

进餐时，不要自私和挑食。不要抢先夹菜和用力翻动菜肴，一次夹菜不要太多。吃到不合自己口味的菜，切不可吐舌或作怪相。注意可用餐巾擦嘴和手，而不要用餐巾擦桌子等。

刚端上桌的菜汤很热，为了降温，有人习惯用嘴去吹，这样既不雅观，也不卫生。正确的做法是：当汤太热难以马上入口时，可将汤舀入自己的碗内，轻轻地摇一摇，待降温后再喝。

喝汤时应用汤匙一勺一勺舀着喝，注意不要发出大的声响。当汤快喝完时，可用左手端碗，将碗向内倾斜，用右手持汤匙舀着喝，而不要口对碗边一饮而尽。

招待客人时，主人通常会端上水果。在涉外的活动中，禁止直接用手拿着水果吃。吃苹果和梨，应用水果刀将其切成4～8瓣，去掉皮、核后，再用叉子取食。还有一种吃法，是先将苹果或梨竖放在盘中，沿着纵向切下一角，先去掉核，再用叉子叉住，再去皮，切成小块食用。

吃水果之前，手应洗净。不论见到多么稀罕、多么好吃的水果，也不允许悄悄装入口袋拿走。吃水果时不宜一下把嘴塞满，而应当一小口一小口地吃，不要边吃边谈，更不允许把果皮果核乱吐、乱扔。

宴会上良好的修养，有助于你的形象，能使你赢得别人的尊敬，让你的事业、生活都更顺利。

喝的礼仪

西方常以茶会作为招待宾客的一种形式，茶会通常在下午4时左右开始，设在客厅之内，准备好座位和茶几就行了，不必安排座次。茶会上除饮茶之外，还可以上一些点心或风味小吃。

国内有时也以茶会招待外宾。

我国旧时有以再三请茶作为提醒客人应当告辞了的做法，因此在招待老年人或海外华人时要注意，不要一而再、再而三地劝其饮茶。

不少国家有饮茶的习惯，饮茶的讲究更是千奇百怪。日本人崇尚茶道，把饮茶作为陶冶人灵性的一种艺术。以茶道招待客人，重在渲染一种气氛，至于茶则每人小小的一碗，或全体参加者轮流饮用一碗，不能喝了一碗又一碗。

如今，到中国茶馆里去寻访民俗的外宾越来越多了。在茶馆里遇上外宾同桌饮茶，应以礼相待，既不要过分冷淡，也不要过分热情，做到不卑不亢就行了。

此外，喝咖啡作为一种流行趋势，现在也越来越得到广大群众的认可和喜爱了，喝咖啡体现了一种优雅和温馨。

在咖啡屋里，举止要文明，不要盯视他人。交谈的声音越轻越好，千万不要不顾场合而高谈阔论。

在外交场合中，作为夫人们彼此结识的一种有效的非正式方式，常常为女宾举办咖啡宴。若咖啡宴于上午11时举行，则客人们应于12时之后离开。

在家中请人来喝咖啡，通常安排在下午4时以前，一般不用速溶咖啡，届时应准备一些点心。女主人负责给客人们倒咖啡，但坐着倒就可以了。另外，喝咖啡时常常要吃小点心，这时切不可吃一口喝一口地交替进行。饮咖啡时应放下点心，吃点心时应放下咖啡杯。

饮咖啡是一种文化，只有讲究礼节，才能体味它的温馨。

递接名片的礼仪

礼貌是儿童与青年所应该特别小心地养成习惯的第一件大事。

——约翰·洛克

现代社会，名片的作用越来越大，交换名片成为建立人际关系的第一步，一般宜在与人初识时，自我介绍或经他人介绍之后进行。发送名片也是有讲究的，它直接影响着你的形象和别人对你的印象。

对下一步要联系的业务人员或你感兴趣的人，要主动把名片递过去，表示愿意与对方认识、交往。在取出名片准备发送给别人时，要双手轻托名片至齐胸的高度并将正面朝向对方，以方便别人接收时阅读。如果人多而自己左手正拿着一叠名片，也应该用右手轻托，左手给予辅助，一张张地发给每个人，不要像发扑克牌一样随便乱丢。在递给对方名片时，要注意对方的地位、身份以及双方的关系。一般说来，名片有3种递法：

1. 手指并拢，将名片放在手掌上，用大拇指夹住名片的左端，恭敬地送到对方胸前。名片上的名字反向自己，使对方接到名片就可正读，不必翻转过来。

2. 食指弯曲与大拇指分别夹住名片递上。

3. 双手的食指和拇指分别夹住名片的左右端奉上。

以上3种递法，都避免了"尖锐的指尖"指着对方的禁忌，其中尤以第三种为最恭敬。

当你接受他人名片时也要注意自己的形象，这时，应起身或欠身，面带微笑，恭敬地用双手的拇指和食指捏住名片的下方两角，并轻声说："谢谢!""能得到您的名片十分荣幸!"如对方地位较高或有一定知名度，则可道一句"久仰大名"之类的赞美之词。接过别人的名片一定要先仔细看一下，名片看过之后（边看边读出声音来，效果也不错），然后精心放入自己的名片夹或上衣口袋里，也可以看后先放在桌子上，但不要随手乱丢或在上面压上杯子、文件夹等东西，那是很失礼的表现。另外，如果对方名字比较复杂或有不能确认的发音，最好能礼貌地向对方请教，无论如何总比下次见面时读错字，让对方板着脸强很多。在这里要特别注意的是，你一定要重复一遍名片上的"名字＋职务"，一定要把后边的职务读出来，如"张总经理"，不要只读名字。

交换名片也要按一定次序。一般情况下双方交换名片时是地位低的人先向地位高的人递名片，男性先向女性递名片。当然，相互不了解时就没有先后之分了。在商务活动中，女性也可主动向男性递名片。

当面前的交往对象不止一人时，应先将名片递给职务较高或年龄较大的人，如分不清职务高低和年龄大小，则可依照座次递名片，应给对方在场的人每人一张，不要让别人认为你厚此薄彼。如果自己这一方人较多，则让地位高者先向对方递送名片。另外，千万不要用名片盒发名片，这样会让人们认为你不注重自己的内在价值，以为你的名片发不出去。

在接受了对方名片之后要对名片进行合理的管理和利用。为了查找和使用方便，你应学会分类收藏他人的名片。对个人名片可按姓氏笔画分类，也可依据不同的交际关系分类。平时，你要留心他人职务、职业、住址、电话等情况的变动，并及时记下有关的变化，以便通过名片掌握每个朋友、每位客户的真实情况。

当然，为了加深你们的交往，你还可把对对方的了解，譬如他的爱好、兴趣等记在名片上。待下次与这个人见面时，你不但能一下子说出他的名字，还能随口以他的爱好和兴趣为话题，这样，对方必然会感到意外，对你自然会有好感。

名片虽小，但它却是结识一位新朋友、成就一份事业、打开一把心锁的钥匙。在人际交往中，恰当地运用名片，注重与名片相关的各种礼仪，将会为你进一步树立自己的形象打下坚实的基础。

待客的礼仪

礼貌使有礼貌的人喜悦，也使那些受人以礼貌相待的人们喜悦。

——孟德斯鸠

无论是业务上的往来还是私人亲朋好友间感情的联系，互相拜访都是社交活动中重要的一环。你去拜访别人或客人来访时，你的一些行为举止能表现出你的礼仪修养。事实上，你一个小小的举动，就可能改变别人对你的印象。比如说你不像你的客人那样有广博的知识，因此客人觉得好像找不到共同语言。但是，你一直在认真地听他说话，并默默地为他端茶送水，这小小的动作能让他感到你的真诚和礼貌，因此对你的印象很好，乐意与你做朋友。

现代的商务交往中，尤其要注意这一点，接待客人不当就可能断送生意，下面就是一个真实的例子：

泰国某政府机构为泰国一项庞大的建筑工程向美国工程公司招标。经过筛选，最后剩下 4 家候选公司。泰国人派遣代表团去美国亲自与各家公司商谈。代表团到达芝加哥时，那家工程公司由于忙乱中出了差错，又没有仔细复核飞机到达时间，未去机场迎接泰国来客。泰国代表团尽管初来乍到，不熟悉芝加哥，还是自己找到了芝加哥商业中心的一家旅馆。他们打电话给那位局促不安的美国经理。在听了他的道歉之后，泰国人同意在第二天 11 时在经理办公室会面。第二天，美国经理按时到达办公室等候，直到下午三四点钟才接到客人的电话说："我们一直在旅馆等候，始终没有人前来接我们。我们对这样的接待实在不习惯。我们已订了下午的机票飞赴下一个目的地。再见吧！"

如果没有意识到待客之道的重要性，那些一开始也许是很有希望的商业活动很可能发展成短期的，当然也是不美好的关系。这里的问题是，国际范围内的商务，可以不加夸张地说是随着第一次见面的情况而决定成败的。礼节、礼仪或风度，不管你叫它什么，在我们的商业活动之中，就像一块精细的用手工编织的波斯地毯，如果抽去几根关键性的丝，整个图案会失色不少，甚至会面目全非。所以，在商业交往中要时刻注意待客之道，给人留下良好的形象，以后的事就会好办得多。

日常生活中有个值得一提的问题就是送客时的礼仪。当我们离开某人的家时，如果自己刚踏出门外，对方就把门"砰"一声重重关上，即使先前受到相当热情的款待，也会觉得像被泼了一盆冷水，十分扫兴，这是很多人都有的体验。也许这只是主人的一时疏忽，但站在访客的立场，当然会怀疑自己是否受欢迎。

所以，迎客送客时，你应该注意以下几点：

1. 见面时面带微笑，握手时热情亲切，不可毫无生气或一副冰冷相。

2. 客人进门，应起立表示欢迎，避免坐着用手示意客人入座。

3. 家中有访客时，其他家人也应该出来打招呼，同时主人应向访客介绍其他家人。待客时应亲切，使访客感到自在。例如可在与访客寒暄过后先主动询问客人是否要洗个手，以免访客不好意思开口借用厕所。

4. 客人告别时，要送出门外。人少时或不常见的客人最好握手告别，人多时或常客可以挥手作别。

5. 客人走出门后，应轻轻关门，切忌用力将门"砰"的一声关上。